U0083384

# 古代歷史文化研究輯刊

三 編

王 明 蓀 主編

## 第2冊

# 先秦布幣研究

高婉瑜 著

國家圖書館出版品預行編目資料

先秦布幣研究／高婉瑜 著 -- 初版 -- 台北縣永和市：花木蘭文化出版社，2010〔民 99〕

序 8+ 目 4+188 面；19×26 公分

（古代歷史文化研究輯刊 三編；第 2 冊）

ISBN：978-986-254-088-6（精裝）

1. 貨幣史 2. 先秦史

561.09201 99001174

ISBN - 978-986-2540-88-6

古代歷史文化研究輯刊

三 編 第二冊 ISBN：978-986-254-088-6

# 先秦布幣研究

作 者 高婉瑜

主 編 王明蓀

總編輯 杜潔祥

出 版 花木蘭文化出版社

發行所 花木蘭文化出版社

發行人 高小娟

聯絡地址 台北縣永和市中正路五九五號七樓之三

電話：02-2923-1455／傳眞：02-2923-1452

網 址 http://www.huamulan.tw 信箱 sut81518@ms59.hinet.net

印 刷 普羅文化出版廣告事業

初 版 2010 年 3 月

定 價 三編 30 冊（精裝）新台幣 46,000 元

版權所有・請勿翻印

# 先秦布幣研究

高婉瑜　著

## 作者簡介

高婉瑜，女，高雄人。國立高雄師範大學國文學士，國立中正大學中國文學碩士與博士。碩士班師從黃靜吟先生，研究古文字學，論文題目是《先秦布幣研究》。博士班師從竺家寧先生，研究漢文佛典語言學，論文題目是《漢文佛典後綴的語法化現象》。曾經在中興大學、臺灣海洋大學等多所大專院校兼職，目前服務於淡江大學中國文學學系，擔任專任助理教授，開設文字學、聲韻學、訓詁學、詞彙學、修辭學等課程。喜歡跨領域的探索，矢志發揚佛陀教育的理念，研究興趣是佛典語言學、漢語史、文字學，迄今已發表數十篇期刊與會議論文。

## 提　　要

本研究是一本跨領域的學術論文，結合古文字學、貨幣學、地理學、歷史學、考古學等知識，討論先秦布幣的種種問題。擇題之因是「貨幣文字」爲戰國文字重要的分支，先秦的五大貨幣體系中，「布幣」是最多國家採用的貨幣，流通區域廣袤，促使布幣的種類與文字豐富多變。掌握了布幣這項材料，對於研究古文字和古代經濟將有莫大的裨益。

本論文主要以《中國歷代貨幣大系・先秦貨幣》、《中國歷代貨幣》、《中國古代貨幣》等圖錄所收集的布幣爲研究材料，針對布幣的歷史、時代、類型、流通地域、文字內容諸面向，從共時角度觀察先秦各國的布幣。依照古文字學的考釋方法：因襲比較法、辭例推勘法、偏旁分析法、依禮俗制度釋字，進行貨幣文字的研究。

經過詳細的整理與考察，讓我們對先秦布幣的相關問題有更深入的瞭解與認識，今擇要概述本文的發現。

1. 宏觀地看先秦貨幣體系，所謂「銅貝是西周的貨幣」一說並不合乎貨幣的流通的原則。

2.「原始布」濫觴於春秋早期，布幣廣泛流通於戰國時期。

3. 原始布的來源是「鏟子」和「耒具」，三晉、周王室的布幣，隨著時間而有不同的風格，燕國和楚國原不流通布幣，在戰國時代也紛紛使用布幣。

4. 鑄造工藝方面，早期布幣鑄工粗糙，含銅量高。晚期布幣技術進步，多摻有其他金屬。

5. 從文字風格來看，早期布幣文字規整，晚期銘文草率、錯範、流銅、毛刺、斷裂、模糊現象嚴重。

6. 布幣文字上的地名不必然是鑄地，因爲仿鑄現象盛行。

7. 布幣單位除了「釿」、「銖」、「兩」之外，還有「寽」。

8. 文字演變方面，布幣文字變化多端，其中以簡化和異化的力量最強。

# 目次

表格目錄

# 黃　序

我國貨幣的產生，大約在五千年前的夏代，這時的生產資料已出現了私有制，社會上開始有了物物交換的市場，在以物易物的過程中，自然形成了一種能與各類物品交換的等價物，這就產生了實物貨幣。商代以後，天然貝從裝飾品漸漸成爲實物貨幣，一時被人們大量使用；商代遺存的甲骨卜辭和商周青銅器的銘文中，可以見到許多關於「用貝」和「賜貝」的記述。同時，商周時代的冶銅技術甚爲發達，青銅製造的工具也普遍爲人們所採用，這些青銅工具在使用中就漸漸定形，成爲商品交換中的實物貨幣，天然貝亦就恢復成爲人們的裝飾品，而且出現了許多仿製貝。

春秋戰國時期，手工業和商業進一步得到了發展，商品交換頻繁，貨幣經濟也就隨著社會經濟的繁榮而繁榮。這時金屬鑄幣開始出現而被大量流通使用。中國古代金屬貨幣出現的時間，傳世文獻中有多種說法，現代古錢學者多數認爲金屬貨幣出現於春秋時期，而這已爲考古出土資料所證實。春秋中期就已出現的早期空首大布上並不一定都有文字，有的面、背部均平素無文。

從考古的資料來看，春秋時期宗周地區首先使用鑄幣，有空首平肩弧足布及空首斜肩弧足布。稍後三晉地區亦行使了鑄幣，有空聳肩尖足布等。春秋晚期的這些金屬鑄幣在製造使用的進程中，都普遍出現過形體逐漸變小、重量逐漸減輕等變化。到了戰國時期，韓、魏、趙三國鑄行大小平首尖足布、三孔布、圓首圓肩圓足布、類圓足布、小方足布、橋足布、異形布等。其次是燕、齊鑄行刀幣、秦行圜錢，地處南方的楚使用青銅貝（蟻鼻錢）及金鈑。根據其鑄幣的形式，可以概分爲四個區域，即布幣區、刀幣區、圜錢區和青銅貝區。但是到了戰國中期以後，鑄幣形式產生變化，布幣區亦鑄行刀幣和圜錢，刀幣區亦鑄行布幣和圜錢，青銅貝區亦鑄行布幣。這是商業繁榮後的需要，地區和地區之間，不得不改變原有的鑄幣形式，約定俗成，改爲統一形式的貨幣做爲支付手段。到了戰國晚期，整個鑄幣的形式都趨於圜錢，這是因爲圜錢是最實用、最方便、最適宜的貨幣方式。隨著方孔圜錢的形式出現，使這些多種多樣的鑄幣都成了這個形式。這個改變過程，戰國晚期已經逐漸形成。公元前 221 年，秦掃滅六國統一天下，遂以行政命令規定「半兩」方孔圜錢爲通行全國的法定貨幣，布幣、刀幣、銅貝等退出歷史舞臺，從此方孔圜錢在我國成了唯一的鑄幣形式，也就一直使用到清代末期，整整使用了二千多年。

從金屬貨幣的開始出現到被秦「半兩」方孔圜錢統一爲止，春秋戰國時代的金屬貨幣經過了四百年左右的發展，其時間跨度長，種類與形制複雜多樣，發行量大，形成多元的區域性的布、刀、圜錢、青銅貝和楚金鈑等系統，也由於地域及形制的差異，造成各地幣文形構之獨特，此均爲中國貨幣史上所僅有，歷來受到中外學者的重視。

先秦貨幣不僅時間長、跨度大，離現在久遠，而且幾乎沒有多少關於當時貨幣情況的文獻記載，知道的越少，存在的問題就越多，需要了解、研究和解決的方面也就越多。而先秦貨幣鑄有的古文字，則是探索和解開許多難題的重要依據。

金屬貨幣做爲歷史遺跡，是研究當時經濟、商業發展最直接的史料。金屬貨幣的面部文字中，相當一部分是鑄造地的城邑名，這些城邑，有一部分是都城、縣邑所在地，或商業中心，比如安邑、梁、邯鄲、晉陽、周王城等，這些地名既可以研究戰國城市的發展，也爲研究當時各諸侯國的疆域及其變遷提供了第一手的材料；如果再系聯同時期金文、璽印、陶文、簡牘、玉石等傳世或出土材料中的地名，可補充的城邑名更可多達百餘種，其中大部分地名可見於《戰國策》、《史記》、《漢書・地理志》等文獻的記載。從文獻記載以及銅器、兵器等資料來看，相當多的縣邑所在地不僅鑄造銅器、兵器，同時還鑄造貨幣。研究戰國貨幣制度、戰國商業的發展，貨幣文字中的地名是一項極有價值的參考資料。

東周金屬貨幣上的文字，大多屬於戰國文字，隨著古文字學者將貨幣文字納入研究視野，幣文釋讀就取得了豐碩的成果，由此也極大地推動了東周金屬鑄幣研究的進展。比如，「梁冢釿百當寽」的橋形布幣、中山王器的出土確認了幣文中的「百」字，加上「冢（重）」字的正確釋讀，才使得我們可以眞正地理解幣文的含意。一些疑難幣文的考證也得益於古文字考釋的方法，比如利用借貨幣邊框爲筆畫、文字借筆、省形、訛變等特點，將舊釋爲「木干」的方足小布中改釋爲「長子」，改釋方足小布「子貝」爲「郥」等。

此外，金屬鑄幣上還常有表明重量的文字「釿」、「寽」、「兩」、「甾」、「朱」、「冢」等，適可與同期銅器銘刻中的記重文字相對照，這爲研究東周時期的衡制與貨幣交換比值、重量單位的變革等提供了依據。

總之，東周金屬貨幣對研究經濟史、戰國歷史地理、古文字學、考古以及度量衡等領域都具有相當的價值。

欲從事先秦貨幣的相關研究，實有賴於對銘文的釋讀，但由於貨幣乃流通耗損品，不似青銅禮器具有傳國傳家的典重意味，所以貨幣的鑄造並不要求精美，其上的銘文也旨在傳達地名、幣値單位、年份、數目、兌換比例、記號……等資訊，形體結構多簡省、隨意、草率、多變，且因貨幣的流布廣袤，顯示地域因素影響字形甚巨，銘文又經流通使用的漸次磨損，大大增添釋讀的困難度。

在先秦五大貨幣體系刀幣、布幣、圜錢、銅貝、金版中，布幣無疑是使用國家最多，流通地域最廣闊，出土數量及品類最多的貨幣，由此可知，布幣無疑是先秦最具代表性的貨幣。

高婉瑜君於民國八十九年跟隨我做古文字的研究，她也是我指導的第一個研究生，在無限寬廣的文字學領域裏，我們一起摸索、學習、成長。婉瑜一直展現出對研究、做學問的熱忱及企圖心，在選擇碩士論文的研究主題時，不懼艱困地擇定先秦布幣，孜孜不倦地投入心力，並於碩士班二年級時於文字學學術研討會上發表先秦布幣相關論文。碩士班三年級初，婉瑜因家中經濟狀況出現驟變，萌生休學就業之念，在我強力慰留後始打消去意，但仍不得不奔波於工作與論文之間；白日從事教師專職，辛苦掙錢只爲供養家人及自己，夜裏挑燈夜戰，只求順利完成碩士論文，其勞心勞力可謂甚矣。終於辛勞有成，婉瑜於修業將滿三年之際，完成論文通過口試，取得碩士文憑，更一舉考上博士班，在歷經四年的努力後，獲得博士學位，並擔任大學中文系教職。回首婉瑜在碩士班及博士班的求學生涯，可用「劈荊斬棘、歷盡艱辛」來形容，她所發表的諸多單篇論文和碩、博士論文，其實都是辛苦血汗的結晶，面對她現在的成就，也就顯得格外使人動容。

這本書是婉瑜將碩士論文稍做修改後完成的，內容分爲六大章，第一章敘明撰作論文的動機、目的、範疇與方法，並論述前人相關之研究；第二章辨析貨幣的概念和布幣的起源、產生與興衰；第三章討論先秦布幣的分類、演變及其規律與脈絡；第四章考述先秦布幣的鑄行地域、年代和流通；第五章探究、考釋布幣銘文，歸納形體演變的規律，並與其他文字做歷時與共時的比較，以突顯先秦布幣文字形體風格的特點；第六章則揭示全書研究的價值與展望。本書是難得一見的對先秦布幣進行全面討論的一本專著，在現今簡牘研究的熱潮下，更突顯其特殊性與珍貴。

每本書都是作者嘔心瀝血的產物，若蒙出版社青睞得以出版面世，那就是作者最大的榮光與報酬。如今婉瑜的書將正式出版，身爲老師的我除了分享她的喜悅，也肯定她多年來的努力，故謹誌此序以賀。

黃靜吟識<br>民國九十八年十二月<br>于中正大學中文系

# 董　序

我們今天所能看到的先秦古文字，大多係出土考古所得。其種類繁多，大致分爲：甲骨文、金文、陶文、玉石文、簡帛文、璽印文、貨幣文等。其中，貨幣文的研究可以說是難度比較大的。這是因爲：第一，貨幣處於流通使用的過程中，難以斷定其出土地點及地層情況，而且材料一般比較零散。第二，先秦貨幣文爲春秋戰國時期各個諸侯國所造，文字的地方特色濃郁，字形多呈奇詭怪異，而且語境有限，難以釋讀。

在先秦貨幣中，布幣運用的數量大，範圍廣，是最重要的一個大宗。

對於布幣命名的來源，存在不同的說法：先是不少人判定原本是紡織品的"布"因爲用於交換，取得貨幣的功能，所以就把"布"作爲"幣"，"布"義引申而有"貨幣"義；現在多數學者認爲根據布幣的造型，應是取象於古代的農具鎛之類（類似今天的鏟），"布"、"鎛"二字，在上古音系統中可以相通。

我以前寫過一篇小文章，題爲《漢語的詞義蘊含與漢字的兼義造字》（載《中國語文》1994年3期），認爲有的漢字從字形分析，可以具有兩個本義，這是造字之際即在同一字形中加以蘊含的。如今看來，"布"字似乎也可作如是觀。"布"字的構形及得聲誠如《說文》所言："從巾，父聲"，一個"巾"是"佩巾也，從冂，丨象系也"（《說文》），即林義光所云"象佩巾下垂形"（《文源》卷一）；因此《說文》給出的"布"的本義是"枲織也"，即紡織品。同時，"巾"又與"貝"義近，作爲構字部件可以互易，這是"巾"的另一個本義，如戴家祥指出："古金文《貿鼎》有貣字，從貝父聲，亦許書所無，前儒並未釋。今以貝、巾更旁例之，殆即布之別構。……幣、布、帛，從巾不從貝，誼自可尋。”（《金文大字典》上）所以“布”和“幣”、“帛”一樣，本身就有貨幣的意思，並不勞引申而得此義，似更無須乎求助於通假的說法。漢代毛亨在《詩・衛風・氓》“抱布貿絲”的傳注所言：“布，幣也”，應該認爲是正確的。

就現今所得實物視之，戰國中晚期，楚國所鑄布幣即有“殊布當十化”（今有釋讀爲“旆錢當釿”者）、“四布當釿”之類的銘文，說明當時布幣已自稱“布”，或者說已將“布”作爲貨幣單位，均與“鎛”無涉。

我曾于 2002 年秋季應竺家寧教授之邀，赴臺灣中正大學講授文字學專題，彼時高婉瑜君雖然也來聽課，但她已然是中正的博士生了。因爲有此講與聽的緣分，所以婉瑜在她的大作《先秦布幣研究》付梓之際，要我寫序，我自是不能推脫。但我對於婉瑜的這個論題，其實談不上專門而深入的研究，而且海內外的相關學術成果俱在，不必我來贅加論評；因而只能在拜讀她的大作之後，發表幾點感想：

其一，婉瑜的這部作品，是在她的碩士學位論文基礎上形成的成果。我讀畢她的這篇論文，有一個感覺是臺灣的碩士生教育水準相當之高，從文中可以看出碩士生所受到的和掌握的相關領域的學術訓練、文獻基礎、寫作能力都非常之扎實。尤其是對於論文答辯這一環節極爲慎重，例如在第四章 114 頁論及將《大系》1432 的“高女布”釋爲“亳、高安”時，用注 68 提及一件事：

> 筆者於 2002 年 5 月 17 日上午口試碩士論文時，花師許學仁教授認爲此布爲高安布，釋爲高安的最大疑點是不知地望，雖然本文暫定爲高女（咎奴），但僅爲個人之見，眞相尚待日後資料更豐富時，再深入追究。

我讀到這裏，很是敬佩臺灣老師們的學術水準以及對學生答辯的認眞態度。這一點是值得內地高校的老師們借鑒取法的。

其二，兩岸的文化交流及互動，對於彼此學術的進步極爲必要。諸如在臺灣進行先秦古文字的研究，是絕然不能脫離內地發表的考古材料和相關學術成果的。婉瑜的這部作品，大量參考並引用了內地學者如裘錫圭、何琳儀、黃錫全、曹錦炎等先生的成果並加以評述，說明她對本論題領域內的學術文獻，有著充分而精准的掌握。

這裏提到何琳儀先生，不由得使我回憶起那一年在中正講學時，何君也在臺灣新竹的清華大學講學，他並且也來到嘉義的中正訪問，我們一起與中正師生（婉瑜應是也在座）座談，暢敘學術與友情。當時的情景，猶歷歷在目；倏爾斯人已逝，寧不令人感慨萬分！何君在戰國文字方面研究的精深及相關成果之豐碩，是學術界所公認的。他的成果爲臺灣學子所學習和引用，可謂“薪盡火傳”，我想何君當能爲此欣慰於九泉吧。

其三，誠如上文所言，先秦布幣的研究難度是很大的。婉瑜知難而上，文中雖多評述，但自己讀書得間、提出問題和個人看法之處，爲數亦復甚夥，實爲難能可貴。其刻苦鑽研的精神令人感動。她年輕，來日正長，她又是勤奮而有慧根的，我祝她得到中華學術方面的大般若，不懈努力，成爲語言文字學界的善知識。

是爲序。

董 琨

2009年10月於北京潘家園

# 第壹章　緒　論

一項學科的研究必須有理論根基，作爲一篇嚴謹的學術論文，理當要有綿密邏輯貫穿其中。本論文設定之研究對象爲人人喜愛的貨幣，而且是中國先秦時期的布幣體系。縱然貨幣是商業下的產物，在論文架構上，筆者不擬進行經濟學式探討，而是採由歷史及語言角度觀察布幣，在邁入正題之前，關於問題脈絡和預定目標得先行說明。

歷史上的先秦，指秦統一前的漫漫歲月，貨幣經濟的年代以東周爲主，這便牽涉到春秋戰國的時代斷限，此問題迄今仍眾說紛紜，莫衷一是。本文界定的先秦布幣，時間斷層不採嚴格劃分，只選擇大致輪廓。隨著觀察角度不同，採取的方法亦會有異，有效地分析布幣訊息，凸顯共性與變異，使閱讀者一目了然，爲本文最重要的書寫原則。

先秦貨幣的收藏家及研究者如過江之鯽，遠從梁朝便有藏泉譜錄的問世，比較完善的專文論述產生於清代，作爲泉學奠基者，前賢之見雖有時代的侷限，然篳路藍縷，功不可沒，現代子孫應立足先人肩膀上，結合新方法與新知識檢視古代貨幣。目前布幣研究成果與方向將在本章中逐一介紹。

## 第一節　研究動機與目的

德國諺語：「金錢統御世界。」

當世界文明發展到一定階段，〔註1〕人類生產或獵取的東西有餘，但生活

〔註1〕蘇曄、李菊認爲貨貝是在原始社會末期，手工業與農業分離的第二次社會大分工後產生。石毓符主張殷周奴隸社會的自然經濟，已有物物交換行爲。

上缺乏其他物品時，便產生交易的行爲。剛開始只是以物易物（barter system），後來演變成貨幣的交易。無論是馬歇爾（A. Marshall），抑或凱因斯（J. Keynes）、李家圖（D. Ricardo）等人，一致肯定貨幣在經濟活動中扮演著關鍵的角色。換言之，貨幣是推動世界進步的一股動力，經濟活動愈頻繁，貨幣流通與演進的速度相對愈快，隨著時代的遞嬗，就如同德國諺語所言：「金錢統御世界」，人類與貨幣再也分不開了。

人類文明與時俱進，遠古人類的生活之所以能爲後世所知，關鍵在於總有些蛛絲馬跡。透過零碎、看似獨立的一條條線索，只要找到其中聯繫所在，至少可初步勾勒答案的輪廓。當材料蒐集愈豐富，分析做得愈徹底、仔細，形成的輪廓也會愈明顯。余英時〈工業文明之精神基礎〉曾提到 John U. Nef 教授指出，僅就經濟史本身來瞭解以往的經濟活動是不夠的，還必須放開眼界，從整個文化背景眞正瞭解經濟歷史。〔註 2〕此一見解如醍醐灌頂，研究工作不是單線直上的操作，憑藉直接材料研究的成果，也許不完全代表眞相。貨幣是經濟活動產物，拿貨幣研究當代經濟，當然最直接有效；探討語言文字學或文化學，理當以文字或文化現象爲對象，但是，這種研究即 Nef 教授所謂「窄而深」研究，應該佐以其他層面擴充。貨幣是架構文明的材料之一，某種程度上來說，貨幣身上也烙下文明的印記，這個印記直接反映了經濟，但也間接紀錄了其他層面的事實。

貨幣，承載著經濟脈動的訊息，然而，它並非單純地支撐經濟發展而已，事實上，貨幣還能告訴我們其他歷史的眞相。世界上絕大多數的貨幣，總會有一些文字或圖案，依賴這條線索，學者便能進行推測與重繪歷史的工作。譬如，希臘古錢鑄有君王的肖像、國家的徽章、帝王的專號、鑄造的年代；遇到二人同位時，錢幣上同鑄二人肖像；遇到數國兼擁一主時，併鑄數國的徽章。排列這些古錢幣，我們可以製成年表，摹測皇室圖系與國家領土疆域。〔註 3〕淵源久遠的中國古錢亦復如是。

---

貨幣嚆矢的確切時代，迄今未有定論，可確定地，應在生產或獵捕活動供應充足，人們開始進行交易後，漸漸地找出適當的交易媒介——貨幣。參見蘇曄、李菊：《古幣縱橫》（北京：中國金融出版社，1992 年 6 月），頁 3。石毓符：《中國貨幣金融史略》（天津：天津人民出版社，1984 年 3 月），頁 2。

〔註 2〕余英時：〈工業文明之精神基礎〉，《歷史與思想》（台北：聯經出版事業公司，1976 年 9 月），頁 339～342。

〔註 3〕參看王名元：《先秦貨幣史》第一章（廣東：國立中山大學出版組，民 36 年排除布幣的經濟意義，尚可由語言的角度思索問題。語言學是一門很早就學科化的知識，具有細緻的方法論脈絡，各個學派對語言的性質均有一套說法。歧異中凝聚的共識是：大家都承認它是「符號」。〔註4〕語言有三個基本屬性：一、工具屬性，是種交際和思維工具；二、符號屬性，爲一種符號系統；三、信息屬性，是種信息系統。〔註5〕語言既然有三本質，它又與社會脫離不了關係，因此，語言可說是一種社會現象，我們想要溝通或思維，必須仰賴語言的運作，這裡的語言採取廣義解釋，包含口頭語與書面語，包含語言與文字。陳原曾說社會與語言的關係密切：

> 由於社會是不會停滯的，社會在變動著，變化著，有時還發生重大的變革；所以語言也不會停滯，語言時刻都處在變動和變化之中，而當社會發生激烈變革的時候，語言的變化幅度也比較大。〔註6〕

文字是紀錄語言的符號，屬視覺符號系統，語言跟隨社會變異，文字也不例外。布幣流行於變化劇烈的東周，社會變動，語言隨之改易，這點在布幣文字與地名上最爲顯著，例如同樣是安陽布，韓趙魏三國皆有可能鑄幣；同代之文，幣文的寫法就顯得簡略。布幣文字屬於語言學範疇，雖然字數有限，承載訊息不如長篇金文或簡牘那般豐富，基於語言的性質，探求演變規律或共性、變異性，仍是不可忽略的課題。

如果視布幣爲史料，它無疑是直接的一手資料，而且，是具備地理性質之史料。在琳瑯滿目的地名紀錄裡，如果只作一筆帶過地瀏覽處理，充其量爲材料的堆累。倘若從歷史角度著眼，這些地名便不再雜亂無章，經緯萬端。歷史指事實上發生過的史實，它具有意義。Hajo Holborn 在〈歷史與人文學科〉（“History and the Humanties”）一文說：

> 歷史探討及理解的過程是一個從主觀的立場向普遍的立場移動，從歷史上浮動而偶發的運動（稱爲「現在」）朝向作爲歷史文明的一

12 月），頁 10～11。

〔註 4〕高名凱認爲自從德．索緒爾（Ferdinand de Saussure，1857～1913）在《普通語言學教程》中，提出語言是符號系統之後，語言的符號性得到許多人的注意，並在各學派中發展。詳見高名凱：《語言論》（北京：商務印書館，1995 年 1 月），頁 18。

〔註 5〕參閱馬學良、瞿靄堂主編：《普通語言學》（北京：中央民族大學出版社，1997 年 7 月），頁 1。

〔註 6〕陳原：《語言與語言學論叢》（台北：台灣商務印書館，2001 年 2 月），頁 21。

種證驗的人類經驗發展移動的一種持續性的奮鬥。〔註7〕

如果沒有主觀性，就無法深入歷史。歷史研究重要的工作是對史實做出解釋，透過主觀詮釋才能獲得客觀知識。順延這個想法，面對布幣上的地名，除了分國別屬的歸類工作，將它們回歸當際地圖時，經過詮解的處理，這些地點群並非一盤散沙，而是合乎某些史實變化。

研究人類文明的途徑及材料多如牛毛，本論文嘗試以「貨幣」爲探索之起點，路易斯・拉范（Lewis Lapham）曾言：「金錢是人類藉以架構文明的最主要材料。」如果文明是一座堂皇的宮殿，貨幣即是美麗的磁磚，花紋豐富、色澤多變的磁磚，將爲建築增色加分。細觀這些重要的材料，由它們的圖案、形制、刻紋、文字、重量等各方面，就像拼圖遊戲一樣，一塊一塊地仔細拼湊出文明進步的足跡。中國歷史浩浩湯湯，每一個朝代都有不同的貨幣發明流通，其中，先秦時期，特別是戰國階段，不論在學術風氣，還是政治、經濟發展，一直被大家認爲是百花齊放的時代，當際的貨幣自然也多采多姿，產生了「貝、布、刀、圜、金」五大貨幣體系。〔註8〕五體系各自可勾勒一幅歷史圖像，傳達給後代子孫無價的經驗智慧。

如果，我們承認研究人類文明的事業，是不斷按圖索驥、依流溯源的追尋過程，那麼，貨幣的研究是可以當作窺探殿堂的一項辦法。支持此論點的假設是：貨幣爲文明的載體，其最直接、主要的角色在於擔任經濟進行的媒介，換言之，即具有經濟上的意義。除此之外，它還兼負著其他訊息，若將訊息重新檢視，即能顯露出史學和語言學的意義。當我們意識到貨幣價值不僅於此，它則不再只是「購買力的實現」而已，進一步說，貨幣還有更重要、值得深入探究的內蘊消息，這也是本論文勉力的方向。

〔註7〕原文刊於 Journal of the History of Ideas，Vol. IX，No.1，pp.65-69，在此引用之中文版見於黃俊傑編譯：《史學方法論叢》（台北：台灣學生書局，民國73年10月增訂三版），頁24。

〔註8〕宋杰將春秋戰國貨幣體系分成布幣、刀幣、圜錢、楚幣，這種分法缺點是標準不統一，前三個的標準是形狀，最後一個的標準卻是地域。李如森認爲先秦銅鑄幣有布幣、刀幣、圜錢、楚國銅貝，依舊有上述毛病。由於貨幣具流動性（liquidity），地域分法將失之籠統，因此，本文傾向於按形制劃分爲五大體系，當然，五大體系的幣材不僅是青銅，如金幣幣材爲黃金，布幣也有銀質布。參見宋杰：《中國貨幣發展史》（北京：首都師範大學出版社，1999年11月），頁43～54。李如森：《中國古代鑄幣》（長春：吉林大學出版社，1998年11月），頁30。

## 第二節　研究範疇與方法

在中國古文字領域中，貨幣文字一直是備受矚目，卻又飽受孤獨的一方園地，綜觀專家研究成果，甲骨、金文的討論可說是汗牛充棟，幣文研究相形遜色，這可能是幣文字數普遍不多，文字不易辨識所造成。何琳儀曾對「先秦貨幣」立一定義：「即指春秋晚期至戰國末年流通於各國的金屬鑄造貨幣。」〔註9〕事實上，中國的金屬鑄造貨幣肇始於春秋中晚期，因此，本論文研討的先秦布幣，即是「春秋中晚期至戰國末年流通於各國的金屬鑄造布幣」。從古文字學的角度來看，幣文歸屬於戰國文字的領域，〔註10〕戰國文字變化多端，在實用貨幣上表現尤爲顯著，例如幣文總是高度精簡，筆畫潦草，正倒不一，數因交錯更迭，增加辨識的難度。

既然研究對象爲「先秦布幣」，首先，需釐清先秦的斷限問題。一般而言，先秦指秦始皇一統中國之前的時代。在漫漫的先秦時期，爭議點通常在東周的年代劃分。東周包括了春秋、戰國階段，這是個模稜的時代，大家各執一端地爲它們斷代，〔註11〕就史學界研究態度而言，學者們並非一刀劃開彼此界線，他們使用的往往是一個概念而已。易言之，無須執著某一家分段說法，它們各有利弊，無非對錯。本論文採用的斷限只是權宜之計，方便論述而已，大致看來，戰國初期魏的國勢最強，馬陵戰後魏國衰落；配合楊寬認爲戰國晚期齊秦趙三國稱雄，〔註12〕因之，將戰國早期定爲 475～341B.C.（上限採用《史記・六國年表》之說），戰國中期爲 340～297B.C.（上限爲馬陵之戰後），戰國晚期爲 296～221B.C.（上限爲趙滅中山，攻掠胡地）。

先秦有五大貨幣體系，每一支系都各有特色，囿於學力與時間問題，筆者不擬探討全部的貨幣，而只以某一支系作爲研究對象。在五大體系當中，若從樣本性質上來看，使用布幣的國家最多，流通地域廣闊，有豐富的品類及數量出土，十分具有代表性；以問題普遍性而言，欲一窺布幣面目，必須解決以下難題：釐清起源，分別系列，辨明國家等基礎問題。由此可知，布幣無疑是先秦代表性貨幣。雖然，目前無法對所有貨幣作深入討論，然而，

〔註9〕參看何琳儀：《古幣叢考》（台北：文史哲出版社，民國85年8月），頁1。
〔註10〕同前註，頁4。
〔註11〕關於戰國的斷代常見有四種說法，詳見徐喜臣、斯維至、楊釗主編：《中國通史》第三卷上古時代（上海：上海人民出版社，1994年6月），頁223～224。
〔註12〕參閱楊寬：《戰國史》1997增訂版（台北：台灣商務印書館，1997年10月），頁423～424。

選定代表性貨幣爲研究對象，進而探討文字變化、流通領域、歷史意涵等層次性問題也是建構先秦文明的方法。

論畢研究範疇，接下來得說明使用的研究方法。基本上，本論文採語言文字學的論述模式，在語言學的分類裡，「共時」與「歷時」總是重點所在。共時是研究語言在某階段的結構與規律，屬語言體系性；歷時是研究語言的歷史發展規律，強調從古到今的連續性。〔註 13〕無論是進行何種語言研究，尋索共性及變異性，做出合理詮釋，始終是語言學者努力的目標。如果對布幣作共時研究，將發現布幣遵守戰國文字的共性，同時具備自己的變異性。若要進行歷時研究，限於流通時間的短暫、非歷朝共同貨幣形式之因，布幣不是最佳歷時研究對象。不過，如果從文字演變階段來看，它似乎可以和甲骨、金文等古文字作一比對。

文字與語言不同之處，在於前者屬視覺符號系統，後者爲聽覺符號系統。語言無法保留長久，文字卻以書面擴大交際功能。傳統語文學包括文字、聲韻、訓詁三科，三科再細分爲諸小類。以文字學爲例，如果研究古文字，它們不如今文字規矩易識，往往繁簡不一，方向無定，職是，首要工作即「隸定文字」。唐蘭認爲考證方法有四，楊樹達推演至十四種，一般常用的考釋方式爲：因襲比較法、辭例推勘法、偏旁分析法、據禮俗制度釋字。〔註 14〕因之，本論文有關文字考證工作亦遵循先賢經驗。

在幣文的共時、歷時研究部分，足堪對照的材料豐沛，欲有效迅速地找到彼此之共性和變異，語言學常用的觀察、分析、綜合歸納等方式，皆是不可欠缺的幫手。作爲一篇稱職的語言文字學論文，對材料進行分析與描寫以外，詮釋的步驟更不可忽略。論文中將對布幣體系作一番分類，並且加以描述變化歷程，談及演變規律或共性、變異時，擬將以字證字，詮解每一種規律的形成原因與特徵。史學研究方面，著墨於布幣流通情形，正確地判斷國別誠屬必要，針對城邑的鑄幣現象，結合地圖和文獻紀錄，由交通、礦產眾角度提出歷史解釋。

〔註 13〕同註 5，頁 50。

〔註 14〕關於唐蘭與楊樹達揭櫫方式的詳細內容，見唐蘭《古文字學導論》中〈怎樣去認識古文字〉，楊樹達《積微居金文說》增訂本之〈新識字之由來〉。本論文所謂的四法內涵，見於高明：《中國古文字學通論》（台北：五南圖書出版有限公司，民國 82 年 12 月），頁 144～149。

## 第三節　文獻評述

工欲善其事，必先利其器。充分掌握前輩學者的研究菁華，藉以開拓論文的發展視野，有效地處理研究課題是嚴謹的學術著作不可忽略之重點。因此，本節將對前人研究成果進行評論。

### 一、著錄方面

中國古錢的收集起源很早，許多藏泉家在收集之餘，還製作譜錄或圖集。從古迄今傳世、出土、著錄保存的古錢不可謂少，這對古錢研究無疑是項好消息。美中不足的是，由於時代因素，或登錄方法，或挖掘技術限囿，絕大多數的記錄籠統模糊，出土地點不明。目前已知最古老的譜錄是《隋書・經籍志》所言顧烜撰有《錢譜》一卷、《錢圖》一卷，顧書援引劉潛《錢志》數條，可見顧、劉二書爲最早的著錄，惜皆散佚。梁大司馬劉協亦著有《錢譜》，但不及顧書。唐代的張說《錢本草》、封演《續錢譜》亦佚。迄今傳世最早的譜錄爲《宋史・藝文志》記載洪遵著《錢志》十五卷，分古錢爲九品，所收多前書未見，洪氏將部分錢幣歸爲天品、神品，爲虞之錢。宋代譜錄增多，可是多附會於上古聖賢，言太昊金、黃帝金、高陽金，均屬不經之談。此荒謬傳說直到清代蔡雲《癖談》才被糾正，蔡雲認爲今所見金幣是古物，非上古物，流行於春秋戰國，所言屬實。

### 二、摹寫圖版

早期的圖版蒐集受限於技術問題，通常僅用摹寫、木刻、石印方式輯結成冊，例如洪遵《泉志》曾援引顧烜《錢譜》多條，所錄錢圖附上形制、文字、年代說明，《泉志》的體例爲後世沿用，如胡我琨《錢通》、朱楓《吉金待問錄》等均沿其例。摹刻當中，以鮑康《大泉圖錄》摹刻至精，技巧較佳。

### 三、影印圖版

手摹或石印之圖，人爲變素多，難免失眞，且眞僞莫辨。民國之後，論文專書如雨後春筍，圖片的收集技術更上一層樓。1938 年丁福保編成《古錢大辭典》，一改囊昔手摹、木刻、石印本模糊難辨，多採眞拓本影印，圖片清晰。前有總論，後輯拓本，因收有僞品，故於 1940 年重編《歷代古錢圖說》，以補不足。1938 年日人奧平昌洪編印《東亞錢志》，集若干珍品，時有精闢之說。1988 年馬海飛總編的《中國歷代貨幣大系・先秦貨幣》，材料豐富，圖片清晰精美。1990 年天津歷史博物館將館藏貨幣編成《中國歷代貨幣》，圖錄悉爲眞品，製版按實物大小付梓。1991年朱活編輯《古錢新典》，書分上下，上冊著錄出土資料，下冊則有拓本或相片圖版。1994 年朱華《三晉貨幣》以國別爲主收羅貨幣。另外，還有孫仲匯等人編著的《簡明錢幣辭典》、高漢銘《簡明古錢辭典》等書可供讀者參考。

## 四、研究方面

前面所談的幾部書，大抵是材料的蒐集。乾嘉考據之風盛行，古錢學隨之發展，初尚齡《吉金所見錄》、馬昂《貨布文字考》、李佐賢《古泉匯》、劉心源《奇觚氏吉金文述》，諸書收羅豐富，付之考釋，不免差池，貢獻仍多。1957年王毓銓《中國古代貨幣的起源和發展》是一部分門別類，論述詳細的著作。1958 年鄭家相《中國古代貨幣發展史》逐一考釋幣文。1958 年彭信威《中國貨幣史》，結合經濟理論闡述古錢。1979 年王獻唐《中國古代貨幣通考》爲手寫本，對於古幣起源遍舉例證說明。1984年蕭清《中國古代貨幣史》鉅細靡遺地介紹貨幣演變源流。考釋專書則以何琳儀和黃錫全爲代表，1996 年何琳儀《古幣叢考》專釋幣文，當中又以布幣著墨爲多。2001年黃錫全《先秦貨幣通論》鞭闢入裏，也是首部以先秦貨幣爲對象的介紹書籍。黃氏同年又完成《先秦貨幣研究》，則是歷年研究的單篇論文集，該論文集與《先秦貨幣通論》互補，有許多分域性研究。另外，1998年李如森《中國古代鑄幣》，及1999年宋杰《中國貨幣發展史》言簡意賅，屬通論性書籍。

隨著地下文物的出土，研究方式日新月異，單篇論文爲數眾多，比較重要的如汪慶正〈十五年以來古代貨幣資料的發現和研究中的若干問題〉，文中以鳥瞰式手法介紹十五年來研究成果。裘錫圭〈戰國貨幣考（十二篇）〉對幣文的考釋（特別是三孔布）如暮鼓晨鐘，迄今仍備受肯定。曹錦炎〈關於先秦貨幣銘文的若干問題——讀《中國歷代貨幣大系・先秦貨幣》札記〉，闡釋單字空首布、燕尾布與壽春鉛版。黃錫全〈先秦貨幣文字形體特徵舉例〉，舉例說明幣文演變情形。張頷〈魏幣庾布考釋〉，解決了陝字橋足布的疑慮。洋洋灑灑，不擬臚列。

## 五、字典方面

研究工作進行到一定階段，獲得了許多的成果以後，便可將研究發現匯聚成字典，例如 1984 年王貴忱著有《三孔幣彙編》，專收三孔布。1983 年商承祚等人編纂《先秦貨幣文編》與 1986 年張頷的《古幣文編》都是翻檢幣文的最佳參考書。有些銘文當時無法釋讀，列入存疑，依今日研究成果，應可將疑字放入正確位置。

## 六、專業期刊

1906 年日本東洋貨幣協會發行《貨幣》，發表一些先秦貨幣論文。1940 年上海古錢學會出版《泉幣》，丁福保、鄭家相、羅伯昭、陳鐵卿、張季量等人齊聚一堂，共論古錢，可惜在 1945 年便停刊了。繼《泉幣》之後，還有《錢幣天地》、《泉壇》等貨幣期刊發行，不過，以 1983 年創刊的《中國錢幣》最爲專業。《中國錢幣》全面性刊載各種貨幣文章，不論是考釋文字，抑或貨幣的製作、通論性介紹，在這本雜誌都可找到。

## 七、學位論文

學位論文與單篇論文數有天壤之別，唯一專論先秦貨幣的僅有一本，即 1970 年台大張光裕的《先秦泉幣文字辨疑》，而且，張氏採用的方法是考證某一文字，旁及相關問題，討論對象涵攝刀布兩幣，對後生啓迪良多。然而，是書並未作完整連貫地探究，部分解釋宜進一步修正。

學術研究如同接力賽跑，一棒一棒地承續下去，或許前人起步遲晚，速度緩慢，但他們的成就彷彿金字塔底端，如果喪失寬廣基礎，後學的勤勉也是枉然。學術不能原地踏步，裹足不前。面對無數的典籍文獻，如山的圖版及出土報告，在參閱張弛《中國刀幣匯考》之後，其文章結構與研究態度足以仿效，職是之故，筆者嘗試以布幣爲範疇，學習該書討論模式，對先秦布幣作一番系統深究。本論文順延 Nef 教授的想法，運用語言學和史學的理論及方法，企圖讓經濟意味濃厚的貨幣呈現出另一面的文明風貌。從布幣透視語言文字，映證戰國文字的變化萬千；觀察當時的交通路線、國勢強弱和礦產開發，再回歸經濟層面詮釋交流情況，這些子目看似無多大關連，事實上，每一章節的設計都爲了貫串「寬而廣」的理念。

# 第貳章　布幣興衰辨疑

布幣是先秦有周、三晉、燕、楚地區通行的一支貨幣體系。研究古代貨幣的學問，昔日稱爲古錢學，在今日分類精細的學科領域中，舉凡研究貨幣形制、版別、重量、文字、書法、成分、鑄造技術等等，皆屬於錢幣學範疇。錢幣學和貨幣史息息相關，又互爲獨立的學問，雖然兩者研究內容與方法有所不同，一旦進行討論時，吸收彼此研究的成果卻十分重要。本章即將探討的重點在於布幣切身的問題，例如原始取象、產生時代、歷史發展等等，透過這些技術層面的資料處理，進一步掌握布幣的基本知識。每一小節的提問都是學界致力研究的課題，原始象徵的說法，籠統稱之取材於錢鎛，但這當中尚有可議之處；布幣嚆矢於何時，各家見解分歧，爭論不休，但經由實物與書面互爲佐證下，可以將起源縮小至某一個時段；布幣歷史進程中的原始布階段，部分學者堅持它同時是實用農具與貨幣，也有人認爲原始布屬於商品貨幣的一種，模稜兩可，眞相待析。在進行一連串討論之前，首先將從經濟學（特別是貨幣銀行學）角度鳥瞰貨幣的地圖，理解該學科對貨幣的認知成果，再把焦點聚集在「中國」、「先秦」、「布幣」的身上，藉此展開本文的論述。

## 第一節　貨幣的基本概念

布幣爲眾多貨幣之一種，所有貨幣的特質它理當具備。因此，在進入布幣研究課題前，對於一些貨幣基本概念必須有所認識，掌握正確的觀念將有助於判別紛沓的貨幣疑雲。經濟領域有一門學問稱「貨幣銀行學」(Money & Banking),在貨幣基本問題方面研究透徹;雖然該學科是現代的知識,然而,有些觀念應是打破時空,古今通用的。以下就貨幣之定義、功能、濫觴三方面分別敘述。

## 一、貨幣的定義

經濟學指稱的貨幣有三種常用的界定方式,分別是概念上的標準、法律上的標準、理論與實證的標準。在先秦時期,尚未有法定貨幣、無限法償及現代經濟學的觀念,所以,法律上的標準或理論實證的標準,並不適合當作中國古代貨幣的定義,因此,本論文擬以概念標準詮釋。貨幣的產生是爲了方便人類交易活動的進行,簡明大英百科全書(Concise Encyclopædia Britannica)Money 條下云:「貨幣的基本職能在於它能使買與賣分離,有利於進行貿易,不需要物物交換。」所以,本論文將它定義成:所有能夠被普遍接受作爲支付財貨與勞務,或作爲債務償還的標的。這個概念定義植根於「信賴」,如果有一個物品買賣雙方都能接受它當作支付工具,或債務的清償,那麼,它就是貨幣。〔註 1〕先秦的布幣、刀幣、圜錢、爰金、貝幣均適用此定義。

## 二、貨幣的功能

貨幣產生的主要原因在於以物易物有其困難面,因之,所有的貨幣皆有解決以物易物困難的能力。方興起指出,維克賽爾曾將貨幣職能分成三種:價值尺度、價值儲藏手段、交換媒介,最後一個才是眞正意義上表現貨幣的特徵。〔註 2〕不過,按照馬夏爾(Alfred Marshall)的說法,貨幣具有四大功能:〔註 3〕

### (一)交換媒介(medium of exchange)

貨幣最重要的一項功能是充當物與物之間的交易媒介。在物物交換的社

〔註 1〕參見李榮謙:《貨幣銀行學》(台北:智勝文化,1995 年 6 月 4 版),頁 5。沈中華:《貨幣銀行學》(增訂版)(台北:新陸書局,民國 88 年 6 月再版),頁 17。

〔註 2〕參見方興起:《貨幣學派》(武漢:武漢出版社,1996 年 4 月),頁 81。

〔註 3〕黃建森:《貨幣銀行學》(台北:華泰書局,1992 年),頁 6～7。

會，必須面對嚴重缺乏的「慾望一致性」（double coincidence of wants），浪費太多時間去尋覓願意交換的人。以物易物行爲模式的購買和銷售同時發生，若使用大家都認定的貨幣，兩種行爲彼此獨立，有助於提高經濟體系效率，促進產業分工、專業化的程度。

### （二）價值標準（standard of Value）

物物交換的社會缺少交易的共同單位及標準，常常導致交換比例過於複雜，造成交易的挫折。例如當市場上有四種東西待交易，它們之間的交換比例便有六種，財貨愈多，交易成本愈大。因此，貨幣產生時便有固定的計算單位，利用共同計算單位，簡化物品交易的交換比例（價格）。有了價格，才能作恰當計算與選擇，促進消費與生產的合理化。

### （三）延期支付（deferred payment）

延期支付又稱債務的標準。舉債的時候，雙方約定某一時點償還「同值」之現在財，如果沒有一致的計算單位，即使大家信守承諾，仍將產生同值判斷的混亂與爭議。貨幣具有被認同的計算單位，使債權與債務有一抽象的測度標準，能夠促進信用經濟的發展。

### （四）價值貯藏（store of Value）

由於貨幣可以延期支付，有鑑於人們收入與支出時點未必相同，所以，貯藏購買力便成爲貨幣另一項功能。物物交換的東西不易兌換所有物品，其價值貯藏能力相對較低，貨幣有共同的計算單位，流通性（liquidity）最高，可以隨時支用，不會有轉換上的損失，所以，它具有全面價值貯藏的能力。

## 三、貨幣的起源

談到貨幣的起源，大陸學者奉馬克思、恩格斯的經濟理論爲圭臬，大抵上，馬克思認爲貨幣是交換過程中，因必要而形成的一種結晶。若從商業行爲的角度來觀察，這個說法可被接受，貨幣肇始於商品交換，沒有一連串商品交換，就不可能產生貨幣。地球如此廣袤，每個地域產生文明始點不同，林林總總的貨幣體系，均有一段漫長的演進過程，縱然各區流通貨幣的濫觴期不一，然而，演變歷程卻有相似之處。

貨幣通常以商品貨幣（commodity money）開始，商品貨幣又稱實體貨幣（material money），意味某一物品既可充當貨幣，又能當作商品滿足人類需求。簡言之，就是具有雙重價值的貨幣。它的特色是眞正的價值（非貨幣用途的價值），大致等於作爲交易媒介的貨幣價值。因爲商品貨幣可作爲非貨幣用途，當貨幣購買力下跌時，大家就會利用它的商品價值，而不把它當貨幣；若貨幣購買力高於商品價值，它的商業用途將會減少，以供作貨幣之用。透過這種機能的運作，能使商品的眞正價值接近於作爲貨幣的交易價值。

歷史上曾經有許多物品被當作交易媒介，如斐濟群島用鯨魚的牙齒，早期法國人用獸皮，美國早期移民時期的煙草、威士忌、牙齒，阿茲特克人用巧克力（可可豆）作現金，印度一些原住民的杏仁，瓜地馬拉人用玉米，古代巴比倫人與亞述人用大麥，蒙古人用茶磚，中國人用烏龜、貝殼、農具、小刀、布帛、青銅塊，另外，有食鹽、煙草、木材、乾魚、食米、衣物等等。〔註4〕這些商品貨幣絕大部分由非金屬物擔任，非金屬物品有許多缺點，譬如運輸困難、不便儲藏、不易分割、數量有限，導致於它們逐漸沒落，終究被金屬貨幣〔註5〕取代。

金屬貨幣基於運輸方便、耐久性、同質性、可分割、價值穩定且稀少等優點，成功地接替商品貨幣的棒子，繼續在社會流通。依時間先後排列，它分成稱量貨幣與金屬鑄幣兩類。〔註6〕

1. **稱量貨幣**（weighed money）

沒有一定形狀、重量、成色，使用時必須鑑定成色、計算重量，以其金屬含量程度作爲交換價值之依據。

---

〔註4〕參見沈中華：《貨幣銀行學》（增訂版）（台北：新陸書局，民國88年6月再版），頁18。傑克・魏勒福特著（Jack Weatherford），楊月蓀譯：《金錢簡史》（The History of Money：From Sandstone to Cyberspace）（台北：商業周刊出版，1998年4月），頁20～23。

〔註5〕沈中華說：「任何金屬本位制度係指以一定重量及一定成色的某種金屬當幣材，且其本位貨幣的價值與其當貨幣的商品價值保持一定關係，所以任何一種金屬本位制度可說是一種『商品貨幣』。」（同前註，頁38）沈氏之說屬於廣義的商品貨幣（實體貨幣），如果商品貨幣可以包括金屬貨幣，顯然是著眼於實體貨幣的概念。稱量貨幣計較本身的成色與重量，符合上述「貨幣價值幾等於商品價值」的見解，但是，稱量貨幣「秤量」、使用「金屬」材質概念，已經比純粹用特定商品交換進步。嚴格上，兩者並不相同。另外，金屬貨幣的一支——「金屬鑄幣」，有一個重要特徵是：有計算單位，可以以枚計數，其價值不需衡量成色及重量，所以，它不應該劃歸商品貨幣。

〔註6〕參見李榮謙：《貨幣銀行學》（同註1），頁19～20。

2. 金屬鑄幣（metal money）

國家按固定形狀、紋飾、重量、成色鑄造，流通時以個數計算，特徵是本身價值和貨幣價值分離。

承繼金屬貨幣者，還有紙幣、信用貨幣階段，這已經超過本節討論範圍，亦逾越論文劃界的時間區段，在此便停筆不論。中國先秦的貨幣，經歷商品貨幣與金屬貨幣階段，與世界上其他區域貨幣的起源、演變程序相同。關於中國貨幣的嚆矢時間，歷代學者眾說紛紜，尚無確定的共識。《管子・輕重・揆度》曾提及貨幣的種類及起源：〔註 7〕

> 故先王度用於其重而因之，珠玉爲上幣，黃金爲中幣，刀布爲下幣。

《管子・輕重・山權術》云：

> 湯七年旱，禹五年水，民之無𩜾賣子者。湯以莊山之金鑄幣，而贖民之無𩜾賣子者。禹以歷山之金鑄幣，而贖民之無𩜾賣子者。

《史記・平準書》也有相關紀錄：

> 太史公曰：農工商交易之路通，而龜、貝、金、錢、刀、布之幣興焉。所從來久遠，自高辛氏之前尚矣。…虞夏之幣，金爲三品，或黃、或白、或赤，或錢，或布，或刀，或龜貝。

洪遵《泉志》序談貨幣源於燧人氏：

> 泉之興，蓋自燧人氏，以輕重爲天下，太古杳邈，其詳叵得而記，至黃帝成周，其法寖具。

大抵典籍所載內容大同小異，通常歸之於遠古氏族與三皇五帝時代。無疑地，這類說法具有傳說性，又大抵附會一家之言。神農氏、高陽氏、有熊氏、高辛氏、黃帝、虞夏的社會風貌，考古學及史學界仍不甚清楚，因此，上列諸說的眞實性大有疑問。根據司馬遷的說法，中國可能曾以布、刀、龜、貝、金、錢、珠玉爲貨幣，流通的先後順序與歷史眞相一直是學界勞心的重點。

關於貨幣源起問題，目前學者的共識是海貝爲中國最早的商品貨幣。關於各種天然貝與仿貝的出土情況，黃錫全《先秦貨幣通論》頁 43 有一簡表如下：

〔註 7〕《管子・輕重・揆度》類似的文字曾出現於同書的〈地數〉、〈國蓄〉，本論文採用〈揆度〉之文。

表 1：各種自然貝、仿貝大致情況簡表

| 種類 | 貝名 | 新石器 | 夏 | 商 | 西周 | 春秋 | 戰國 | 備註（出土地點） |
|---|---|---|---|---|---|---|---|---|
| 自然貝 | 貨貝 | √ | √ | √ | √ | √ | √ | 較普遍 |
| | 擬棗貝 | | | √ | √ | | | 殷墟、益都、灃西、濟陽、洛陽等 |
| | 阿文綬貝 | | | √ | | | | 殷墟、洛陽等 |
| | 虎斑寶貝 | | | √ | √ | | | 殷墟、周原、三星堆等 |
| | 黍斑眼球貝 | | | √ | √ | | | 殷墟 |
| | 蛇首眼球貝 | | | | √ | | | 浚縣辛村 |
| | 環紋貨貝 | | | √ | | √ | | 三星堆等 |
| | 伶鼬榧螺 | √ | | √ | | | | 袞州大汶口、殷墟等 |
| 仿貝 | 石玉貝 | √ | √ | √ | √ | √ | √ | 鄭州、安陽、洛陽、保德等 |
| | 骨貝 | √ | √ | √ | √ | √ | √ | 青海樂都、陝縣、偃師、鄭州、殷墟、浚縣、侯馬、洛陽、輝縣等 |
| | 玉貝 | | √ | √ | √ | √ | | 青海樂都、二里頭、鄭州上街、殷墟、張家坡、洛陽、長安、扶風等 |
| | 蚌貝 | √ | | √ | √ | √ | √ | 較普遍 |
| | 陶貝 | √ | √ | √ | | √ | √ | 陝縣、保德、安徽亳縣、虢國墓地等 |
| | 角貝 | | | | | | √ | 安徽亳縣 |
| | 銅貝 | | | √ | √ | √ | √ | 保德、殷墟、輝縣、侯馬、臨淄、曲阜、周原、楚地等 |
| | 包金銅貝 | | | | | √ | √ | 輝縣、琉璃閣、侯馬上馬村、柳泉、曲阜故城、洛陽等 |
| | 金貝 | | | | | √ | √ | 中山國、青海大通等 |
| | 銀貝 | | | | | | √ | 中山國、阜陽（蟻鼻貝）等 |
| | 鉛貝 | | √ | | | √ | | 赤峰、侯馬柳泉等 |

青海樂都柳灣的馬廠類型文化墓葬，出土了海貝、石貝、骨貝、洮貝，該墓屬於新石器時代遺物。〔註 8〕人工仿貝的發現，意味當時海貝的使用漸趨

〔註 8〕中國社會科學院考古研究所青海隊等：〈青海樂都柳灣原始社會墓地反映出的主要問題〉，《考古》1976 年 6 期，頁 371。

頻繁，甚至有不足的時候，必須製作各種仿貝以供運用，但是，沒有其他證據證明新石器時海貝或仿貝已經是貨幣。夏代使用青銅仍屬於起步階段，尚未發覺銅貝，即使是天然海貝，數量亦鮮。《鹽鐵論・錯幣》：「夏后以玄貝。」與《史記・平準書》：「虞夏之幣，…或龜貝。」兩書只說對了一半，夏代使用海貝，不代表當時的貝殼已經成爲貨幣，只依憑出土實物，無法證實海貝已具有貨幣的四項功能，它們或許是人人喜愛的物品而已。

根據種種考古資料顯示，殷商用貝量較夏代豐富，不僅海貝出土數量龐大，銅貝也有逐漸增加趨勢。由安陽大司空村商墓遺跡中，有的墳墓出土幾十枚貝殼，多數僅發現一枚，可知用貝殉葬，已經不是貴族奴隸主的專利，平民百姓也能殉貝，通常平民墓出貝數量較貴族少，不過，偶有例外，殷墟西區平民墓也曾發掘 300 多枚海貝。即使殷墟與他處發現了許多貝殼，它們究竟是不是當作貨幣使用呢？銅貝在殷墟所見甚寡，流通不廣，代表正屬於萌芽階段，被當成貨幣的可能性極低。海貝、銅貝出土數量相差懸殊，其爭議性相對較高。陳旭認爲由考古現象顯示貝殼出土位置複雜、商朝手工業純爲貴族服務、異域產品的取得並非透過交易三方面考察，殷商應該沒有貨幣產生。〔註 9〕另，從古文字及典籍等線索推測，〔註 10〕最多只能說海貝在殷商時期處於過渡階段，〔註 11〕它先爲上層階級所重視，再漸漸拓展到民間層面，從此，貝殼不再是貴族專屬物品，人民也能以少量貝殼入葬。

周民族的歷史十分悠久，殷商時已蟄伏於西方。後來，武王伐紂，一舉殲滅商王朝，西周於焉誕生。基本上，不論在經濟抑或社會各方面，西周都不如殷商，所以，許多禮儀、制度皆承襲有商，貝殼的使用亦復如是。以地下出土文物來看，西周的貝殼發掘較前朝數量豐富，陝西長安灃水是西周都城豐、鎬所在地，岐山、扶風一帶爲周民族發祥地（周原），靠近豳與周原的靈台，或其他臣屬於周朝的小諸侯國境內，總括而言，文化中心或文化所及之處，紛紛發

〔註 9〕 參見陳旭：〈商代使用貨幣説辨析〉、〈商代貿易與商業探討〉，收於《夏商文化論集》（北京：科學出版社，2000 年 1 月），頁 201～217。

〔註 10〕 甲骨文材料如「征不死，易貝二朋。一月。」（合集 40073）金文有《小臣邑斝》：「王易小臣邑貝十朋，用乍母癸尊彝。」（三代 13.53.6）典籍材料如《書・盤庚》中、下篇及《易・損》，均無法顯示商貝已具備完整的四大功能。

〔註 11〕 對於筆者的結論，彭信威教授亦有相類看法：「中國在殷代已有貝殼的使用，雖然還不足以證明已發展成爲十足的貨幣，但至少已接近貨幣了。」彭信威：《中國貨幣史》（上海：上海人民出版社，1965 年 11 月 2 版），頁 5。由此可見，殷商時代的海貝正處於醞釀期，還不是眞正貨幣。

現爲數甚眾的海貝，由此可知，海貝的流通已經漸趨廣闊、成熟了。再者，從金文的紀錄發現海貝已形成四個功能，屬眞正的商品貨幣，〔註 12〕而且，當時已出現銅貝。〔註 13〕

基本上，學界認爲銅貝可能是稱量貨幣，但後期又以枚計數，也可能是過渡型貨幣。〔註 14〕蕭清認爲在恭王以後（大約西周中期），銘文用銅之例多於用海貝，反映金屬貨幣日趨重要。〔註 15〕此說大體正確。海貝在當際是一種流通的商品貨幣，加上金屬支付功能漸臻完備，〔註 16〕促使銅貝誕生，銅貝結合貝形與金屬優勢，〔註 17〕雖然對其貨幣功能尚有疑慮，但是，它具有固定的形狀，使用時必須稱重等特點，爲青銅作爲貨幣打開大門，同時也替春秋戰國的青銅鑄幣奠下根基。

## 第二節　原始布幣的起源

歷史上所稱的「先秦」，並非一個單純時點，它橫跨的範圍廣大，是一段很漫長的歲月。先秦的具體年限，由於資料貧乏，上限仍無法確定，它的下限，目前訂於秦始皇統一中國（221B.C.），換言之，在秦一統天下之前的時間，泛稱爲先秦時期。生物的型態循著時間遞嬗而演化，人類的文明伴隨光陰流轉而前進，春秋戰國合起來有五百餘年歷史，西周國祚將近八百年，殷商也有數百年，這麼悠久的時間中，曾經流通的貨幣種類相對也不少，依照目前的看法，先秦的貨幣體系共有四類，分別爲布幣、刀幣、爰金、圜錢，若以實際使用的角度區分，則應該再加上貝幣（海貝與銅貝），一共是五大類。基本上，刀、金、圜、貝的名稱較無疑問，刀幣取象於削刀，故喚作刀幣；爰金以材料性質命名；圜錢因形狀而來；以貝殼作貨幣則稱貝幣。只有

〔註 12〕由《小臣單觶》（成王時器）、《庚嬴卣》（康王時器）、《小臣靜簋》（穆王時器）、《敔簋》（厲王時器）、《衛盉》（共王時器）諸器銘文中，可知海貝已是眞正的商品貨幣。

〔註 13〕《⿰钅卂卣》:「易貝卅寽。」（三代卷 13）根據海貝以朋計算的習慣，此處的「貝」應指銅貝。

〔註 14〕詳閱黃錫全:《先秦貨幣通論》（北京：紫禁城出版社，2001 年 6 月），頁 56。

〔註 15〕參見蕭清:《中國古代貨幣史》（北京：人民出版社，1984 年 12 月），頁 42。

〔註 16〕《國語·齊語》:「管子曰:『制重罪贖以犀甲一戟，輕罪贖以鞼盾一戟，小罪讁以金分，宥閒罪。』」金屬的支付功能，不僅限於銅塊、銅貝，兵器也可以出充當贖物。

〔註 17〕金屬製貨幣的優勢如：易於分割、耐久性高、便於運輸等等。

布幣的名稱和由來一直沒有確切的答案，談到布幣的象徵，含糊地說源自農具，也許是錢，抑或是鎛，也可能象鏟，甚至乾脆以上皆是。通過典籍的查證，發現無論是戰國成書的《管子》、西漢史遷的《史記》，還是其他後代的古書，幾乎都直接稱「布」、「刀布」。如果布幣的確取象自某一種農具，按照古人定名的模式，應該不會稱為「布」，而是直接喚該農具之名。這項正名的工作非常重要，因為，貨幣名稱的確立將有益於瞭解它的原型。

貨幣的形成建立於頻繁的交易活動，初始是商品貨幣，逐步發展為金屬貨幣。這個演變是前有所承，絕非憑空杜臆，所以，金屬貨幣的取象應和前階段的商品貨幣有關連。商品貨幣時期，大家用認同的媒介物進行交易，它可以是一種農作物，可以是日常生活所需之工具，或是某一個手工藝品，只要這些替代品被人們接受、運用，具有四樣功能，便算是眞正的貨幣。後來商品貨幣的缺點日漸暴露，於是，人們尋找其他媒介物克服不便，例如濱海一帶的民族常以削刀為交易媒介，因為削刀體大沈重，不易攜帶，刀頭銳利，容易傷人，久而久之便被較小較鈍的刀幣取代。一般而言，人類思維採漸進模式而非跳躍式，一旦成為習慣，短期間難於更易，貨幣的使用也是同理，雖然眞刀有缺失，改進時仍沿用該形狀，這也不無可能。照演進規律判斷，布幣的形狀有其原型，誠如前賢推測：布幣源自於古農具，這個論斷方向正確，不過，還需進一步確定所從。

布錢起源的問題常見之說是源於錢、鎛、鏟，這三種農具有先後順序，鏟子在前，錢鎛在後。在遠古的中國，各地區有自己的文化類型，以黃河流域為例，較早的農業遺址是距今七、八千年的河南新鄭裴李岡文化，和河北武安的磁山文化，〔註18〕兩區文化層皆出土石斧、石鏟、石鐮、石磨盤、石磨棒，有些地方還有木耒。〔註19〕接下來的仰韶文化，木耒（偶有雙齒）和骨鏟的出土增多；〔註20〕龍山文化時，有肩石鏟、穿孔石鏟、雙齒木耒十分普遍。〔註21〕與黃河仰韶文化相對應地是長江流域河姆渡文化（距今7000～

〔註18〕磁山、裴李岡屬於新石器早期文化，經碳14測定，磁山文化絕對年代介於6000～5600B.C.，裴李岡文化的時代亦相當於磁山文化。參見彭林、齊吉祥、范楚玉總纂：《中華文明史》第一卷史前（石家莊：河北教育出版社，1989年10月），頁17～18。

〔註19〕李根蟠：《中國農業史》（台北：文津出版社，民國86年6月），頁5。

〔註20〕仰韶文化屬於新石器時代中期，絕對年代為5000～3000B.C.，有的地方持續到2400B.C.。同註18，頁19～20。

〔註21〕龍山文化相當於新石器晚期。同註18，頁113～114、124。

5000 年），骨耜爲主要農具；〔註 22〕另外，東北地區的新樂文化（5300～4800B.C.）、紅山文化（3800B.C.前後）都有相若的出土。〔註 23〕因此，耒、耜、鏟的確是農具史最古老的工具。1998 年河南舞陽賈湖遺址（屬於裴李岡文化）發掘的石鏟，完整者計 9 件，依其形制，可分爲長條形、梯形、長條有肩形三種。長條有肩形的模樣和後代的布錢極似，楊肇清曾云：

> 有肩石鏟是由長條形寬刃石鏟打出毛坯後，在其兩側上部打去一部份，使之成爲肩部，……經觀察柄上有綁的磨損痕，木柄與石鏟縱向結合，並用繩綑綁牢固……從而達到翻土的目的。〔註 24〕

他又根據宋兆麟以爲有些石鏟體型碩大，有挖土損痕和安柄處，應該是耜冠的說法，將有肩石鏟稱爲耜。在此，鏟又和耜有合流的情況。

耒和耜是幾千年前誕生的刺地翻土器，元代王禎《農書・耒耜門》開門見山地說：

> 昔神農作耒耜以教天下，後世因之。佃作之具雖多，皆以耒耜爲始然。耕種有水陸之分，而器用無古今之閒，所以較彼此之殊效，參新舊以兼行使。

簡言之，耒耜爲農具之祖，縱然後世農具滋繁，物類眾多，彼此仍有相序承繼的脈絡。〈耒耜門〉以耒耜爲首，其下曰：

> 耒耜，上句木也。《易・繫》曰：「神農氏作斲木爲耜，揉木爲耒。」《說文》曰：「耒，手耕曲木。從木推手。」《周官・車人》：「爲耒庛長尺有一寸。」鄭《注》云：「庛讀如棘刺之刺，刺，耒下前曲接耜。」……耜，臿也。《釋名》曰：「耜，齒也，如齒之斷物也。」……賈公彥《疏》云：「古者耜一金者，對後代耜歧頭二金者也。」……耒耜二物而一事，猶杵臼也。

王禎以爲耒和耜是二物一體，耒耜之間以庛相連接，它們如同杵臼般的密切。《農書》所繪的耒耜圖，與後代《農政全書》、欽定《授時通考》、《古今圖書集成》高度相似，由王禎的敘述可知耒耜本來爲兩種農具，後來才結合一體。參考《農書》對耒的敘述，與出土雙齒木耒比較，〔註 25〕顯然有所不同，這

〔註 22〕同註 18，頁 68、108、120～121。

〔註 23〕同註 18，頁 83～86。

〔註 24〕參閱楊肇清：〈河南舞陽賈湖遺址生產工具的初步研究〉，《農業考古》1998 年 1 期（總 49 期），頁 119。

〔註 25〕1979 年江陵濟南城水井出土戰國雙齒耒，齒頭套鐵刃。其中一件保存完整，

意味著耒耜圖手繪的農具與原貌相去甚遠。

關於錢鎛之具，《農書・錢鎛門》言：

> 錢鎛，古耘器，見於聲詩者尚矣。然制分大小，而用有等差，揆而求之，其鋤耨鏟盪等器，皆其屬也。

錢鎛屬於古代耘器，這個系統也衍生出許多不同的器具。〈錢鎛門〉又記載：

> 錢，〈臣工〉詩曰：「庤乃錢鎛。」注：「錢，銚也。」《世本》垂作銚。……此錢與鎛爲類。……茲度其制，似鍬非鍬，殆與鏟同。鏟柄長二尺，刃廣二寸，以剗地除草，此鏟之體用，即與錢同。錢，特鏟之別名耳。鎛，耨別名。〈良耜〉詩曰：「其鎛斯趙，以薅荼蓼。」《釋名》曰：「鎛，迫也，迫地除草也。」《爾雅疏》云：「鎛鎒一器，或云鉏，或云鋤屬。」……王荊公詩：「於易見耒耜，於詩聞錢鎛。」

錢鎛皆是除草器，錢即鏟的別名，鎛爲耨的異稱。根據王安石的詩句，耒耜在《易經》中已出現，錢鎛見於《詩經》，四器都是中國很早就發明的工具。究竟耒、耜的原始形制爲何？錢、鎛、鏟三者關係如何牽連？這些問題不能只依憑後出文獻的追記來推測，宜找出直接證據印證之。

舞陽賈湖的裴李岡遺址出土石鏟可分三型，長條形爲較早的形制，有肩形由前者演變而成。山東北辛文化（5700～4300B.C.）的石鏟型類更多，有長方形、梯形、圓角方形、舌形。〔註 26〕1970 年陝西扶風天度鄉的西周青銅鏟（附圖 1），長 10.3cm，刃寬 6.4cm，銎徑 2.2×3.4cm，銎呈長方形，銎端有束，三角穿孔，肩部斜折，弧刃外侈，有使用痕跡。西周青銅鏟爲數不多，多發現於貴族墓，可能是籍田農器。〔註 27〕戰國時期，臨淄齊國故城的青銅鏟略呈空首布狀（附圖 2），長方銎，長 17.3cm，刃寬 11.3cm。〔註 28〕這些考古資料透露出鏟的形制其實很多，但是，與後代空首布、平首布較類似的應爲有肩式鏟。1975 年周原齊鎮村石耜，長 28.7cm，寬 10.5cm，似鏟而體特長，頂

柄長 59cm，柄下至鐵刃端長 50cm，全長 109cm，鐵鋒刃長 7cm，寬 8cm，木齒間距 3.5cm。見劉亞中：〈「耒」的演變與「犁」的產生〉，《中國農史》1997 年 16 卷 1 期（總 60 期），頁 96。

〔註 26〕參見吳詩池：〈綜述山東出土的農業生產工具〉，《農業考古》1990 年 1 期（總 19 期），頁 248。

〔註 27〕參見高西省：〈試論扶風出土的商周青銅生產工具及相關的問題〉，《農業考古》1992 年 1 期（總 25 期），頁 193。

〔註 28〕同註 26，頁 253。

端鑿有圓孔，以便固定耜頭與柄，屬於翻土器具。〔註 29〕關於耜鏟的形狀，陸忠發表示甲骨文的工字，寫作工 ㄓ 工，即鏟子的象形，若由出土實物的形狀來看，鏟方刃，耜舌刃（刃部為∪），因此，工字像加柄後的鏟。然而，該推論並不正確，因為北辛文化所見之鏟，也有呈舌形者。縱然如此，由上述兩項資料可確定地是耜和鏟的原型十分接近。〔註 30〕

徐中舒認為耒是歧頭、仿樹枝式農具，耜是木棒下接圓頭平葉式農具。〔註 31〕不過，這可能還不是原型。因為，在考古出土的新石器器具中，發現最早的耒是尖木棒，後來，龍山文化便出現雙齒木耒。再由古文字證實，甲骨文未見耒字，但是，收有從耒的耤，作[illegible]一期乙 7396，[illegible]一期前 6・17・6，[illegible]一期前 7・15・3，〔註 32〕金文的耒作[illegible]（耒簋），[illegible]（耒方彝），〔註 33〕有的耒沒有腳踏木，有的踏木呈水平狀，或傾斜狀，或微微上翹，無論如何，耒下都作歧頭狀，這些例字屬於象形文，表示商周所見的耒已是分叉式農具。因之，耒的原型應為尖狀木棒，後來因為直式單齒木棒刺地不易，常會損傷、折斷，所以再演進成曲柄分叉式刺土器。楊寬認為耜屬平刃耕具，《說文》枱、相為耜異體字，相或體作梩，《方言》云臿又名斛、鏵、梩，斛即銚，臿就是耜、銚，〔註 34〕《說文・金部》:「錢，銚也。」錢即是帶有金屬鋒刃的耜，可以耕土剷草。耒耜均為耕具，功用相仿，長期並稱。〔註 35〕目

〔註 29〕參看羅西章:〈從周原考古論西周農具〉,《農業考古》1995 年 1 期（總 37 期），頁 41。

〔註 30〕耜、鏟、錢、鎛的關係，楊寬認為前三者是相同的起土耕具，其中，錢屬於木製帶有金屬鋒刃的耜；鎛則是用句曲樹枝製，帶有金屬鋒刃的耨（短柄寬刃小鋤頭），為除草器。參見楊寬:《古史新探》（北京：中華書局，1965 年 10 月），頁 1～50。

〔註 31〕參閱徐中舒:〈耒耜考〉,《徐中舒歷史論文選輯》（上），（北京：中華書局，1998 年 9 月），頁 93～94、99。康殷的見解比較接近事實，他認為耒是彎曲度近於直角，下端兩歧耕具，由尖頭棍棒進化而來。見康殷:《古文字形發微》（北京：北京出版社，1990 年 3 月），頁 282。

〔註 32〕詳見徐中舒主編:《甲骨文字典》卷四（成都：四川辭書出版社，1989 年 5 月），頁 480。

〔註 33〕詳見方述鑫等編:《甲骨金文字典》卷四（成都：巴蜀書社，1973 年 11 月），頁 331。

〔註 34〕參閱楊寬:《西周史》（台北：台灣商務印書館，1999 年 4 月），頁 234～235。

〔註 35〕關於耒耜名稱的混用，徐中舒曾做過十分仔細的探究，他以為耒是殷人習用農，耜流行於西土，隸書㠯作以，從人，便是倒耒形的訛變。再加上兩者的功能相同，各有流通區域，平葉的耜較兩足農具易於製作，原謂耒為木，耜為金，後來耒又改成金屬製，東、西土的人民弄不清楚兩者之別，兩者便混

前，史學界均認爲耒耜爲不同的農具，各有演化規律，耒由尖頭木棒演化而來，耜則是從長圓形石、蚌、木塊演變，兩者都是翻土器。〔註36〕所以，王禎的耒耜圖其實並非耒、耜原貌。

據前所述，鏟、耒、耜皆爲新石器時代產生的農具，鏟子的形狀多樣，其中，長條有肩鏟和耜的形制相彷，亦近於眞正的布幣。而耒、耜是形狀不同的耕具。鏟耜材質有骨質、石質、蚌質、青銅質等等，耒的材料以木質爲主，後來亦有青銅耒。三種工具還有一項共同特徵：在農具主體或銎部有孔。以山東省爲例，北辛文化出土鑿孔蚌鏟；大汶口文化（4300～2400B.C.）發現梯形石鏟，鏟體上半部有一個圓形鑿孔；〔註37〕岳石文化（1900～1600B.C.）的梯形石鏟，中部偏上有一個豎向圓角長方形孔。〔註38〕江西新淦商墓、新干大洋洲晚商遺址均發現耒、耜、鏟等青銅農具，報告指出它們的銎部有孔，截面爲鈍三角形、橢圓形、方形孔，方便安裝固定和勞作用力。〔註39〕這無疑是後代布幣有孔的憑證。錢鎛之名見於文獻資料中，在所知的考古實物裡，鏟狀物稱鏟居多，亦有稱作鎛，〔註40〕許多專著視錢鎛即鏟子，〔註41〕而《爾

---

爲一名。同註31，頁100～116。徐氏之說尚有疑問，甲骨文㠯作[illegible]三期甲1268，[illegible]三期粹1160，爲[illegible]省形，並非如徐所言是倒耒形訛變。

〔註36〕參閱周昕：〈古農具圖譜正誤〉，《農業考古》1993年1期（總29期），頁89。雖然學界普遍認爲耒、耜應爲二物，李根蟠《中國農業史》（同註17）頁35，卻說耒演進成鍤，鍤加上横木又變成耜，聊備一說。

〔註37〕同註18，頁43、124。

〔註38〕同註26，頁248、251。

〔註39〕參見王水根：〈江西青銅農具研究〉，《農業考古》1996年3期（總43期），頁140～143。彭明瀚：〈略論江西新干的青銅農具〉，《農業考古》1996年1期（總41期），頁136，

〔註40〕《中國通史》第三卷頁91～92，稱河南安陽殷墟的商代後期的鏟狀物爲「銅鎛」，文中認爲鎛就是鏟。李如森《中國古代鑄幣》頁32，有一幅商代農具圖，題名爲「錢鎛」。《中華文明史》第二卷頁135，鏟形物稱爲「青銅鎛」，頁136還有將鐵製鏟狀物稱爲「臿」的例子。參見徐喜辰、斯維至、楊釗主編：《中國通史》第三卷上古時代（上海：上海人民出版社，1994年6月）。李如森：《中國古代鑄幣》（長春：吉林大學出版社，1998年11月）。

〔註41〕汪慶正提出《戰國策・秦策》：「無把銚推耨之勢，而有積粟之實。」戰國時期耨——鎛使用方法是用推的，鏟也是從懷内向外貼地平推，證實鏟形田器即是鎛。不過，黃錫全根據《廣雅》、《釋名》，從而斷定「錢是向前推的鏟，鎛是向後拉的鋤。」參見馬海飛總主編：《中國歷代貨幣大系・先秦貨幣》總論（上海：上海人民出版社，1988年4月），頁13。黃錫全：《先秦貨幣通論》（同註12），頁81。

雅疏》與《廣雅・釋器》、《釋名》等古書則一致認定鎛爲鋤，言鎛爲鋤正確，《詩經》毛傳云：「鎛，鋤屬。」《淮南子・氾論》：「古者剡耜而耕，摩蜃而耨。」鎛即耨省，是種短柄寬刃小鋤頭，農夫佝僂身軀用鎛除草。因此，錢鎛並非同一器物，有肩式鏟即《詩經》的錢，小鋤爲鎛，錢的功用較鎛廣泛，既能翻土，又可剷地除草。依王禎的說明：錢即是鏟，鎛即爲耨，鏟子在新石器時代已現蹤跡，《詩經・周頌》才見錢鎛並列稱呼，可知它們爲後起之名。

布幣的起源應取象於鏟農具，倘若該結論正確，爲何古人稱爲「布」，而不直接命名爲「錢」或「鏟」呢？檢《漢語大字典》中錢字的義項豐富，第一、「古農具名，臿屬，似今之鐵鏟。」第二、「金屬貨幣。特指銅錢。」第三、「貨幣。」〔註 42〕錢，《廣韻》爲昨仙切，上古屬從紐元部。鎛字的第一義項爲「鋤類農具」，另外，還有古代樂器、大鐘，〔註 43〕就是不見「貨幣」的意義。鎛，補各切，上古爲幫紐鐸部。布字第三義項爲「古代錢幣」，引清代朱駿聲《說文通訓定聲・豫部》：「古以布爲幣，後製貨泉，即以名之。」又列出〈氓〉詩與《史記・平準書》爲佐證，可見布在中國古代的確有貨幣的意思。〔註 44〕觀其聲紐，布、鎛同屬重唇的幫紐；茲查韻部，布爲魚部字，鎛屬鐸部字，魚、鐸的主要元音爲〔ɑ〕，不過，布是陰聲字，鎛則是收〔k〕的入聲字，在上古韻語和諧聲字中，陰聲字與入聲字接觸頻繁，所以，布和鎛有假借的機率。〔註 45〕魚、鐸二部也不乏異文之例，如《穀梁傳・襄公二十四年》：「百官布而不制。」《韓詩外傳》布作補。《書・虞書・舜典》：「敬敷五教。」《左傳・文公十八年》引敷作布。《禮記・樂記》：「鋪筵席。」《史記・樂書》鋪作布。因此，布、鎛可能假借的假設不僅在音韻上抑或文獻中，都獲得有力的支持。〔註 46〕雖然布幣象徵於鏟（錢）農具，不過，《詩經》所

〔註 42〕見《漢語大字典》編輯委員會：《漢語大字典》第六冊（四川辭書出版社、湖北辭書出版社，1989 年 9 月），頁 4217。

〔註 43〕《漢語大字典》頁 4239，鎛的第三義項爲小鐘，乃採《國語・周語》韋昭注：「鎛，小鐘也。」但依據鄭玄注《周禮・春官》言鎛「如鐘而大」，及孫詒讓《周禮正義》之解，鎛應爲大鐘，今從之。

〔註 44〕同註 42，第一冊，頁 728。

〔註 45〕布、錢、鎛之古音歸屬及上古音值，採陳伯元教授的擬測。另外，以下章節的古音歸類，亦用陳氏與竺家寧之說。關於先秦古籍常見陰聲字與入聲字相諧現象，如同丁邦新和竺家寧等學者的推斷，布以濁輔音〔g〕收尾的可能性極高。詳閱竺家寧：《聲韻學》（台北：五南圖書出版有限公司，民國 81 年 7 月二版），頁 550～553。

〔註 46〕汪慶正《中國歷代貨幣大系・先秦貨幣》總論頁 13，補充鎛可能是財物。古

謂「庤乃錢鎛」的「錢鎛」，在構詞上屬於並列式詞組，該句意指「收起鏟地除草的工具」，之所以兩物並稱，全然著眼於功能及普遍性之故。布幣的原型雖是鏟（錢），因爲錢、鎛關係密切的緣故，以布爲名亦有可能。〔註47〕布之名稱流傳久遠，但是，它又有鏟幣的別號，可見其淵源軌跡。

先秦的布幣形制複雜，以首部來分，有空首、平首之別；著眼足部，計有尖足、方足、圓足三種；按肩形分類，則有平肩、聳肩、斜肩之屬。雖然布源自鏟的說法可以成立，接下來的難題是：在系統龐雜的布幣群中，各型布幣的取象是否同源便值得再琢磨一番。白秦川首先提出質疑，認爲聳肩尖足空首布並非如傳統所說源自於平肩弧足空首布，或者原始布，因爲不論在形制、文字、重量、地域各方面，聳肩尖足布和平肩弧足布涇渭分明，與原始布沒有演變繼承關係。反之，聳肩尖足布和耒農具的器形相當，它的源頭應是古代的耒器。〔註48〕就形狀而言，尖足布和弧足布存在許多不同的地方，譬如尖足布往往是聳肩，弧足布以平肩、斜肩爲主。日後，它們各有發展，同時並存。倘使將它們視爲同源（鏟），有一些演變規律會難以解釋，就好比說鏟子肩部、足部的形狀未見上聳、下尖狀，爲何仿自它的原始布幣，會出現聳肩尖足的一支？這類難解的疑問，正暗示著它們的由來並非一源，不同的象徵造成日後兩類系統的發展。白秦川的想法很値得再開發下去，結合其

稱奠儀爲「賻贈」、「賻」，賻即鎛。《禮記・檀弓上》：「子柳之母死…子碩欲以賻布之餘具祭器，子柳曰：『不可。吾聞之也，君子不家於喪，請班諸兄弟之貧者。』鎛爲挖土器，又是財物，送給喪家最合適，待空首布發明後，直接送鏟布爲賻。

〔註47〕裘錫圭堅持布幣取象於錢，古之錢爲今之鏟，主要用以起土劃地。布非錢之假字，布幣之名，或許是因爲它價值一段布，故以「布」名錢。基本上，布源於鏟（錢）是正確的，《睡虎地秦簡》：「錢十一當一布。」布帛確曾爲貨幣，稱鏟幣爲布幣，不排除和布帛有關。裘氏之言，收於王毓銓：《中國古代貨幣的起源和發展》（北京：中國社會科學出版社，1990年2月），頁174。

〔註48〕詳參白秦川：〈聳肩尖足空首布起源于耒說〉，《中國錢幣》1989年1期（總24期），頁3～7。對於這項懷疑，楊寬提出相左之說，他認爲春秋戰國的布幣種類雖多，但總不離鏟形，形式所以會不同，該是從各地各式的「錢」演變而來，鋒刃呈方足或尖足等凸出部分，是爲了方便刺土。（同註30，頁6）倘若，方足或尖足鋒刃是爲了方便刺土而演進的鏟子，目前尚未發現方足鏟，所以，此說並沒有堅強的證據佐之。1982年山西新絳出土2枚尖肩弧足空首布，黃錫全視爲平肩弧足發展到聳肩尖足的過渡，但也可能是受到耒的影響，製作出肩微聳的空首布。黃錫全：〈侯馬新絳新發現空首布的價値及有關問題略述〉，收於《先秦貨幣研究》（北京：中華書局，2001年6月），頁13～14。

他線索，聳肩尖足布淵源眞相將愈加明朗。

形制爲尖足布與弧足布二源的鎖鑰。渾言之，布幣取象於鏟，析言之，尖足布與耒相似，弧足布與鏟相仿。最原始的耒是種尖頭木棒，仰韶文化發現少量雙齒木耒，龍山文化雙齒木耒爲主要的農具，後來，耒結合耜，發揮更大的翻土能力，並且分成二支繼續發展下去。〔註49〕前舉耒的甲文、金文，足部都呈雙齒形，有的安置腳踏木，踏木或水平或傾斜，還有作兩邊上翹形，〈耒簋〉的寫法和聳肩尖足布有些近似，由出土實物和象形文的證據，顯示耒器和尖足布有密切關連。商品貨幣過渡到金屬貨幣階段中，金屬貨幣的形狀有可能沿襲商品貨幣，換言之，耒器曾經是人民承認的商品貨幣，尖足布即是耒演變後的產物，這就如同造耒字時，人們參考它的造型，依樣畫葫蘆地記錄下來，所以，看到耒的古文字寫法和出土實物極度相似，佐證了貨幣模擬承襲的可能。

爲何尖足布、弧足布會取象於兩種農具，而非單純地同源呢？或許由地域的分布可尋求出答案。白秦川以爲尖足布流行於晉國，弧足布爲周朝所用的貨幣。徐中舒〈耒耜考〉提到布幣爲農器的仿製品，布幣的製造地或流通地，即其所仿製農器的領域。〔註50〕河北磁山文化發現石鏟、木耒遺物；位居陝、晉、豫的仰韶文化的農具，以翻土用石鏟爲主；黃河流域的龍山文化，最顯著的特徵是雙齒木耒普及化。〔註51〕晉國位處山西，周王朝居於河南，都屬鏟、耒應用區。春秋時期的尖足布爲晉國的貨幣，戰國的尖足布歸屬趙幣，無論是晉國或是趙國，山西省都是它們的領地，山西多丘陵、盆地，黃河西繞，藪澤沮洳、澇洼積水嚴重，因此，排水問題相對重要，〔註52〕尖頭耒器適合刺土挖溝，符合此區的需求。早期的弧足空首布多出土於周王畿及附近諸侯國，周都雒邑位居黃土層，地勢平坦，排水較佳，土地肥沃鬆軟，用扁薄平刃鏟起土既省力又

〔註49〕周昕指出耒耜結合後分成兩支發展，一支保持直柄，如鍤、鍬等等，一支適應耦耕，如鋒、踏犁、鋤、犁。同註36，頁89。

〔註50〕同註31，頁102。

〔註51〕《中華文明史》第一卷談到龍山文化的雙齒木耒，云：「雙齒木耒是當時比較先進的翻土工具。」同註18，頁124。

〔註52〕按《詩經》、〈禹貢〉等古書記載，山西省有昭餘祁、焦獲大澤，汾河旁是大片的沮洳地。參閱《中國通史》第三卷（同註40），頁582～584。又《漢書》載賈讓奏言：「大水時至飄沒，則更起堤防以自救。稍去其城郭，排水擇而居之。」點出戰國時黃河附近的水患狀況。《商君書・徠民》也說三晉：「人之復陰陽擇水者過半。」間接說明三晉多窪地。

有效。〔註 53〕然而，這並不是說晉國只用耒，周室只用鏟，而是使用強度及區別性鑄幣的問題。〔註 54〕耕作是當時重要的產業活動，家家戶戶必備農具，農具對人民的意義重大，依照當時農業型態而言，商周已進入精耕細作的鋤耕農業，除了火焚闢地、直接播種的技術外，還懂得翻耕土地，由此可知，晉人的耒和周人的鏟，在當際是多麼重要、有價。這項優勢，促使耒與鏟成為交易的媒介物，當這些商品貨幣演進時，自然會參考各地習用媒介物之形制。因此，尖足布流行於晉國，弧足布流通於周朝，也是合理的事情。

附帶一提有關文獻中布幣的稱呼。布幣的紀錄出現得很晚，直到戰國時代才現蹤跡。從一開始，布幣在典籍裡便以「布」的名稱出現，如《荀子》的「刀布」，《周禮》的「里布」，在布幣產生初期，是否曾稱為「錢」、「鏟」，目前不得而知。再加上《史記》指出刀布為下幣，表示刀布使用的對象以民間為主，經典通常記載上層階級的政務、節儀，相對地，關於布幣的種種訊息在古籍中便罕見了。

綜合上述，原始布幣的象徵其實是多源的，一般認為布幣取象於錢鎛的說法，大抵方向正確，但仍不夠精準，根據前面的研討發現，布幣的起源須分成兩個脈絡才恰當，一支是由耒發展而來的尖足布，另外一支是取象於鏟的弧足布，兩支並行於世，各自演變，又交互影響。這個結果在某種意義上反映出中國文化的多元性，簡單地說，布幣淵源的二重性無疑是兼容並蓄的文化體現。

## 第三節　布幣誕生的時代

研究中國的貨幣，除了界定性質、釐清源頭等必要課題外，貨幣出現時間、流通年代、使用範圍也是不可忽略的重點，換句話說，縱向研究和橫向

〔註 53〕關於西周地理環境的詳細情形，參見趙世超：《周代國野關係研究》（台北：文津出版社，民國 82 年 10 月），頁 145～156。李亞農：《李亞農史論集》（上海：上海人民出版社，1962 年 9 月），頁 635～644。

〔註 54〕1964 年山西曾發現西周鏟幣，此布厚重，有使用痕跡。報告指出原始布大都出土於洛陽、鄭州、安陽一帶，春秋戰國時卻廣泛鑄造、用於三晉，此布出土說明山西（特別是晉南地區）在商周時代已用青銅鏟，並作為交易媒介。參見吳連城：〈河南、陝西等地發現的古代青銅器〉，《文物》1965 年 5 期（總 175 號），頁 4～5。關於區別性鑄幣一說，因為聳肩尖足空首布是晉、衛、晉國趙氏的鑄幣，但晉國韓氏鑄幣卻以斜肩弧足空首布為主。見黃錫全：《先秦貨幣通論》（同註 41），頁 99～104。

研究應該齊頭並進，不偏一隅。關於貨幣流通的問題，將另闢專章討論。本節主要的核心，是承遞前節原始象徵問題，繼而提出的一個疑惑：取象於鏟子的布幣究竟發生於何際？在進入討論前，必須先說明的是囿於資料處理的程度、對事物重要性的認定、政治、軍事等變素，使得鑑定古物年代的工作面臨極大挑戰，除非有明確的共存關係，或者器物本身的銘記，否則，僅能說出一個時間區段（即相對年代）。布幣濫觴時代亦是如此。布幣在先秦時期是民間小額交易所用的貨幣，與貴金屬相較，它只能被歸類爲下幣，並不受重視，因此，文獻中刀布使用紀錄鮮少，更何況是初期發生的時點。

近人研究貨幣的書籍與文章，已達汗牛充棟的地步，提到布幣起始時代，不外乎三大見解：源於殷商、周朝、或春秋時代，至於先賢所謂遠古時代便有貨幣的說法，已被揚棄不傳了，而且，大家一致認爲金屬貨幣盛行於戰國時代是不爭的事實。關於這兩項共識，不須再錦上添花，多費唇舌，這裡針對的問題爲三種說詞孰是孰非，它是否可以界定地更精細呢？嚴格來說，每種看法僅是一個大類，有些學者指出的年代更加明確，例如王毓銓、汪聖鐸主張商朝末年；丁福保、王獻唐、李如森認爲是西周；鄭家相、宋杰以爲源於西周末期；王名元、石璋如指稱是春秋；推測在春秋中期的有施又文、李學勤、楊寬、尚鉞；趙世超較爲保守，推論在春秋末期才出現布幣。

殷商時代以農業活動爲主要產業，因爲農具材料的限制、〔註55〕耕種技術的原始、土地耗竭與自然災害的問題，總體生產力並不高。當時的手工業雖然漸漸脫離農業，但全部掌控在貴族手中，平民沒有權力擁有珍貴的青銅、玉器，即使是價值低廉的骨角器，還是統治者享用爲多。社會缺乏熱絡的商業行爲，如果有偶然的交易，仍採以物易物的形式，在這種環境下，連海貝都難以承認是眞正的貨幣，何況金屬貨幣呢？將布幣上溯至商朝，顯然證據不足。

周族在殷商時活躍於西土，在商人眼中，他們是一群蠻荒落後的民族，西周成立之初，周人也承認自己不如殷人，許多禮儀與制度仍然因循商禮。在農業生產方面，商周其實不相上下，即便有所發展，進步程度也不可太高估。以農具材質而言，商周兩代以青銅器著名，在遺址中曾經出土大量的青

〔註55〕商代有青銅鑄造業，但是銅原料取得有限，所以，用於鑄造農具的機會不多。江西新干商墓曾經出土10餘件青銅製農具，這些農具鑄有花紋，應該不是實用器。見馬洪路：《中國遠古暨三代經濟史》，收於《百卷本中國全史》第一卷（北京：人民出版社，1994年4月），頁156。

銅器，青銅在當時是一種貴重金屬，用它所製作的東西，絕大多數是珍貴又具有壟斷性質的禮器、兵器，雖然考古發現一些青銅農具，但畢竟極爲少數，大部分的農具還是以骨製、石製、蚌製、木製爲主，這些材質的農具比不上青銅的堅韌，因此，僅依賴原始材質的農具耕作，所獲產量有限，再加上井田限制與貴族的剝削，農業進展的腳步十分緩慢。

農業的自給自足，無法提供多餘的作物進入交易市場，手工業的情形也相差不遠，《國語・晉語四》曾云：「公食貢，大夫食邑，士食田，庶人食力，工商食官，皂隸食職，官宰食加。」雖然《國語》主要記錄春秋的事情，但是，這條史料其實也適用於商周。西周的工商業基本上是一種官工、官商，由《周禮》的記載可知，當時有市場，市場秩序須由國家制訂管理制度，司市掌理治教政刑、量度禁令，司市下設有其他官吏，如胥師執行管理職責和辨別貨物眞假；賈師專管物價；司稽得稽查、逮捕盜賊；廛人負責徵收商稅等等，雖然《周禮》反映了西周與春秋的官制，但不能忽略地，是書許多記錄趨向理想的社會，其中摻雜著戰國的制度，所以，關於西周市場制度的描述是否已達到如此精細地步，必須有所保留。

大致而言，西周社會給予工商業的束縛很多，《禮記・王制》云：「凡執技以事上者，祝、史、射、御、醫、卜及百工，凡執技以事上者，不貳事，不移官。」爲貴族服務的技術工，不可兼做其他工作，亦不能改變職業。而且，官府介入市場的程度很高，百工皆由工師管理，商品交換必須在官府允許範圍內進行，民間的交易規模很小，數量亦不多，前面已經談過西周的貨幣，只有海貝可以確定是商品貨幣，貴族之間可以用海貝支付物品，在農業社會的村落，交易活動不頻繁，以實物直接交換還比較方便，〔註 56〕因此，大量海貝的流通機率相對降低，所以，當時民間的交換應該處於以物易物階段。

支持西周已有布幣的學者，常常引用三段文字加以說明：第一、《詩・衛風・氓》：「氓之蚩蚩，抱布貿絲。」毛傳：「布，幣也。」鄭箋：「幣者，所以貿買物也。季春始蠶，孟夏賣絲。」其實，配合當時的經濟狀況、同時代典

〔註 56〕《孟子・滕文公上》記載孟子問許行的學生陳相，許行所戴的帽子、使用的釜甑、耕田的鐵器是自己做的嗎？陳相皆回答：「否，以粟易之。」西周《舀鼎》：「我既賣女五夫，用匹馬束絲。」《詩經・小雅・小宛》：「握粟出卜，自何能谷？」《詩經・衛風・氓》：「抱布貿絲。」無論粟、馬、絲、布，都是人民用以支付的費用，在戰國時代，民間以物易物的情形仍然存在，可見，以物易物跨越的時間區段很長，西周時代理當處於這個區間內。

籍的語言風格，和「布」、「帛」、「抱」、「執」等字的考察，〔註57〕〈氓〉中的布應該是布帛之意，抱著布帛向別人買絲，可見，這段文獻是以物易物的交換記錄。第二、《書·周書·酒誥》曰：「肇牽車牛遠服賈，用孝養厥父母。」這個遠服賈的人並非專業商賈，他是爲了奉養父母，但只靠農業耕作無法滿足生活，有許多東西必須透過與人交換才能得到，所以必須趁農閒時候到外地交換物資，換言之，該動作目的在於孝親，與買賣賺錢毫不相涉。第三、《周禮·地官》：「廛人掌斂布、絘布、總布、質布、罰布、廛布而入于泉府。」鄭注：「布，泉也。」廛人所收形形色色的布就是刀布之布，事實上，布帛在兩周時代是很重要的支付工具，例如西周《睘卣》：「尸白賓睘貝布。揚王姜休，用作文考癸寶尊器。」〔註58〕《左傳·哀公七年》：「邾茅夷鴻以束帛乘韋，自請救於吳。」《左傳·襄公十九年》：「賄荀偃束錦、加璧、乘馬、先吳壽夢之鼎。」《雲夢秦簡·金布律》：「布，袤八尺，福廣二尺五寸。布惡，其廣袤不如式者，不行。」不論公室的賜與，或者國際的賄賂、求助，布帛都是交換的財物，秦國法律還規定法定貨幣布帛的標準，綜合各項資料顯示，《周禮》課徵的稅收缺乏堅強的理由一定是布幣，加上同時期的文獻亦不見布幣的蹤跡，所以，《周禮》徵收布帛的可能性較高。另外，西周考古實物中沒有發現原始布，這些鏟形物其實是眞正的農具，〔註59〕所以，布幣源於西周之說並不可靠。

由於鐵製工具的興起、井田制度的破壞等因素，春秋的農業、手工業發展迅速，生產力提高，商業也進步許多。春秋時代的經濟狀況，就如同《國語》所言，依然是「工商食官」，官府的手工業經營範圍擴大，產品質量提高，管理制度嚴格，專業分工細密。《禮記·曲禮下》：「天子之六工，曰土工、金工、石工、木工、獸工、草工，典制六材，五官致貢曰享。」每一個部門下又有許多工種，徹底發揮分工合作的精神。西周僅有少量的物品可供交換，時移春秋戰國，民間手工業數量增多，《孟子·滕文公下》：「梓匠輪輿，其志將以求食也。」手工業者生產的目的爲了販賣，滿足生活的需求，「工商食官」

---

〔註57〕關於「抱布貿絲」的實際情形，詳參施又文：〈「抱布貿絲」到底是拿什麼來買絲？——試解〈衛風·氓〉：「抱布貿絲」〉，《國立編譯館館刊》第22卷第1期（總45號），民國86年6月，頁1～15。

〔註58〕郭沫若在《兩周金文辭大系》頁14，考證此器作於成王六年，王姜是成王之后。

〔註59〕本論文對原始布界定較嚴，誠如王毓銓、汪慶正所言原始布應是「鑄幣」，不同於工具，所以，凡是有使用痕跡的原始布，本論文排除在外。因此，吳連成描述的山西出土的西周鏟幣，並非本論文認爲的原始布。該報告見註54，頁4～5。

的局勢漸漸改變。而且，魯國的業者還可以自由遷徙，四處爲營，如《說苑・反質》：「魯人身善織屨，妻善織縞，而欲徙於越，或謂之曰：『子必窮矣。』魯人曰：『何也？』曰：『屨爲履之也，而越人跣行；縞爲冠之也，而越人披髮。以子之所長，游於不用之國，欲使無窮，其可得乎？』」若以一般農業家庭而言，兼營農業與手工業的情形較普遍，《墨子・非樂上》：「農夫蚤出暮入，耕稼樹藝，多聚升粟，此其分事也。婦人夙興夜寐，紡績織紝，多治麻絲葛緒綑布縿，此其分事也。」男人耕作、女人紡織不僅爲了滿足基本需求，重要地是在市場出售，換取其他物品。《孟子・滕文公上》提到許行之徒「捆屨織席以爲食」，便是當時農民兼作手工業的最佳寫照。

商業活動的興盛，除了依賴滿足生活需求而進行的交換之外（如農民兼差手工業），商賈是活絡商業重要的推手，因爲專業商人的出現，強烈動搖「工商食官」的局面。春秋時，商賈的地位不高，〔註 60〕隸屬於官府，不過，他們位處四民之列，〔註 61〕是一種專門的職業。《史記・齊太公世家》記姜太公封齊後：「太公至國，脩政，因其俗，簡其禮，通商工之業，便魚鹽之利，而人民多歸齊。」齊國重視商業發展，管仲、鮑叔牙都曾經商。鄭國因爲地利之便，商業十分發達，《左傳・昭公十六年》記載晉國韓宣子想要鄭國商人的玉環，鄭商回答：「世有盟誓，以相信也，曰：『爾無我叛，我無強賈，毋或丐奪。爾有利市寶賄，我勿與知。』」可見鄭商沒有太多自由，依舊牽制於統治者，反過來說，鄭桓公必須和商人訂盟，商人的力量不可小覷。春秋後期的商業發展益加快速，子貢、范蠡最初是官僚階級，轉而經商，家累千金，富可敵國；歷經春戰之交的魯人猗頓，到山西臨猗經營畜牧，後又致力鹽鹽，與王者同富。由他們經營的規模、累積財富的程度研判，他們應非備受束縛的官商，私商鑽營利潤的性質居高。

目前所知考古出土的布幣，最早發現於春秋中期地層，1992 年山西新絳橫橋鄉宋村挖掘出 2 枚微聳肩弧足空首布，內帶範芯，面背均有三條垂直豎線，有郭，高 11～12cm，殘重 53g、55g。〔註 62〕1957～1958 年山西侯馬東周遺址內，發現一處春秋晚期的空首布鑄造工廠。〔註 63〕1960～1962 年山西

〔註 60〕《左傳・襄公九年》：「商工皂隸，不知遷業。」

〔註 61〕《左傳・宣公十二年》：「商農工賈，不敗其業。」

〔註 62〕見王金平、范文謙：〈山西新絳、侯馬發現空首布〉，《中國錢幣》1995 年 2 期（總 49 期），頁 37～40。

〔註 63〕參見山西省文管會侯馬工作站：〈侯馬西北莊東周遺址的清理〉，《文物》1959

侯馬春秋遺址出土大型聳肩尖足布陶範 10 件。〔註 64〕由諸項發掘報告可知，布幣至遲在春秋晚期已經出現。王毓銓《發展》，將《古泉匯》、東京、紐約、中國等博物館所藏的原始布，該形狀特徵、長寬資料製成表格（不排除收到工具鏟的可能），依照他的紀錄，原始布通高 16.40～11.60cm，足寬 9.85～6.60cm，形制稍小者多有文字，根據貨幣演變通則：愈早期的貨幣形制愈大，無文者早於有文者，如果春秋中期已經出現 11～12cm 的微聳肩弧足空首布，而空首布之前還經歷原始布階段，有的原始布又銘記文字，表示它們脫離原始象徵有一段時間了，產生年代可以向上推溯。古代文明發展速度不如今朝日新月異，雖然尚無確切證據指明布幣的濫觴年限，可是，將這個相對年代溯源至春秋早期應該是可被接受的推理。

布幣源於春秋早期，初始時期的使用頻率、流通範疇自然比較低，尤其是平民階級，所受影響更是微乎極微，此種情況下，文獻紀錄相對稀少，李劍農統計《左傳》有關賄賂、賞賜、求乞、擄掠、積蓄五類行爲共 80 條，均以器飾、車馬、璧玉、帛錦等物品爲之，並未使用錢刀，意味著春秋時代不流行錢刀。〔註 65〕易言之，青銅貨幣還未大量流行。春秋以後，青銅貨幣漸漸流行，物價都必須以錢計算，《漢書·食貨志》李悝說：「（粟）石三十。」《秦律》云禾價每石三十錢。錢是流通的支付工具（媒介物），譬如《睡虎地秦簡》四號木牘，記秦國士兵向母親要五、六百錢製作衣物。先秦貨幣的出土，往往以窖藏遺址的形式出現，表示當時的刀布等貨幣具有價值貯藏功能，人們才將它置於容器內，以備不時之需。青銅鑄幣的全盛時代在戰國，除了直接考古實物證明它們的起始年代，書面記錄亦能佐之。《呂氏春秋·報更》記載趙盾與骫桑餓人輒百錢，此事約在 602B.C.。《國語·周語下》周景王 21 年（524B.C.）鑄大錢。《史記·循吏列傳》記楚莊王（莊王在位期間是 613～591B.C.）患幣輕，欲鑄大錢。雖然不能肯定文獻所指「錢」的實質（譬如周景王所鑄之錢是圜錢還是布幣），這些史料可能摻雜後人的依託，〔註 66〕只反映一部分事實，不過，對於青銅鑄

年 6 期。

〔註 64〕山西省考古研究所：《侯馬鑄銅遺址》（北京：文物出版社，1993 年），頁 102。

〔註 65〕詳閱李劍農：《先秦兩漢經濟史稿》（台北：華世出版社，民國 70 年 12 月台初版），頁 67～70。

〔註 66〕周景王鑄大錢涉及子母相權制度，彭信威、王毓銓懷疑當時不應有如此成熟的貨幣理論。另外，《國語》、《史記》的兩段記錄都用「幣」稱貨幣，但是春秋時期幣只有幣帛之意，戰國才出現貨幣意。參見彭書（同註 11），頁 6～8、頁 95～96。王書同（註 47），頁 1～3。

幣始於春秋之說，應無疑問。換句話說，考古發現春秋中晚期有原始布和空首布，因此，將它們的年代上溯至春秋早期是合理的推測。

戰國時期各式貨幣使用達到空前發展，青銅鑄幣、黃金貨幣、商品貨幣並行不悖。《管子・乘馬》：「無金則用其絹，季絹三十三制當一鎰。無絹則用其布。」齊國使用的貨幣，除了黃金、刀幣、圜錢之外，絹布等商品貨幣仍然流通。貨幣制度的分歧不是市井小民的專利，即使是統治階級或法律條文，甚至國際間的往來，珍物、實物、貨幣也採取互補式流通。舉例而言，戰國時代官吏的俸祿各國自有一套計算薪資的標準，《墨子・貴義》衛國用「盆」爲單位，發給有司「五百盆」、「千盆」；《戰國策・齊策四》記載田駢「訾養千鍾」；《韓非子・定法》秦國用石爲計算單位，有「五十石」、「百石」以上官吏；〔註 67〕《呂氏春秋・異寶》載楚國有「祿萬檐」的大官。形形色色的給薪規定，不外乎以莊稼物支付。秦國法律規定罰款稱爲「貲布」，此布指的是秦國法定貨幣「布帛」。國際間聘享、交往可用皮幣，如《史記・平準書》：「古者皮幣，諸侯以聘享。」《墨子・尚賢中》：「外有以皮幣，與四鄰諸侯交接。」交易紛雜的現象，並非只有「先秦」時代才出現，即便是今日，貴重物品的流通、以物易物的情形也會發生。總而言之，貨幣演變的階段不能截然二分，它們有重疊並行的時候，癥結是使用頻率強弱問題，金本位時代，其他形式的貨幣（如銀、銅）退居爲輔，青銅貨幣的時代，珠寶、穀粱以有價物身分交際於市，它們的使用頻率遠低於貨幣，基於這個原因，雖然戰國社會不免有其他有價物進入市場，扮演支付的角色，仍不妨礙它是青銅貨幣流行時代。

## 第四節　布幣興衰的源流

前節的重點在於布幣起源的始點，本節著重線的延伸與面的擴展，呈現整部布幣興亡史，歷史不是靜態的一面鏡子，即使它離我們很遠，但是所有的歷史都曾經流動、發生。圜錢是中國流通最久的貨幣，布幣使用的期間在

---

〔註 67〕除了《韓非子・定法》以斬首爲例之外，其他文獻亦有明訂官僚薪資，如《漢書・百官公卿表》：「縣令、長，掌治其縣。萬户以上爲令，秩千石至六百石；減萬户爲長，秩五百石至三百石。皆有丞、尉，秩四百石至二百石，是爲長吏。」又《雲夢秦簡・法律答問》：「可謂『宦者顯大夫？』宦及智於王，及六百石吏以上，皆爲『顯大夫』。」（561 簡）秦國以石爲單位，發配穀糧於官吏。參見徐富昌：《睡虎地秦簡研究》（台北：文史哲出版社，民國 82 年 5 月），頁 454。

先秦，而且是春秋以後才有確切的紀錄，秦始皇統一中國後，明訂黃金、銅錢爲法定貨幣，企圖結束多元的六國貨幣，秦漢之朝，圜錢爲主要的貨幣，一直到新莽竄起，布幣才又重新啓用，然而，這其實是迴光反照，隨著王莽羽化，人亡政息，布幣從此邁入歷史，正式告別交易市場了。雖然布幣流通的時間不如圜錢久遠，但當時它所扮演的媒介角色是無可取代的。

春秋中期的微聳肩弧足空首布是迄今可見最早的布幣，空首布已屬比較後期的布幣，幾乎完全脫離實用鏟，在農具鏟和空首布之間還有一個過渡階段，那便是原始布。按理而言，鏟子與原始布應爲二物，然許多報告或專論往往淆二爲一。〔註 68〕王毓銓《發展》談到鏟子屬於商品貨幣的第一階段，原始布是發展的第二階段，它喪失生產工具的作用，而專作貨幣。〔註 69〕汪慶正於《大系》總論提及原始布和鏟子的明顯區別，在於鏟是實用器兼實物貨幣，刃口厚度大，刀邊有凹凸不平的缺口；原始布的刃口脆薄平滑，銎延伸到鏟身中央，無實際意義，銎部兩條凸起邊，正中一條凸起線。〔註 70〕所以，原始布的特徵應該是金屬鑄幣、〔註 71〕非實用器、輕小刃薄、短銎。安陽市博物館藏有一件殷商青銅鏟，「身似長方體，弧肩，雙面直刃，長方形銎，銎外有箍。長 11.8、寬 5.8cm，重 160g。」〔註 72〕殷墟此鏟雖無明顯使用痕跡，但確認爲農具鏟。1952 年洛陽東郊發現一件殷商「原始布」，報告指出：

> 長方形，直長橫窄，柄銎方。柄銎佔身之強半，有施釘孔，與安陽大司空第三號殷墓上所出銅鏟形式全同，惟此鏟較小，銅質不精，

〔註 68〕《簡明錢幣辭典》原始布條下云：「約在西周時期，出現了仿製青銅生產工具錢鎛的原始布。這種原始布保留了農具鏟的許多痕跡，具有實用性。」這種說法將原始布的範疇擴大，包含了商品貨幣的階段。本論文對原始布的界定較嚴，即使原始布和生產工具難以劃分，依然有所不同，至少它不具實用性，否則不必再立一名目稱之。參看孫仲匯、施新彪等編著：《簡明錢幣辭典》（上海：上海古籍出版社，1991 年 1 月），頁 7。

〔註 69〕同註 47，頁 50～51。

〔註 70〕同註 41，頁 14。

〔註 71〕彭信威《中國貨幣史》（同註 9）頁 31 認爲古布的特點是大小、厚薄、形狀無標準。任何事物在草創時期總是尚未定形，變素極高，在此基礎上，彭教授的說法無誤。這種現象違反金屬鑄幣的定義，然而，當今所見原始布幾乎都鑄成鏟狀，以枚計量，因此它不是稱量貨幣。依王毓銓的原始布表格來看，這些大小不同的布幣應該有時間先後關係。由於現在出土原始布數量不多，眞實情形尚待進一步研究，目前暫定它爲金屬鑄幣。

〔註 72〕參見孔德銘、張曉芹：〈安陽市博物館藏殷墟青銅生產工具選介及淺析〉，《中原文物》1995 年 4 期（總 74 期），頁 107～110。

> 非實用物。鏟背粘存有石璋一片。連柄長 11.8cm，身長 8.8、上寬 4.7、下寬 5.4cm，銎口長寬 3.5×1.9cm。此鏟雖非生產工具，但爲生產工具的模型。〔註 73〕

文中並未說明此布的重量，按其描述，有可能是原始布或禮器。1970 年河南扶風天度鄉拖拉機站出土一鏟，長方銎，有束，銎下部有三角孔一對，長 10.3cm，刃寬 6.4cm，銎徑 2.2×3.4cm，有使用痕跡。1964 年晉南挖掘出一件西周鏟幣，有使用痕跡，通長 13.2cm，布腹空 9cm，柄長 6cm，柄寬 2.5cm，柄厚 1.3cm，布厚 2.5cm，重 191.5g。〔註 74〕該鏟幣是否爲原始布仍有爭議，文章作者吳連成認爲此布厚重、鏟形、有用過痕跡，表示它當作鏟使用，具有原始性質，可視爲後世布幣之雛形，同時是交易媒介之金屬鑄幣。由此可見，無論是農具鏟抑或「原始布」，其大小、重量並無固定，但同樣都很笨重、碩大，參照上述原始布的標準與說明，如果重達 100g 以上的鏟形器（曾被使用）曾經當作交易媒介，只可歸入商品貨幣的行列，原始布屬於鑄幣的一種，兩者分屬不同的階段。由於原始布目前發現鮮少，若據空首布發現年代推論，其時代可能在春秋早期。

雖然原始布屬於過渡階段，它仍有許多變化，早先總是重大無文，進入市場許久後，人們覺得它體型過於厚重，妨礙交易進行，必須加以輕小化，於是，漸漸地錢面中部出現美化直紋，足向內凹，銘記簡單文字，體型變小、減重。在經過漫長時間的改善，春秋時代出現了進化後的空首布，空首布和原始布一樣都有納柄的銎部，不過，它的銎部不再延伸到錢身中部或上部，截止於首身銜接處，比起原始布，它的銎顯得更長了。空首布主要流通於黃河中游關、洛、三晉農業區，即周、鄭、衛、晉等國，相當於今天的陝西、河南、山西等地。仔細區分下，平肩弧足空首布在東周王畿洛陽附近出土，如孟津縣後海資村、劉家嘴村，洛陽市中州路、金谷園車站、西工 15 廠、740 廠，伊川縣富留店諸地，面文有日、月、大、成、鬲、少曲市東、邯鄲、王氏、安臧、安周、東周等等，背文有同、正、丘等字，所發現的文字共有百餘種。聳肩尖足空首布出土於山西侯馬、河北平山、河南汲縣、安陰等地，主要在晉、衛疆域內，大型者多無銘文，偶見一、二、日、工、邯鄲之文字，

〔註 73〕參見郭寶鈞、林壽晉：〈1952 年秋季洛陽東郊發掘報告〉，《考古學報》1955 年 9 冊，頁 47。

〔註 74〕同註 54，頁 4～5。

小型者記有玄人、玄金、□□□黃釿諸文，值得注意地是出現「釿」之單位字。斜肩弧足空首布分布於河南的洛陽、鄭州、伊川、宜陽一帶，面文如三川釿、武、武安、盧氏等，爲晉國貨幣。大抵上，早期的空首布並無銘文，稍後則有一些簡單數目與文字，文字種類愈來愈多，有的記干支（丙、戊、己），或地名（高、吳、武），或器物（貝、鬲），或吉祥語（吉、昌）。

空首布流行一陣子後，漸漸演變成鑄造簡易的平首布（鏟扁平），戰國時期可謂是布幣（平首布）全盛時代，但並不表示空首布完全絕跡，在戰國晚期遺址中仍見安臧小型斜肩空首布。大大小小諸侯國不僅進行政治角力的鬥爭、軍事武力的傾伐，即使是經濟活動也各自善場。當時的貨幣體系已臻完備，雖然僅有五大系列貨幣，每個國家卻獨立鑄幣，自有特色。以刀幣而言，燕、齊是兩個重要的刀幣國，但燕國易刀（有人稱爲明刀）與齊國六字刀、四字刀、三字刀截然不同；再看圜錢，東土系的圜錢常爲方孔，西土系的圜錢便是圓孔，魏國的錢徑往往在 4cm 左右，東西周幣卻在 2.5cm 上下；論及金幣體系，具有強烈的地域性，它只流行於南方。楚人使用的爯金（或稱金版、版金）是一種稱量貨幣，一版上鑄有許多小方印，使用時必須用天平稱量，然後再切割，這種特殊貨幣是楚國的專利；貝幣是古老的貨幣，海貝、仿貝在春秋戰國雖然大量出土，但多半退回裝飾品的地位，或者僅爲一種冥幣，只有銅貝、包金貝在當時仍然流通，戰國貝幣中，最重要地是楚國蟻鼻錢（銘記文字、固定形制的銅貝），它一直是國內小額交易的主要貨幣，甚至在燕尾布背文還不忘註記兌換蟻鼻錢的匯率。

布幣區的情形亦復相似，使用布幣的列國以三晉爲主軸，北方的燕國和南隅荊楚除了本身流行的貨幣之外，亦鑄造布幣。三家分晉後，趙國疆域大部分位處山西與河北兩省，繼承了春秋晉國所用聳肩尖足空首布的傳統，進而使用聳肩尖足平首布，尖足布分成大小兩等制，即一釿、半釿制，小型居多。面文有大陰、茲氏、閔、晉陽、榆次、北茲釿等，背文則有一、二、三、十、╳等等，小型的面文有時採取「地名＋半」形式銘記，如晉陽半、閔半。尖足布下攝類方足布、類圓足布，文字十餘種。除了尖足布外，趙國還有圓足布、三孔布和方足布，均分兩級制，圓足布的銘文單純，通常是地名閔與離石，背文則記一些數目字；三孔布有三十餘種地名，例如安陽、阿、北九門，背文記朱兩；小方足布地名豐富，有平陽、北箕、中邑、中都、閔、同是、北屈、祈等趙邑。

魏在戰國初年是赫赫強國，布幣種類琳瑯滿目，不亞於北邊的趙國。魏流行方足、橋足、銳角三類布幣，方足布分大小二型，大型者如安陽方足布，小型的地名有安陽、皮氏、酸棗、咎奴、蒲子、高都、平邑等魏城。橋足布是魏國的特色，常見面文爲「╳釿」、「梁當寽」，釿字布有三等制，如安邑二釿、安邑一釿、安邑半釿、甫反一釿、高半釿等卅餘種，一般而言，半釿布十分少見。當寽布共有兩型，每型中又有兩式，目前文字釋讀不一，通常唸成梁夸釿百當寽、梁夸釿五十當寽、梁正幣百當寽、梁半幣二百當寽四種。其面文記有釿與寽兩種單位，可能爲了交易方便而鑄造該布。《史記・魏世家》惠王三十一年：「安邑近秦，於是徙治大梁。」當寽布應該晚於釿布。銳角布形制特殊，以首部兩端突出一尖角得名，襠部呈三角形屬小型布，面文台、垂。

韓國鑄造方足布和大銳角布，面文記宜陽、宅陽、�、屯留等等。大銳角布襠部平直，常見文字如盧氏金涅、金涅等等，數量較小方足布少。特別地，韓國還延續春秋韓氏的斜肩弧足空首布，戰國中期地層曾出現武、武安等布。周王室國力有限，製作東周、仁氏、王城等小方足布，種類單薄，數量稀少。位處遼寧、河北的燕國，一直是鑄行刀幣的國家，後來，或許是爲了與鄰近的趙國貿易，亦通行小方足布，然而，它畢竟非布幣原始流通區，不論文字或形制，燕布明顯與三晉布幣不同，例如燕布總是束腰、背文銘記右、左，它所記錄的地名有廣昌、纕坪、坪陰等。南方泱泱楚國，除了有爰金、蟻鼻錢貨幣，另外還鑄造一種特殊的燕尾布，嚴格來講，它屬於方足布，但形體拉長，腰微束，文字風格細緻頎長，最特別的是小型布，往往一正一反，四足相連，號稱「連布」。大布面杬比坣釿，背文十貨，小布面文四比坣釿。鑄造燕尾布的目的與梁當寽布一樣，都爲方便兩地進行交易。

刀布體系到了戰國晚期，流通範圍不如圜錢普遍，不論原先使用何種貨幣，列國（偏居南方的楚國例外）紛紛鑄造各式圜錢。這個趨勢到了始皇卅七年（210B.C.）頒佈貨幣統一令後，正式成爲主流。《史記・平准書》記載：

> 及至秦，中一國之幣爲二等，黃金以溢名，爲上幣；銅錢識曰半兩，重如其文，爲下幣。而珠玉、龜貝、銀錫之屬爲器飾寶藏，不爲幣。然各隨時而輕重無常。

《漢書・食貨志》也說：

> 秦兼天下，幣爲二等，黃金以溢爲名，上幣；銅錢質如周錢，文曰

「半兩」，重如其文。而珠玉龜貝銀錫之屬爲器飾寶藏，不爲幣。然各隨時而輕重無常。

嬴政頒佈這道命令，是爲了遏止六國貨幣再進入流通市場，政治上國家已經統一，眾多雜沓的制度應該跟著重新規定，於是，黃金和銅錢成爲法定貨幣，雖然這項政策實施並不徹底，〔註 75〕但它已經起了標竿作用，換言之，圜錢的時代眞正來臨了，從秦朝到清末兩千餘年的歲月，都是圜錢稱霸的年代，縱然期間加入了其他型式的貨幣，但圜錢一直流通於世。刀布在秦朝不具有法定地位，無疑地，它們的光環已經褪去，不過，布幣相對地比較幸運，沈寂了二百多年後，因爲王莽的託古改制，〔註 76〕布幣又復活了一陣子。新莽時期一共進行四次的幣制改革，最後兩次都曾發行布幣。第三次改革在建國二年（10A.D.），即王莽稱帝第二年，實施複雜的寶貨制，在五物、六名、廿八品的分類當中，布幣佔了十品，它們的形制相同，均爲平首平肩平襠方足布，有郭，首部一圓孔，圓孔至襠部有一直紋，或過穿，或不過穿，陽文，篆書。大小重量漸次遞減，分別是小布一百、么布二百、幼布三百、序布四百、差布五百、中布六百、壯布七百、第布八百、次布九百、大布黃千。此項變革旋復更易，天鳳元年（14A.D.）新鑄貨泉與貨布。貨布採用平首方足布的形制，大體如同前回十布，文字風格類似，且愈加纖細。短短十四年國祚，歷經四次幣制革新，人民在飽受虧損，怨聲載道之下，一旦王朝覆滅，所有政令不復存世，很快地圜錢又重新回到商業的舞台。

布幣的歷史儘管不長，也非三言兩語便能道盡，如前所述，創造布幣的點子來自農具鏟與耒，當它進入交易市場中，可以同時是實用物和交易媒介（商品貨幣階段），經過一連串的交換，累積無數寶貴經驗，發現它存在體積龐大、重量過沈的缺點，導致交易有困難，於是，原始布因應誕生。原始布對鏟子進行一番小改革，卻仍有形制上的弱點，進一步又改進成空首布。空首布雖然殘存鏟的形狀（有銎），但重量上減輕許多，最重也不過 50g 強，較大者通常是 30g 左右，亦有 20g 上下，因爲這個緣故，空首布出土地較原始

〔註 75〕《秦律·封診式》爰書曾記：「某里士伍甲、乙縛詣男子丙、丁及新錢百一十錢，容二合。告曰：『丙盜鑄此錢，丁佐鑄，甲乙補索其室，而得此錢容，來詣之。』」《秦律·金布律》：「錢善不善，雜實之。出錢，獻封丞、令，乃發用之。百姓市用錢，美惡雜之，勿敢異。」《睡虎地秦簡》整理小組：《睡虎地秦簡》（北京：文物出版社，1978 年），頁 165。

〔註 76〕《漢書·食貨志》：「莽性躁擾，不能無爲，每有所興造，必欲依古得經文。」

布廣，數量也增多。儘管如此，空首布之銎仍然有鑄造方面的麻煩，在這種輕小化概念的基礎上，平首布接踵而來，首先只是三晉通用的貨幣，燕、楚相繼鑄造，是五大體系中勢力最強的一支。平首布種類繁多，彼此之間並非有絕對繼承關係，應該是並列流行，〔註77〕戰國末年，小尖足布、小方足布、圓足布穿梭市場，最後統一於圜錢。即使在新莽王權手中，拜復古思想之賜，方足布似有復燃火苗，終究黃粱一夢，永遠告別交易市場。人間事物的價值不在於存在時間的長短，這個道理正說明布幣的重要性，在古錢學的故紙堆中，它是錢幣學與貨幣史上的要角。布幣有一套完整的演變源流，尋此脈絡，得以探求金屬貨幣銜接商品貨幣的詳細情形；再者，透過工匠刻鑄的錢文，補充上流社會所鑄造，屬於正統文字的甲骨、金文，凡此種種，可以證明布幣研究之必要性，與其本身無限的價值。

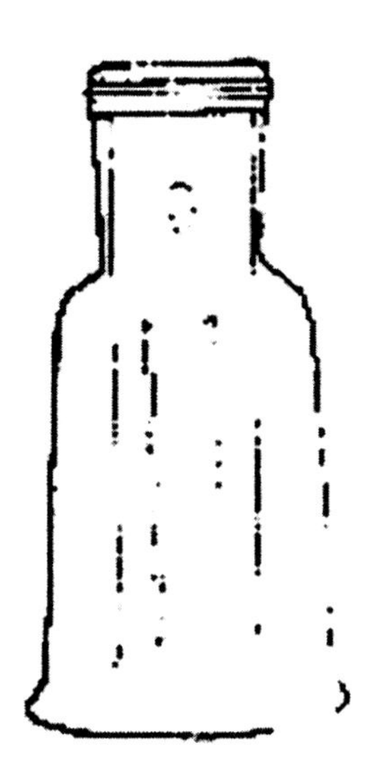

**附圖1　西周銅鏟**（陝西扶風天度鄉出土）

取自高西省：〈試論扶風出土的商周青銅生產工具及相關的問題〉，《農業考古》1992年1期（總25期）

〔註77〕彭信威《中國貨幣史》（同註11）頁34與頁41～42指出，從文字內容、形制上看，各種平首布似乎有承繼關係，由於中國幅員廣闊，各地發展速度不一致，事實上，平首布是同時流通的貨幣。這並非說平首布之間一定沒有承繼軌跡，只是不能肯定地指出尖足布→方足布→圓足布的演變過程。看似有所繼承，也許是互相影響的結果。

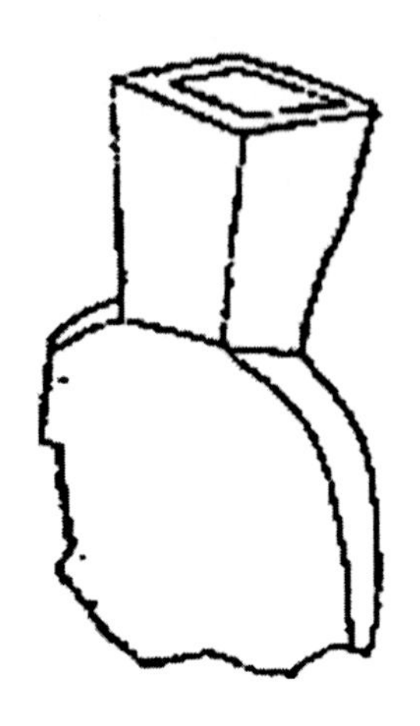

**附圖 2　戰國時期銅鐘**

取自吳詩池：〈綜述山東出土的農業生產工具〉，《農業考古》1990 年 1 期（總 19 期）

# 第參章　布幣序列析論

朋友間首次見面時，我們總是會從樣貌、穿著、舉止、談吐建構第一印象，換言之，外顯特徵可以幫助我們認識這個人。器物研究亦是同理，在探索布幣深層意義之前，關於其形狀、長度、重量、文字等外顯特徵都必須瞭若指掌，唯有清晰地掌握布幣演變的歷程，對更進一步的流通年代、分屬國別等問題才有可能迎刃而解。每個時代的語言、文化、觀念不盡相同，器物發展並非裹足不前，經過一次又一次演變，布幣的特徵也有所改變，把握種種瑣細的基本資料，即使面對各式各樣、成千上萬的布幣，仍不難釐清它們之間的先後關係與變化規律。

布幣淵源於農業工具——鏟和耒，無論它如何進化，形狀仍維持取象之貌。因此布幣雖有許多種類，但形制並無太大出入。對於布幣外部構造的命名，通常採取擬人化稱謂，例如它具備了首部、肩部、襠部、足部，爲便於說解，茲以方足布爲例：

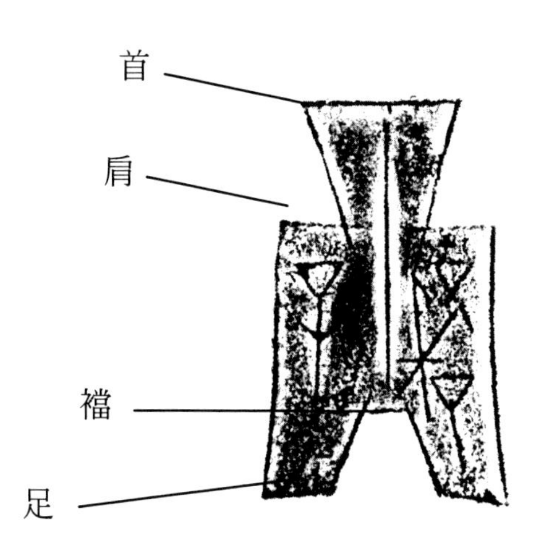

首部指布幣最上端的部位，有空首、平首兩種，有時鑿有錢孔。肩部指布幣肩膀處，或平肩，或聳肩，或斜肩（垂肩、削肩）。襠部即錢身跨下之處，早期的原始布和弧足空首布沒有明顯的襠部，後期的布幣襠部呈平直狀、尖形狀、弧形狀與橋樑狀（圓拱狀）。足部即布幣最下端部位，原始布與弧足空首布的足部尚在發展初期，足和襠相連一片，後期有方足、尖足、圓足三大類。在錢幣學裡，錢的正面稱「錢面」，簡稱「面」，布幣不像刀幣有曲折的錢身，基本上屬於對稱形錢幣，區別正面與否取決於文字或紋飾，正面的文字稱作「錢文」或「面文」。錢幣的背面稱「背」或「幕」，光平無文者稱「光背」、「素背」、「光幕」、「素幕」，背面的文字與圖紋稱爲「背文」、「幕文」。「郭」指錢身周圍凸出部分，在錢孔四周稱「內郭」、「好郭」，在錢身外周稱「外郭」、「外輪」、「邊郭」。若是銘文反寫、位置顛倒，稱爲「傳形」。

關於布幣的種類與形制問題，見解紛陳，各家都有一套分法，通常是按形狀命名，如著眼於足部特徵，則有尖足布、方足布、橋足布、銳角布等等，該法適用於特殊異形布，對於尖足、方足、圓足諸布則過於籠統，因此，僅參照足部尚嫌不夠，再加上首部、肩部特徵，如平肩弧足空首布、聳肩尖足平首布等，王毓銓認爲「以形命名」缺點是流於複雜，他提出「以時命名」的新辦法，將布幣分成原始布、空首布、中期布、晚期布，空首布和晚期布之下，因形制不同再細分爲甲、乙、丙三型。〔註1〕王氏之法考量時間因素，讓人一目瞭然各型布幣的先後順序，但是，時段的跨越過於龐大（如中期布）仍爲不易克服之困難。

張弛《中國刀幣匯考》依形制和銘文兩項參考點，將刀幣分成五大系列，〔註2〕每一大類包含的各式刀幣再以地域（國家）區別，換言之，張弛的分類融合了多重標準，是一項不錯的嘗試。若將斯法照單全收地運用於布幣序列研究，在國別上（特別是三晉）將遭遇困難，以方足布爲例，三晉皆鑄此型布，但形制無明顯差異（它們最大不同是銘文風格），反而是燕國方足布與三晉有別，在這種情形下，難以對三晉方足布進行形制探討；又如尖足布爲趙國特有布幣，他國未見鑄造，如何橫向比較？爲了避免標準過多，聚焦不易，本論文對布幣形制的劃分，還是沿用「以形命名」，該法雖有龐雜的弱點，但

〔註1〕詳閱王毓銓：《中國古代貨幣的起源和發展》（北京：中國社會科學出版社，1990年2月），頁29～36。

〔註2〕參看張弛：《中國刀幣匯考》（石家莊：河北人民出版社，1997年12月），頁45。

不失爲認識布幣最簡單有效的方法。在參酌諸位學者的意見後，大抵將布幣分爲原始布、空首布、尖足布、方足布、圓足布、異形布六類，除原始布受限於數量之外，其餘五類下攝多款布幣，各立一節討論之。每節探討的項目除了形制特色以外，銘文刻鑄將是另一個重點。

原始布類寡量稀，鄭家相舉出原始布（古布、鏟布）共有圓肩平底、平肩圓底、平肩平底、平肩橋底四類，面文有丄字或山字，無固定位置。〔註3〕《大系》收集的原始布（附圖3），〔註4〕體大厚重，刃口脆薄平滑，銎下部分歧爲二，延伸至錢身上部，並無實質作用。無文字者銎部有兩條凸起邊，錢身正中央有一條凸起線，有文字者錢身中央一直紋，銎末端放射出兩條斜紋，面文分布於兩斜紋中央。〔註5〕全布通高 10.3～11.8cm，肩寬 5.5～6.8cm，足寬 5.8～7.8cm，銎長 4.7～5.0cm，其中一枚標重 119g，多無文。王毓銓從《古泉匯》、各博物館等處收錄十件原始布彙整成表（其中可能收到工具鏟），特徵不外乎體大短銎，銎下達錢身中部，錢身中部有一直紋，有的另有兩道直紋，刃平、向內凹。最大的通高 16.4cm，足寬 9.5cm 左右，小型的通高 11.6cm，足寬 6.6cm，並記有上、山等字。〔註6〕綜合實測數據顯示原始布碩大笨重，素面光背居多，在貨幣演變進程中，屬於較早期的布幣，由於存在顯著缺點，通行不會太廣泛，流傳於世便不多。以下就五大系列的布幣群逐一說明之。

## 第一節　空首布系列的演變歷程

空首布是春秋中晚期流行的布幣，所謂空首，表示有銎，嚴格地說，「空首布」一語並不精準，因爲原始布也有納柄的銎（空首），不過，目前尚未尋繹出合適又準確的術語，暫且沿用舊稱。空首布整體特徵是形體仍大，長銎中空，文字出現頻率較高，面文少至一字，也有四字，背文以一個字較常見，普遍有美化性紋飾。與原始布相較之下，銎明顯頎長，體薄輕小。按照各部位（如肩部、襠部、足部）的特色，可分成空首大布、早期平肩弧足空首布、聳肩尖足空首布、斜肩弧足空首布、晚期平肩弧足空首布五型：

〔註3〕參見鄭家相：〈上古貨幣推究〉，《泉幣》民30年7期，頁25～33。

〔註4〕本章附圖的尺寸比例均按原書所錄。

〔註5〕裘錫圭懷疑益、盧氏原始布是僞品。同註1，頁174。

〔註6〕同註1，頁30～33。

### 1. 空首大布

許多書籍歸類爲特大型空首布，出土量與傳世品不多，平肩或微聳，弧足，體型碩大沈重，銎縮至肩部之上，呈六稜形，面背皆有三條凸起直紋，中間直紋位置上達至銎部，下止於刃部內凹處，錢身上窄下寬，素面光背。通高 14～15cm，肩寬 6～7cm，足寬 7～8cm 左右，銎長 2.5～3.5cm，含泥重 43～85g。（附圖 4）

### 2. 早期平肩弧足空首布

早期平肩弧足空首布（以下簡稱爲早期平肩弧足布）的形制平肩，弧足，有外郭，錢身略成長方形，銅質精細，有的腰微束，弧足（內凹）角度大。首有一孔，呈水滴狀，或三角形，或不規則狀，大小不一，錢孔上方有三角形凸出物，或正或倒，色黑。銎部略呈長方形，亦有呈現上底較長的梯形。面背均有三平行直紋，有的三直紋皆起於錢身，有的中間直紋上達銎部。單字空首布出現於面文，素幕；四字空首布面背有文，偶爾素背，文字屬陽文。汪慶正認爲該型布有輕重兩型，重型者 9cm 以上，重 20～30g；輕型者 9cm 以下，重 15g，一字空首布重 24～28g，四字空首布重 20～28g，〔註 7〕然而，實際情況是一字空首布有 10g 左右，有些帶泥重達 30g 以上，所以，筆者不以文字多寡爲標準，而以整體形制作劃分：

Ⅰ式　大型布，形制如前所述，通高 9～10cm，寬 4.5～5.0cm，銎長 3.5～4.0cm，銎內通常帶有黃泥範，連泥重 37g，去泥後重 30g 以上。面文有數目字五、六、七、八，干支字乙、己、壬、戊、辛等，單字周、成、武、共、平、君、公、正、文、尙、土、工、鬲，兩字王氏、�新，四字少曲市南（附圖 5）、少曲市中、少曲市西等。光背爲多，「少匕市╳」這款布多鑄背文，如丘、以、九等等。〔註 8〕

Ⅱ式　中型布，大小近於Ⅰ式，重量減輕爲 20～30g，通常有 27、28g。面文有數字一、二、三、五、六、八，干支字己、壬、辛、戊，單字如大、南、北、君、公、室、工、尙、丘、土、行、木、束

〔註 7〕參見馬海飛總主編：《中國歷代貨幣大系・先秦貨幣》總論（上海：上海人民出版社，1988 年 4 月），頁 14～15。

〔註 8〕本論文的附圖以《大系》爲主，文字隸定則以第肆、伍章考定結果呈現，附圖旁註明釋文及國別，若有未定者，闕。另外，爲了便於閱讀，每類每式之圖不憚詳列，僅舉出較清晰的圖版爲代表，並在圖版旁附上幣文及國別。

（附圖 6）等等，多光背，偶見背文九、十。

III式　小型布，形制與Ⅰ、II式雷同，整體變小，通高約 8cm，寬約 4cm，銎長 3cm，重約 11～20g。面文多爲單字，如二、六、八、工、甲（附圖 7），光背。

Ⅰ式及II式文字內容包括數目、干支、方位、吉語、五行、地名、日月、帝王、事物等等，共有 200 餘種。面文分布大致是：一字者置於三直紋中線兩側，也有銘記在中線兩邊偏上處或偏下處。二字者分布於三線間隔的空白處。四字者記於三線間隔空白處，每兩線中置放二字，上下排列。背文以一字較常見，通常分布在中線兩旁或偏下部。文字屬陽文，大小不拘。

### 3. 聳肩尖足空首布

聳肩尖足空首布（以下簡稱尖足空首布）是一支特殊的布幣，來源與平肩或斜肩空首布不同，參照出土地域和銘文所記之地，尖足空首布絕大部分位於山西省，春秋屬晉，戰國屬趙。再由地理環境和形制等關鍵判斷，它取象於農具耒器，耒尖尖的特殊造型，形成尖足空首布獨樹一格的形體。該布特色爲聳肩，尖足，銎纖細特長，且上寬下窄，首或無孔，或有不規則狀錢孔，形體偏薄，有外郭，早期體型甚大（比弧足空首布Ⅰ式還重），陽文。依照襠部的不同，劃分二式：〔註 9〕

Ⅰ式　弧形襠，襠深且闊，數量較多，錢身寬肥，體型略大，多素面光幕，面背紋飾一致，錢身有三條平行直紋，中線略短。通高 13～15cm，肩寬 5.5～6.5cm，足寬 6.8～7.0cm，銎長 5.0～5.5cm，含泥重 37.5g，也有高達 40g 以上，一般重爲 36～40g。素面光背之外，面文以數目字爲主，例如一、二（附圖 8）、四、六、七、八、十、〇、一〇，也有日、工、呂、共、甘丹等字。

II式　平直襠，面背無紋飾，數量寡少，體型稍小，通高 11～12cm，肩寬 4.7～4.9cm，足寬 5.5cm 上下，銎長 3.5～4.5cm，重 25～30g。面文有□□□黃釿、玄金（附圖 9）、喜金、玄人、朕、羽、文、工、侯卅餘種。

另外有一種較特別的尖足空首布，面文甘丹，素背，襠部略顯平直，有三直紋飾，介於弧形襠和平直襠的過渡，《大系》收有兩枚，採自《沐園泉拓》

〔註 9〕1982 年山西新絳發掘 2 枚微聳肩、圓弧襠、尖足空首布，重達 53g、55g，比 1 式之年代早，由於此款布數量不多，暫不獨立成一式。

者，通高 13.4cm，肩寬 5cm，足寬 6.2cm，銎長 5cm，重量不詳。採自 1981 年 5 月山西稷山吳城村者，通高 13.2cm，肩寬 5cm，足寬 6.1cm，銎長 5cm，未測重量。由這些數據推測，甘丹布是過渡期產物。（附圖 10）1984 年榆次市貓兒嶺土坑豎穴，出土一件奇怪的尖足空首布，形體縮小，肩寬和足寬相同，首部有一個大的長方形孔，通高 8.7cm，身寬 3.8cm，銎長 3.9cm，帶範蕊重 15g。（附圖 11）

尖足空首布面文分布情形多變化，單字者通常在直紋間空白處中央，也有記在線上、中線下端或兩側、左線正上方或左上角或左下部、右線的右下側。兩字者分布於右線之右方兩側，上下銘記，或中線的下方兩處，左右銘記。II式布銘文「玄金」兩字均勻分布於錢身中央，「□□□黃釿」在錢身的位置則按左二中一右二分布。

4. 斜肩弧足空首布

斜肩弧足空首布（以下簡稱斜肩弧足布）形制特徵是肩部斜垂，錢身上部窄於下部，外郭顯著，長銎，首有一孔，或三角形，或橢圓形，或水滴形，或不規則形。足部內凹幅度大，面背均有紋飾，錢面紋飾自錢身上端往足部斜射兩直紋，背有三條紋線，中線自錢身上部筆直貫穿於下部，旁邊放射兩斜紋至足部。該布肩部下垂，是經過演變的結果，易言之，它應該稍晚於平肩空首布。

I 式　大型布，通高 8.5cm，肩寬 4.0～4.5cm，足寬 4.8cm，銎長 3cm，重約 20～30g。光背，面文記地名，如武、盧氏、三川釿（附圖 12）等等。

II式　小型布，通高 7.2～7.5cm，肩寬 3.5～3.7cm，足寬 4.2cm 左右，銎長 2.5～3.0cm，重 15～19g。光背，面文記地名，如安、武安（附圖 13）、武采、東周等等。

兩式共通點在於錢背都無文字，面文爲陽文，分布情況大致是：一字者銘記於斜線中央，兩字者亦同，呈上下均勻分布，但盧氏布往往盧字大，氏字小，盧字佔斜線中央大半位置，氏字略居左斜線下方。三字者亦在斜線之間，呈現一字上、兩字下的分布，在下的兩字左右安置。

5. 晚期平肩弧足空首布

按理說，晚期平肩弧足空首布（簡稱晚期平肩弧足布）應該屬於平肩弧足布一支，汪慶正認爲它和早期布並非同系統，原因之一是早期布有三直紋，晚期布卻有兩斜線裝飾，這點和盧氏斜肩弧足布相同。第二，晚期布形制比早期布之輕小型還小，重量反而較重。〔註 10〕汪氏將兩布一分爲二，十分正確，但是，他所謂第一區別在紋飾，尙有商榷餘地。晚期布面文出現「東周」、「安周」，加上曾經於戰國中期墓葬出土，表示鑄造時間晚於早期平肩弧足布，它的紋飾受斜肩弧足布影響而產生變化，重量又不輕，不宜再視爲早期布的第 3 式。該布共同特徵爲平肩，弧足，首部一孔，孔爲水滴形或不規則狀，錢身上窄下寬，製作粗糙，主要的區別在於紋飾：

Ⅰ式　錢面三條紋飾，中直紋，兩側斜紋，背亦同。通高 7cm 上下，肩寬 3.5cm 左右，足寬約 4cm，銎長 2.7cm，重達 16～22g。光背，面文記地名。如武、安周、東周（附圖 14）等。

Ⅱ式　面背皆有三條直紋。通高 6.5～7.0cm，肩寬 3.5cm，足寬 3.7～4.0cm，銎長 2.5～3.0cm，重 10～20g。光背，面文單純，如臧與安臧（附圖 15）等等。

Ⅰ式的面文分布在三線之間，Ⅱ式的面文通常安排於左線和中線之間，兩字者上下分布。安臧兩字有時置於錢身右半部，但爲少數。

## 第二節　尖足布系列的演變歷程

空首布鑄造時期大約在春秋中晚期，戰國時代布幣繼續流行，而且有重大的變革——空首變平首。空首布有空銎，可以納柄，這是農具實用的特徵，雖然它距原始象徵已經有一段時間，但並未全然脫離。平首布首部扁平無銎，只是薄薄的青銅片，體型輕小，完全失去農具的操作功能，走入象徵的世界，不過，在銜接空首布階段時，曾經鑄造較大的平首布，唯數量並不多。戰國是平首布全盛時代，鑄造國別增多（加入北燕南楚），流通地域變廣，出土品類豐富，數量龐大，銘記內容由數目、干支，演變成地名爲主，布幣體系日漸茁壯，終於成爲先秦最大宗的貨幣。

聳肩尖足平首布（簡稱尖足平首布）脈絡明顯，它繼承了尖足空首布的特徵，只是將體型縮小，重量減輕，空銎變平，襠部平直，外郭腰束，雖有尖足，角度稍鈍，部分小型布聳肩坡度緩，幾乎呈水平。有些尖足平首布受到方足布和圓足布的影響，形制逐漸轉化，形成足部方直的類方足布，與足部、肩部趨圓的類圓足布。《簡明錢幣辭典》將類方足布及類圓足布籠統視

〔註 10〕同註 7，頁 17。

爲尖足布系列，事實上，這兩型布幣已經邁開演化的腳步，和傳統尖足布並不相同，應有獨立爲一型之必要性。按照尖足布的形制和重量，共有三大類型：

1. 普通聳肩尖足平首布

首部短小，上寬下窄，肩部高聳，平直襠，尖形足，但足部已不如尖足空首布銳利，周有郭，錢身兩側微束腰，多有陽文。錢面首部有兩條直紋止於首部下端，錢身中央又有一直紋至襠部；錢背首部一直紋，錢身兩側有二道直紋。

Ⅰ式　大型聳肩布，屬一釿布，爲數不多，通高 8cm，肩寬 3.7cm 左右，足寬 4.0～4.3cm，首長 2.3cm，重達 11～14g。面文記地名，如晉陽、甘丹、邪山、大陰（附圖 16）、閃、茲、榆次等十一種；背文記數，如四、六、七、八、十一、十五、三四、廿、卅、六十，另有單字匕。

Ⅱ式　小型聳肩布，屬半釿布，流通普遍。通高 5.0～5.5cm，肩寬 2.6～2.7cm，足寬 3cm 左右，首長 1.5～2.0cm，3.9～6.8g 重，但以 5～6g 較常見。面文如邪山、茲氏半（附圖 17）、晉陽半、西都、新城、榆半、榆次等；背文爲四、五、六、九、十九等數目字。

Ⅲ式　小型平肩布，半釿布，形制大致與Ⅰ、Ⅱ式相同，唯一區別在聳肩程度極小，幾乎呈現水平肩，出土數量頗豐。通高 5.0～5.3cm，肩寬 2.5cm，足寬 2.8～3.0cm 左右，首長 1.5cm，重 4～7g。面文有平匋、成襄、晉陽半、晉陽、平州（附圖 18）、大陰、茲氏半、閃半等等；背文多記數，如四、五、六、七、十、卅四等字。

2. 類方足布

類方足布只有小型布，紋飾同前，平首，平直襠，有外郭，肩部近似水平，足部已經呈方直狀，通高 4.5～5.0cm，肩寬 2.3～2.5cm，足寬 2.3～2.8cm 左右，首長 1.3～1.4cm，重約 3～5g。面文多是地名，如茲氏半、平匋、大陰（附圖 19）、成襄、榆次、涂十餘種；背偶有數目字四、十四、廿四、卅。

3. 類圓足布

類圓足布也只有小型布，紋飾同前，顯著特徵在圓首，圓肩，平直襠，圓足，有外郭，通高 5.0～5.5cm，身寬 2.5cm 左右，首長約 1.5cm，重 4～5g。

面文記茲氏、茲氏半、大陰、邪半、晉陽（附圖 20）、陽曲、平匋等十種，背有數目字，如四、廿二、廿五。

大尖足布的重量約爲小型的兩倍，當它們進入交易市場時，正常之下，大與小的比值應該爲 2：1，流通日久，貨幣便有減重現象，比值就不再精確。尖足布面文位置在錢身居多，單字者分布於錢身直紋左邊或右邊，甚至因文字銘記過大，紋線還傾向一邊；兩字者在直紋兩側中央或偏上，有時皆偏於左側，上下分布。背文分布在錢身中央，或偏下方，或見於右線兩旁，上下安置，有時記於左線兩側下部。

## 第三節　方足布系列的演變歷程

方足布（特別是小方足布），是平首布當中流通最廣、出土數量最多的布幣，兩周、韓、趙、魏等國全都鑄造方足布，北方燕國原本通行各式刀幣，後來，爲了與布幣區的趙國進行商業往來，也鑄起別緻的燕布。方足布以小型爲主，它遠承弧足空首布，近受魏國橋足布影響，由早期的弧足、尖足，遞嬗爲方足，若著眼於流通性，尖足布最令人詬病的缺點即是體大足尖，攜帶不便，容易折斷，因此逐漸將尖尖的足部修飾爲鈍鈍的方足，形體再度縮小，加強銅質堅韌度，造成小方足布的大流行。

典型方足布爲平肩，平襠，平足，面背有郭，或無郭，有時輕微束腰，或有直筒腰，首部偶有一圓孔，錢面自首部到襠部有一直紋，錢背亦同，但多了兩條斜紋自錢身上端延伸到足部。早期的方足布形體稍大，重量較沈，後期的方足布體薄輕小，屬於半釿布，燕國製作的布幣也是小型半釿布，大布的重量約爲小布的一倍，實際運用下的比值約爲 2：1。方足布的面文類型單純，全是鑄地之名，光背爲多，偶有「一半」的記值字、數目字（僅見於壤垣、馬雍、中都諸布），或安陽（合背）。面背銘文均爲陽文。

Ⅰ式　大型布，形制同前，只有三處鑄造此型布，相對地數量甚少。通高 4.6～5.0cm，肩寬約 2.8cm，足寬 3.0cm 左右，首長 1.5cm，8～14g 重。面文記邙（附圖 21）、梁、安陽、封邑；邙布背文銘記一半。

Ⅱ式　小型布，形制同前，偶見肩部稍微下垂，通高 4.0～4.5cm，肩寬 2.0～2.5cm，足寬 2.4～2.8cm 左右，首長 1.2～1.4cm，重約 3～7g，以

4～5g 較常見。小型布以光背爲主，錢面有豐富的各國地名，例如平陽、閃、藺石、北箕、安陽、貝地等（以上屬趙）、宅陽、尹陽、唐是、陽城、平氏等（以上屬韓）、皮氏（附圖 22）、高都、奇氏、莆子（以上屬魏）、東周、王城、尾尋、仁氏等（以上屬東西周）。

III式　燕國布，紋飾與 I 、II 式雷同，但是燕布體型略小，頸部較細，肩微聳，襠部稍高，束腰較深，通高 3.8～4.3cm，肩寬 1.9～2.5cm，足寬 2.5～3.0cm 左右，首長 1.2～1.4cm，重約 4～7g，地名有纕坪、怳昌、陽安（附圖 23）、右易辛咢（亦見附圖 24）坪陰等，背文有右、左、右十、左十、左十二等等。銘記左、右、外等字組，爲燕刀專屬的標誌，表示鑄造廠別，或鑄幣機構所在的地域方位。燕布中，安陽布體較厚，有些纕坪布形體略小，只有通高 3.7cm，肩寬 1.8cm，足寬 2.2cm，首長 1.8cm，4～5g 重。《大系》收有一枚坪陰布非青銅所鑄，屬鉛質布。

1973 年河南新鄭出土一枚莆子布，形制特殊，通高 5.3cm，肩寬 2.4cm，足寬 2.9cm，首長 1.5cm。平肩、平襠、方足不變外，背文斜線稍長，身長亦較長，腰部不微束也不直筒，明顯向外擴展，錢身呈現梯形。方足布的文字特色除了單純銘記地名外，每個字的大小相當，筆畫十分工整。單字面文分布於中線上，如閃布；將部件分開安排於中線兩旁的情形十分常見，如涅、鄔、郲；兩字者平均分布於中線兩側。背文雖然只有數目字，而且並不常見，分布位置卻很複雜，一字者記於中線兩旁，亦見於左線左上側或左下側，右線右上方或右下方，也有直接寫於中線上，有的記於錢身中央，中線因此而縮短了。兩字者銘記在左線左上側，或右線右上側，上下分布。邙布背文「一半」更特別，直接銘記於首部和錢身，背後三紋飾完全消失。

## 第四節　圓足布系列的演變歷程

一般而言，許多學者認爲圓足布是戰國晚期的貨幣，無論種類或數量，它都比不上尖足布及方足布，加上面文上的地名多半是趙國城邑，趙是尖足布發源地，後期產生類圓足布，因此，圓足布源於尖足布之說不競而走。〔註 11〕關

〔註 11〕相關說法見於鄭家相：〈上古貨幣推究〉，《泉幣》民 30 年 4 期，頁 23。彭信威：《中國貨幣史》（上海：上海人民出版社，1965 年 11 月第 2 版），頁 36。

於圓足布是否承繼尖足布而生，抑或圓足布和尖足布分屬不同演變脈絡的問題，將在末節作一番深入探究。觀察圓足布的重量與所記地名，它的年代其實不會太晚，流通區域窄於尖足布與方足布，僅限於趙國部分的城池。

依目前情況來說，圓足布的種類和數量十分稀罕，彌足珍貴，特點在於圓首，圓肩，圓襠，圓足，製作整齊，面背多有銘文，筆畫規矩精細，有大小兩型，使用時也是按 2：1 比值流通。著眼形制差異，可分爲兩類：

1. 普通圓足布

此款布特徵同上所述，部分圓足布首鑄一圓孔。錢身上窄下寬，足部張開角度大，錢面無紋飾，錢背由肩部至足部有兩斜紋，面背皆有陽文。

Ⅰ式　大型布，通高 6.8～7.5cm，身寬 3.5cm，〔註 12〕首長 2cm，重約 11～16g。面文有閃（附圖 25）、藺石兩種；背文全爲數字，一、六、七、十一、十二、廿三、六八、八九、五十二等等。

Ⅱ式　小型布，通高 5.0～5.3cm，身寬約 2cm，首長 1.5～1.7cm，約 6～10g。面文僅有閃與藺石（附圖 26）；背文亦是記數，如八、十九、廿二、廿七、五十二、五十三、六十四等。

有些大型閃布與藺石布圓襠很高，錢身相對地縮小。亦有少數體型壯碩，重量反輕者，實爲減重後的產物。圓足布面文簡單，閃置中刻鑄，藺石則左右銘記於錢身，偶見筆畫拉長至足部。錢背的數目字通常位當錢身中央，或錢身上端，也有將第一字安排在首部的情形。文字大小不固定，尤其是背文，有的筆畫刻鑄很大，有的卻細小，通常以大筆畫居多。正常情況下，圓足布並不鑄孔，不過，仍有極少數的閃布和藺石布首部鑿一圓孔。

2. 三孔布

三孔布，又稱三竅布，基本上是以圓足布做爲模型，在首部、兩端足部各鑄一圓孔，故名爲三孔布。三孔布之稱十分晚出，清朝嘉慶年間的鮑康，在《觀古閣叢稿三編》卷上曾云：

> 圜首圜足布，首幣及兩足往往作圜孔三，皆兩面有文。余藏一衡陽幣，背作十二朱者，初尚疑其贋。近壽卿拓寄新得安陽圜幣二品，惜足皆缺損，亦有圜孔三，其一安字傳形，背均作兩，其首近圜孔

李如森：《中國古代鑄幣》（長春：吉林大學出版社，1998 年 11 月），頁 46。

〔註 12〕囿於圓足布渾圓的錢體，所測得的尖足寬度誤差較大，在此，以錢身中央（腰部）爲身寬標準取代之。

處，一作十二、一作十三，自來譜家所未見。

鮑氏點出圜首圜足布背文有十二朱、十二、十三的銘文，但未定名爲「三孔布」。在倪模《古今錢略》與李佐賢《古泉匯》裡，曾收錄一些三孔布幣，置於圓足布之後，可見，清朝人是將三孔布視爲圓足布一種。三孔布迄今出土不多，形制與圜足布幾乎全同，大小相當，有內外郭，除了多出三圜孔之外，面背均無紋飾。此布可分大小兩型：

Ⅰ式　大型布，通高 7.0～7.2cm，身寬 3.5cm 左右，首長 2.3cm，13～15g 重。面文記地，如宋、上専、下専、上邙陽、下邙陽、妬邑、家陽、南𢓸（附圖 27）等；背文記數，如三、七、十二、十三、十五、十七、廿，亦有單位字，如兩。

Ⅱ式　小型布，通高 5.0～5.3cm，身寬 2.5cm，首長 1.8～2.0cm，重 6～9g。面文有平台、安陽、宋子（附圖 28）、上艾、下邙陽、北九門、阿、王夸等等；背文有一、十三、廿之類的數目字，另有十二朱（銖），銖爲單位字。

三孔布單字面文置中刻鑄，兩字作左右排列，三字有兩右一左、一右兩左、兩上一下、一上兩下四種排列情況。背文刻鑄形式特殊，通常「兩」居於錢身中央，「十二朱」之十二在右，朱在左，若有其他數字，則銘記於首部圜孔之上。銖兩是秦圜錢通用單位，但也見於趙國布幣，有人以爲銖兩是記重，也有人以爲記值，無論如何，銖兩出現在布幣身上，應是研究衡制的重要訊息。

## 第五節　異形布系列的演變歷程

異形布，〔註 13〕指的是四種形制特殊的布幣，包括了橋足布、銳角布、燕尾布〔註 14〕、鍰布。有的學者將它們獨立爲三類，依貨幣名稱與單位命名，如釿布、當寽布、當寽布，在此則歸屬爲異形布系列。銳角布形制怪異，僅有大小兩型；橋足布種類多樣，面文複雜，大抵爲魏國鑄幣；燕尾布乍看像方足布，但是大燕尾布形體特長，小燕尾布（連布）往往四足相連，實際上，它們不能等同於方足布；鍰布在國別上有爭議，可能爲稱量貨幣。異形布當

〔註 13〕形制特殊，數量豐富的布幣才歸入異形布序列。1984 年榆次發現奇怪的尖足空首布，由於出土有限，仍歸於尖足空首布當中。

〔註 14〕何琳儀因楚布通體狹長，尾呈燕尾狀，喚爲「燕尾足布」。參見何琳儀：《戰國文字通論》（北京：中華書局，1989 年 4 月），頁 141。

中，以橋足布的品類或數量較豐；銳角布雖然類型不多，但在 1981 年時，河南鶴壁石林公社獅跑泉村出土曾 3000 多枚；燕尾布零零星星，殊爲少見；銀布僅出土於河南扶溝，只有 18 枚。

1. **橋足布**

橋足布，因爲襠部呈現圓拱狀，如中國古代的橋樑而得名。面文常帶釿字，又稱釿布。該布體型較大，平首，首部呈上底較長的梯形，少數布幣鑄有圓孔或不規則孔。平肩或圓肩，圓拱襠，方足，有些鑄有外郭，面背無紋飾，錢背平素或有文，面文形式爲「地名＋數字＋單位」，或「梁正（半）尚＋數字＋當寽」、「梁夸釿＋數字＋當寽」，或只記地名，文字均採陽文。使用時分二釿、一釿、半釿三等制，形體也因此有大中小三型。橋足布依鑄幣時間先後而有兩大類型，有的學者因此區分爲釿布、當寽布，然而，這兩種布幣的形制上部分重疊，最大區別只是面文殊異，是故，筆者不以文字爲分類基礎，而著眼於形制劃分。

Ｉ式　大型，平首，圓肩，圓拱襠，方足，外郭有無不一，無紋飾，二釿布，數量豐富。通高 5.7～6.5cm，身寬 3.5～4.0cm，首長 1.6～1.8cm，重 24～31g，偶有輕至 17.5g，以 27g、28g 較爲常見。面文如安邑二釿（附圖 29）、言陽二釿、梁夸釿五十當寽（附圖 30）、山陽等等，錢背偶有陽文安字與陰文充字。與通則例外的是山陽布錢面從首部至襠部有一直紋，而且僅在錢面有邊郭。

II式　中型圓襠布，形制同Ｉ式，爲數眾多。通高 5.0～5.8cm，身寬 3.0～3.5cm，首長 1.5～2.0cm，重 10～17g，以 12～15g 爲主。面文安邑一釿、庾一釿（附圖 31）、梁正尚百當寽等，背文記安字。庾一釿通常鑿有圓孔，有些梁正尚布圓襠弧度極緩，有外郭。

III式　小型圓襠布，形制同前，圓襠弧度有趨緩現象，出土數量少。通高 4.0～4.5cm，身寬 2.0～3.0cm，首長 1.2～1.5cm，6～8g 重，重 6g 者較常見。此型布多光背，面文有共半釿、盧氏半釿（附圖 32）、安陰、梁半尚二百當寽。共半釿和安陰布有圓孔，共半釿與盧氏半釿的襠部較緩，雙足張開角度相對變大。此型布通常無紋飾，但共半釿錢身曾出現一直紋。

IV式　中型平肩橋足布，數量多。整體而言，小於中型圓襠布（2 式），通高 5.2～5.5cm，身寬 2.8～3.3cm，首長約 1.5cm 上下，重達 11

～17g，通常重 14～15g。光背，面文如甫反一釿、陰晋一釿、高女一釿（附圖 33）、垣釿、分布等等。分布有一小圓孔，首部幾乎是長方形，長約 2cm，重量多只有 11g 左右，是較小型的中型布幣。垣釿布的首部較奇特，一般是平首，它則是圓首，上寬下窄。

Ⅴ式　小型平肩橋足布，多有錢孔，數量稀少。通高 4.0～4.2cm，身寬 2.5cm，首長 1.2～1.5cm，約 6～8g 重。光背，面文如盧氏半釿、陰晋半釿、高半釿（附圖 34）、甫反半釿等等。

橋足布面文形式很多，銘文或正或倒，變化多端，相對地，分布位置情況較為複雜。面文若是兩個字山陽，記在中線兩側；三字者，平肩布排成右二左一，圓肩布是右二左一、右一左二，也有將二字佔錢身大部分，第三字刻鑄在左下足部；四字者則安排成右二左二，或右二中一左一，有時筆畫會延伸至足部。六字者，以右二中二左二均勻分布於錢面，字體大，往往伸入首部與足部。橋足布絕大多數光背，少數有個安字，居於錢身中央。

2. 銳角布

銳角布，以首部頂端左右各凸出一個小尖角得名，它通常是平首，首有銳角，平肩，平直襠或尖形襠，平足，有邊郭，面背均有紋飾，陽文。依形制大小劃分為二：

Ⅰ式　大型布，形狀特徵如前陳述，襠部平直，錢面自首部到襠部有一直紋，錢背中央仍有直紋，從肩部到足部又有兩道斜線，錢身上窄下寬。通高 6.5～7.0cm，肩寬 3.5～4.0cm，足寬 4cm 左右，首長約 2cm，17～19g 重。光背，面文如金涅、舟金涅、盧氏金涅（附圖 35）。

Ⅱ式　小型布，尖形襠，錢身為長方形，台布錢面自首部到足部有兩條粗斜紋，背紋與大型布相同；垦布面無文字，錢背有二道粗斜紋。通高 4.5～5.0cm，肩寬 2.5～3.0cm，足寬 2.5～3.0cm，首長 1.3～1.5cm，重約 5～10g。面文種類少，如台（附圖 36）、垦（附圖 37）。背文記數字一、七，或方位字上、下。

由於面文種類不多，分布情況只有三類，兩字者一左一右排列；三字者右二左一，右二字上下排列；四字者右二上下銘記，左二字再左右分布。只有Ⅱ式有背文，單字直接刻鑄在中線身上偏下方處，或中線左右兩側偏下處，也有記於右線身上，或錢身中央。

### 3. 燕尾布

燕尾布，因有「𡉚折」之銘，又稱當忻布。形制特徵爲平首，首有一大形圓孔，有內外郭，平肩，少數肩部下垂或微聳，束腰，平襠，方足，錢體狹長，錢面自圓孔延伸一直紋到襠部，背亦同。小型布因錢身一正一反，四足相連，所以又稱作「連布」。面背均爲陽文。

Ⅰ式　大型布，通高 10.0～10.3cm，肩寬 3cm，足寬 3.0～3.8cm，首長 2.2～2.5cm，17～34.5g 重。17g 左右的大布可能是後期減重的產物。面文杬比𡉚折，背文十貨。（附圖 38）

Ⅱ式　小型布，通高約 4cm，肩寬 1.7～1.8cm，足寬 1.7～1.8cm，首長 1.1～1.2cm，兩枚共重 14～17g。面文四比，背文𡉚折。（附圖 39）

大布面文規整，文字秀麗，均勻分布在中線兩側，筆畫延伸於足部，背文十貨置於中線旁。小布亦同。

### 4. 銀　布

1974 年河南扶溝古城村出土 18 枚鏟狀銀布（附圖 40），鏟首形狀不一，延伸至錢身，或方或圓，有空有實，錢身呈現長方形，素面，背偶有五字。按形制大小可分成三式：〔註 15〕

Ⅰ式　長型布 2 枚，通高 13.7～15.7cm，肩寬 5.8～5.9cm，銎長 1.5cm，分別重 157.5g 和 188.1g。全爲實首，其中一枚銎極短，背皆有五字。

Ⅱ式　中型布 10 枚，通高 11.8～14cm，肩寬 5.9～6.4cm，銎長 1.5～2.0cm，重 138.5～208.6g。全爲實首，其中一枚背文記五。

Ⅲ式　短型布 6 枚，通高 8.4cm，肩寬 5.8cm，銎長 2cm。銎呈圓錐狀，厚重古樸。1 枚爲空首，通常重約 133.1～134.1g。實首 4 枚，矩形 134 號幾近於無首，僅有 89.4g，未鑄足量。

扶溝古城村爲楚地，銅壺內還有郢爯、陳爯，因此，銀布可能屬楚幣。該問題目前未成定論，例如朱活就主張它是鄭幣，黃盛璋認爲屬韓國。論及銀布性質，劉玉堂、趙德馨、黃錫全認爲是稱量貨幣。〔註 16〕銀質鏟布的出

〔註 15〕以下的分類與形制特徵，摘自〈河南扶溝古城村出土的楚金銀幣〉，《文物》1980 年 10 月，頁 61～66；及朱活：《古錢新典》（上）（西安：三秦出版社，1991 年 5 月），頁 39～40。

〔註 16〕參見劉玉堂：《楚國經濟史》（武漢：湖北教育出版社，1995 年 8 月），頁 305。趙德馨：《楚國的貨幣》（武漢：湖北教育出版社，1996 年 9 月），頁 209。黃

現此爲第一遭，之後在河南鞏縣也曾出土，關於它的年代和確切性質，尚待進一步探討。

## 第六節　布幣演變的規律與脈絡

五大布幣系列下分多式，如同大樹般不停的繁衍生長，形制多樣，數類繁雜，似乎各有一套發展脈絡。在多條線索齊頭並進的同時，即便如何地錯綜複雜，仍然可以抽絲剝繭，尋繹共通的演變規矩。先秦布幣區涵攝範圍十分寬廣，不同國家鑄造的布幣，地域風格便有差異，縱使一國所製之布，也會跟隨時間的轉換，產生大小、重量、文字形構先後不一的貨幣。時間與空間交織糾結，再加入民間範工人爲變素（如細心程度、刀工精粗等等），導致戰國貨幣文字詭譎難辨、高度減省的特殊現象，當後世子孫欲一窺究竟時，困難度便相對提高了。

頻繁的交易行爲決定貨幣的產生，如前所言，人們在不斷交換活動中發現，必須找出合適之物充當媒介，才能有效解決交換的困難。最初的實物貨幣，同時具備商品與貨幣職能，擔任貨幣的物品，通常是人們十分熟悉、接受度高、容易交換的媒介物，因此，農業區習慣以生產用的各式農具作爲等價物，漁獵區便以常用之凹刃削刀爲替代物，人類的思維模式往往是逐步前進，例如《說文・敘》所謂文字源起於古人觀鳥獸足跡，依樣畫葫蘆之後，正式誕生原始的象形文字。貨幣發展亦復如此，理論上，金屬貨幣承續實物貨幣而來，其雛形與象徵物必定高度相似，這點，在實際層面亦得到證明。先秦布幣體系有兩個源頭，一支是鏟，一支是耒，兩條脈絡演變出許多子孫，這群後起的布幣彼此不是涇渭分明，因爲貨幣具備流通性（liquidity），它們之間存在著相互影響、融合的關係。

經過前面幾節的討論與分析，發現五大系列的布幣演變規律，可以由形制、銘文、鑄造工藝三方面作一番統整，這些規律不但是布幣發展的總結，同時，對於國別或年代問題具有歧異性的布幣，它們將會是有效的證據。

### 一、形制的演變規律

本章討論的布幣種類，主要參照形制不同，將成千上萬的布幣實物劃分

錫全：《先秦貨幣通論》（北京：紫禁城出版社，2001 年 6 月），頁 62。

為六類，無論在首、肩、孔、郭、身、襠、足、紋飾、重量，均能尋找出一些演變脈絡。前輩學者對此問題亦曾著墨，但沒有詳細、全面地闡釋，故以下筆者擬就九個部位作整體規律的說明。

1. 首部：**由空首變平首，由厚變薄，早期既粗且長，後期縮短變細。**

原始布、空首布的「首」由「銎」所構成，銎中空可那柄。原始布銎部伸入錢身，空首布階段則縮至肩上。平首布的首是一片薄銅片，完全失去實際功用。源自耒器的尖足空首布首部一直很細長，保持耒的特徵，首部由 5.0～5.5cm，縮至 3cm，再降到 1.5cm，長度減短，寬度則相去不遠，保持在 1cm 左右。源自鏟器的原始布銎部長寬 4.8cm×2.3cm，斜肩弧足布則是 3.0cm×1.2cm，到了戰國晚期小方足布只剩 1.2cm×1cm。

2. 肩部：**整體上由寬肩變狹肩。由平肩變斜肩，再蛻變成圓肩。**

較小型的原始布肩寬 5.5cm，晚期布幣則減為 2cm 上下，早期的肩部以平肩、聳肩為主，不過，原始布已有圓肩。肩部由聳肩、平肩轉變成斜肩、圓肩，完全著眼於使用的便利性，因此，有些學者認為圓足布是中國貨幣圓化發展之產物。

3. 錢孔：**耒系之布無孔居多，鏟系布的錢孔一開始在首中央，漸漸在首下部或足部挖孔，孔形由水滴狀、不規則狀，漸趨圓形，大小依地域有不同變化。晚期僅有少數布幣鑿孔，錢孔渾圓，有內郭。**

地下出土實物中，多數鏟子首部皆有孔，方便以繩子串起提舉和出力耕作。早期弧足空首布常有錢孔置於銎中間，大小不一，以水滴狀較多，有的孔非常大，佔了首部的一半，可能是鏽蝕結果。斜肩弧足布亦有不規則孔。晚期平肩弧足布錢孔較大，置中，多為長方形。部分尖足空首布在銎中央有細長孔，戰國尖足布通常無孔。橋足布無孔居多，只有特定面文者才有小圓孔。銳角布、圓足布、方足布沒有錢孔，例外的是郛方足布首部偏上處有圓孔。燕尾布首部有一個大圓孔，並鑄內郭。三足布的圓孔最多，分布於首部下端、兩足上端，亦有內郭。

鏟子的錢孔有實際穿提與促使出力耕種功用，至於空首布的錢孔與三角丁，黃思賢〈空首布——我見與疑問〉談到王獻唐認為盧氏鏟幣範的三角丁具有杜銅作用，鑄成後，即成為三角孔；黃氏認為王氏之說有誤，有杜銅作用的是錢孔，三角丁則不知何用。〔註17〕早期空首布的錢孔應該有實際功能，由燕尾布和三孔布美麗勻稱的圓形孔竅推測，晚期錢孔除了便於提攜以外，美觀意味濃厚。

**4. 周郭：早期布無內外郭，後期習慣鑄上內外郭。**

周郭的作用在保護貨幣錢體與銘文，因此，最早期的布幣尚未達到如此完善地步，外郭的設計在春秋弧足布上已經出現，戰國時代的布幣除梁夸釿布之外，多有外郭。內郭的出現稍晚，直到燕尾布、三孔布才在圓孔邊鑄上內郭。

**5. 錢身：由厚變薄。早期布略呈長方形，後期錢身均上窄下寬。**

早期平肩弧足布幾乎是長方形錢身，斜肩、聳肩空首布錢體已呈上窄下寬。此現象在圓足布及三孔布最爲明顯，肩足寬度差距拉大。不過，銳角布II式與連布比較特殊，它們的錢身復古地近乎長方形。晚期燕布和南方楚布爲了美觀，紛紛束起腰部。

**6. 襠部：弧形襠最早，後來產生圓拱襠、平直襠、圓形襠、尖形襠，以平直襠最為流行。**

原始布無襠部，嚴格地說，平肩弧足布應該無襠部，最早的襠部是尖足空首布的弧形襠，弧度大；弧形襠布中，戰國橋足布之盧氏半釿、共半釿的襠部坡度極緩。通常弧形襠、圓拱襠寬於頸部的機率較大，平直襠、圓形襠、尖形襠襠部小於頸寬。

**7、足部：尖足最早，方足與圓足較晚，方足數量多。**

原始布有底部無足部，春秋弧足布其實只有弧底，它們處於底部向內凹的演變階段，尚未形成實際的足部。喚作「弧足」，只是沿用舊稱。眞正最早有足部的是尖足布，雙足細長尖銳，未脫刺土耒狀。尖足使用不便，於是，戰國的尖足布稍鈍，不那麼銳利。方足、圓足在戰國時代才出現，以方足布最爲流行。寬度方面，橋足布、銳角布、尖足布的單肩寬大於單足寬；方足布兩者相近；燕尾布單肩寬小於單足寬。這項通則也有例外，如盧氏金涅曾見足大於肩者。

**8. 紋飾：本無紋飾，後來錢身產生美化紋飾，漸漸地，首部加上直紋，錢面的紋飾和錢背紋飾亦不相同。紋飾的刻鑄，採取凸出式處理。**

早期原始布製作粗糙，形近眞鏟，晚期原始布才在錢身中央刻鑄一道線

〔註17〕參見黃思賢：〈空首布——我見與疑問〉，《泉壇》1卷1期（總1期），頁6～8。

條。空首布將銎兩側凸邊變成直紋，漸漸地增加爲三直紋、兩斜紋。時移戰國，幣首也加上線條，進而講求面、背各有一套紋飾。這些線條皆是浮雕於幣，具有立體感，它們沒有實際作用，純然爲了美觀，因此，早期紋飾比較單調，晚期多富變化，面背不一。戰國布幣絕大多數都有紋飾，但橋足布與三孔布例外，可能因爲橋足布的文字形體既大且多，三孔布已有三個圓孔，故捨棄裝飾紋線。

9. **重量：早期碩大笨重，晚期體小量輕。**

此規則適用於所有金屬貨幣。原始布重達 100g 以上，交易難度高，時代愈晚，布幣愈輕，戰國末年的小方足布僅剩 4、5g。必須強調地，在同一款布幣當中，此規律亦可成立，因之，大型布使用年代總是早於小型布。

## 二、銘文的演變規律

布幣文字與同時期其他銘文比較下，難掩內容貧乏、字類稀少的單薄窘境，數量稀疏，造成這些現象的原因有二：第一、貨幣的角色是交易媒介物，並非銘記文字最佳材料。第二、錢體面積有限，不易刻鑄大量文字。作爲戰國文字研究對象，儘管它存在先天的缺點，不過，當它們歷經數百年演變之後，筆者發現幣文除了陽文性質的共性外，仍舊有六項規則可依循：

1. 早期布幣素面光背，後來開始銘記文字。
2. 布幣由單面有文變成雙面都記文字。通常面文爲主，背文爲輔。最早的面文記數字、干支字、單字，後來以記地名、單位最多。背文亦由記數、干支字演變爲記朱兩單位。
3. 早期文字多繁筆，晚期文字常有簡筆。〔註 18〕
4. 早期銘文排列工整，版面清晰，晚期多草率凌亂。
5. 早期文字形體細小，晚期文字字體變大。除安邑一釿與三孔布之外，一般面文字體皆大於背文。
6. 早期銘文位置不定，任意性高，晚期文字位置相對較固定，通常以紋飾爲主軸，銘記位置變化多。

（1）早期面文記於錢身中央居多，有紋線者便記於紋線之間上、下、左、右處，也有刻鑄於錢身任意處。方足布、燕尾布幾乎都記於

〔註 18〕此條例有例外，若考慮空間因素，曾出現晚期文字反而繁化的現象，例如周室平肩弧足空首布的「南」，與趙三孔布的「南」就是個反例（見表 20）。

中線兩邊，圓足、橋足、三孔布記於錢身中央。

（2）布幣面文以二字較多，早期呈上下排列，晚期左右排列。四字者無變化，均爲右二左二。三字甚少，早期作上一下二，晚期作右二左一、右一左二、上二下一、上一下二。

（3）背文以一字居多，早期記於中線兩旁上、中、下部，晚期記在中央區域最多，甚少出現在錢身角落、紋線上與首部。

7. 布幣文例的讀法通常是由右到左，由上而下，但亦有例外或傳形者，如燕易安方足布，趙貝地方足布等等。

## 三、鑄造工藝的演變規律

殷商是青銅器的時代，青銅貴金屬在當時多半用爲禮器、兵器、樂器的材料，其它器物（如農具、貨幣）甚少見到青銅材質。日後，由於青銅漸漸普遍化，用在鑄幣的數量相對增加。由於貨幣是實用之物，不像禮器以祭祀、保存爲目的，一般而言，它的鑄造工藝較銅器簡單、粗糙。觀察目前所見的範模與布幣形制，其鑄造技術有四個規律：

**1. 整體上，早期布幣鑄造拙劣，晚期布幣製作精細。**

最初的布幣因爲範工技術有限，常常產生磨鑢不精的毛邊現象，錢體不講究美觀，沒有裝飾紋線，範模的粗糙也導致銘文模糊，錢體凹凸不平，結構不均勻。

**2. 同一類型的布幣，早期製作精緻，晚期布幣較粗率。**

同一布幣早期由於國力鼎盛，財政穩定，鑄造工藝要求嚴格，形狀工整，文字筆畫精細。後期由於各國局勢混亂，征伐不休，財政緊縮，家國難保，遑及鑄幣！貨幣普遍有錯範、流銅、毛邊現象，錢體極度輕小質薄，文字筆畫減省草率，傳形較多，版面淩亂。

**3. 整體而言，早期布幣含銅量高，晚期含銅量低，雜有大量鉛質。**

黃思賢〈引述古錢合金考〉一文指出，梁津曾分析周代古錢合金成分，結果是山東齊圜貨刀有銅 67.15%，錫 29.41%，鉛 3.37%；平陽布銅佔 35.89%，錫 3.24%，鉛 53.37%，鐵 0.15%。又說中國古代金屬化學及金丹術書中，提及齊刀含銅 55.10%，錫 4.29%，鉛 38.60%，鐵 1.00%；布幣含銅 70.42%，錫 9.92%，鉛 19.30%；明刀銅質佔 45.05%，錫 5.90%，鉛 45.82%，鐵 2.00%。

〔註 19〕這些數據雖然缺乏明確的時代資料，不過，齊圜錢是戰國晚期貨幣，平陽小方足布時代也差不多，每一種貨幣或多或少雜有其他金屬成分，尤其是鉛質含量有明顯增高趨勢。甚至到後來，還出現鉛質布幣。

**4. 早期鑄幣範模以泥範、石範、陶範為主，晚期出現銅質範。**

空首布有銎，製作時設型蕊，範型屬頂注銎內範；平首布之首只是薄片，製作容易，以雙模範較普遍，範型爲分流直鑄頂注範，及單模直鑄頂注範。早期範模以泥質、石質、陶質居多，泥範無論是耐火性、可塑性、乾強度均佳，成本低廉，取材便利，可惜透氣性較差。〔註 20〕石範優點爲可重複使用、增加產量、提高工作效率、標準劃一，缺點爲透氣性差，潰散性不良。〔註 21〕後來，產生互補式陶石合範，進一步又有銅範。制範方式分爲手制與模制，手制較早，模制稍晚，後者的出現提高了工作效率，省時又增產，所鑄貨幣規格化。原始的鑄幣方法，錢範所刻錢形數量有限，少則一枚，多則七、八枚，且易於毀壞，一旦運用模制、銅範翻制子範，有效地增大產量，保持交易市場的貨幣流通量。

## 四、布幣演進的脈絡

布幣演進的脈絡。一直是學界針鋒相對的問題，除了「空首變平首」、「由大變小」的通則凝聚成共識外，對於戰國流行的各種布幣，諸家見解各有短長。例如：彭信威認爲有足布當中，以尖足布時代較早，空首尖足大布蛻化成尖足布，方足布大部分由普通空首布演變而成，少數由尖足布發展而來，至於其他布幣，彭氏並未明白交代。〔註 22〕王毓銓表示平肩弧足空首布演變成方足布，尖肩尖足布則變爲尖足布。〔註 23〕鄭家相提出的順序是：古布遞變爲平肩平底布；空首橋足布有五個子孫，即平肩橋足布、銳角方足布、平肩方足布、厚制圓肩及平肩橋形方足布、三孔圓肩圓足布；空首尖足布則演

〔註 19〕詳閱黃思賢：〈引述古錢合金考〉，《錢幣天地》3 卷 5 期（總 17 期），頁 4。

〔註 20〕參見蔡全法、馬俊才：〈戰國時代韓國錢範及其鑄幣技術研究〉，《中原文物》1996 年 2 期（總 76 期），頁 77、82。

〔註 21〕同前註，頁 77、83。

〔註 22〕參閱彭信威：《中國貨幣史》（上海：上海人民出版社，1965 年 11 月 2 版），頁 34～42。

〔註 23〕詳見王毓銓：《中國古代貨幣的起源和發展》（北京：中國社會科學出版社，1990 年 2 月），頁 44～45。

變成聳肩尖足布、圓肩圓足布。〔註 24〕朱華以列表方式呈現三晉布幣序列，即晉空首布演變爲聳肩尖足布（甲型 1 式），之後發展爲三支：第一、聳肩尖足布（甲型 2 式）再變爲丁型類圓足布，戊型圓足布、己型三孔布承丁型而來。第二、平肩尖足布（甲型 3 式）變成乙型類方足布，進一步是丙型方足布。第三、與乙型、丁型同步發展的庚型釿字弧襠布。〔註 25〕

彭氏與王氏之說正確，可惜並未全盤說明。鄭氏說法流於籠統，尤其是空首橋足布演變而來的各種布幣，似乎意味它們是齊頭流行。朱華繪製的演變表格十分清晰，他研究的對象是「三晉布幣」，燕尾布不列入排序是合理的，然而，他亦忽略空首布中尚有平肩弧足布與斜肩弧足布，平首布中還有銳角布。此外，這些學者們都有一個共通盲點，即認同傳統之說——布幣起源於錢鎛，事實上，經過仔細地考察，發現布幣源起並非單元的一支，應該偏向二元發展，一支取象於鏟子，一支取象於耒器，這兩條脈絡在初期階段各有發展道路，時空轉換到戰國，它們開始互相影響、交融演變。

布幣的原形是平刃鏟和尖形耒，前者進化成原始布，後者則演變爲無文大布。原始布的肩部有平肩、圓肩兩種，底部由水平轉變至有點弧度，當平底漸漸向內凹，形體慢慢縮小，重量急速減輕，產生空首大布，再進一步變成有文字的平肩弧足空首布。尖足空首布蛻變自耒器，首先也是厚重無文，學界通稱爲無文大布，在輕小化的演變過程當中，開始在錢身刻鑄簡單陽文。

平肩弧足布與尖足空首布誕生後，兩支開始演化，尖足空首布的變化較爲單純，它只是不停地調整內部大小，一直到戰國初期，空銎才轉變爲平首。相反地，平肩弧足布形體逐漸縮小的同時，肩部開始慢慢下垂，形成斜肩的弧足布，晚期安臧布亦因應而生。河南洛陽發現 7 座東周墓，平肩弧足�+邑釿布隨葬於春秋晚期（M3110）、戰國中期（M389）墓中，安臧布出土於戰國早期（M19）、戰國中期（M026、M11）、戰國晚期（M1、M014）墓中。斜肩盧氏布與�+邑釿布共同出現在戰國中期墓，它們的大小、重量都很接近，應是同時期產物。〔註 26〕換言之，斜肩盧氏布既然與郼釿布形制相當，它們至少在春秋末期已誕生，〔註 27〕晚期平肩弧足布則是戰國早期鑄幣。舉出這些考古

〔註 24〕參閱鄭家相：〈上古貨幣推究〉，《泉幣》民 31 年 13 期，頁 18。

〔註 25〕見朱華：《三晉布幣》（太原：山西人民出版社，1994 年 7 月），頁 160。

〔註 26〕參見朱活《古錢新典》（上）（同註 15），頁 38～39。

〔註 27〕平肩弧足布常與斜肩弧足布一起出土，例如 1970 年 12 月在河南洛陽西工、1974 年 8 月河南伊川富留店，這兩類布幣都曾以窖藏形式出現。

年代數據，是爲了說明由平肩弧足遞嬗爲斜肩弧足的時間不會太長，平肩弧足布爲周、晉等國鑄幣，斜肩弧足布屬晉卿韓氏之幣，兩者時間相去不遠，再由春秋中期微聳肩弧足布的佐證，可知這些布幣年代在春秋中期左右。外部進行變革不代表內部不再改易，也就是說，斜肩弧足布與晚期平肩弧足布皆承繼於早期平肩弧足布，前者屬外部的變異，後者爲內部的改動。不過，這兩個子孫已經有交流的現象，晚期平肩弧足布Ⅰ式的兩斜紋便是最佳證據。

尖足空首布到了戰國時代，演變爲平首尖足布，大型早於小型。此型布均爲趙國貨幣，趙與魏、韓同屬春秋晉國大夫，三國比鄰而居，彼此也有商業往來，幣制便相互影響，因此，漸漸地趙國也鑄起類圓足布、類方足布。魏國貨幣以橋足布年代較早，因爲它的形制大，重量沈，而且，陝西華陰岳鎮岳家村曾發現戰國初期遺跡，出土 1 枚梁半釿；〔註 28〕由此可知，橋足布早在戰國初期已經產生。細觀橋足布的形制與流通地域，首變平，弧襠變圓拱襠，足變方，肩部有的保持平肩，有的趨向圓化，又是魏國貨幣，因此，它源於平肩弧足布的機率較高。

關於銳角布，黃錫全等人認爲大型（即本文的Ⅰ式）爲韓國鑄幣，小型（即本文的Ⅱ式）才屬魏幣。不論它們到底屬於哪國貨幣，按照銳角布Ⅰ式形制的資料研判，應該略晚於橋足布Ⅰ式，它們都是戰國早期貨幣；銳角布Ⅱ式和橋足布Ⅲ、Ⅴ式時代相當，均鑄於戰國中期。易言之，橋足布稍早於銳角布，但不是說橋足布演變爲銳角布。銳角布是形制極爲特殊的貨幣，大抵上，它屬於平肩弧足布一系，不過，顯然已加入地域特色——在首部凸出兩尖角，襠部削尖。它和橋足布應該呈平行發展，而非上下繼承，因爲，除了布幣形制基本通則之外，找不到它們之間有相似的特徵。

燕尾布分布於楚北境，楚國在中土人眼中，是一個神秘又落後的蠻荒地區，他們一直臣服於有周，而且有一套自己的貨幣制度，燕尾布的出現，不排除是當地人爲了與布幣區的人民進行商業往來，所鑄造的兌換貨幣。燕尾布形制像是方足布的拉長變體，從它的大圓孔和纖長文字中，不難看出楚幣的與眾不同。如果該布眞是爲了跨區交易而鑄，唯有共通的貨幣形式才方便兩地人民買賣，是故，燕尾布實取象於方足布。戰國中期，楚擁有淮泗、吳越一帶，燕尾布應是當時的變通貨幣。

方足布系列的演進，最重要的特徵在於足部平直，但這點在橋足布與銳

〔註 28〕同註 15，頁 42。

角布中已開了先鋒，由方足布形制來看，應略晚於橋足布和銳角布。所記地名不勝枚舉，表示通行區域甚廣。在「爲多國貨幣採用形制」的事實下，方足布可能曾受橋足布與銳角布啓發，改進兩者缺失，再造其形。若要比較遠近關係，方足布近與銳角布Ⅰ式無論在形狀、紋飾都相似，遠承平肩弧足空首布。其鑄行年代約爲戰國中晚期。

一般認爲圓足布形體圓形化，似與圜錢有關連，當爲戰國晚期貨幣。圓足布Ⅰ式的大小、重量和尖足布Ⅰ式很接近，表示它和布幣的淵源還是較深。斜肩弧足布肩部下垂，弧形襠，把斜肩、弧襠圓潤化，即成後來的圓肩圓足布。事物的演進總是在缺點上不斷地修改、創新，如同平肩布幣演變爲斜肩布，斜肩仍有稜角，於是，再進一步修飾成圓肩，其他部分也是一樣。另外，圓足布的紋飾和斜肩弧足布異曲同工，它們都有兩條斜紋，只是位於面或背的不同罷了。中山國曾仿鑄圓足布，所以，它應該流行於戰國中期。三孔布形體與圓足布相同，但在首部、兩足多了三圓孔，初鑄Ⅰ式時，稍小於圓足布Ⅰ式，不過，在兩類Ⅱ式布階段時，形制相差不多，意味三孔布蛻變自圓足布的時間不致過長，而且，三孔布面文上的地名，顯示其流通地域遠較圓足布廣。如果上述推論的邏輯無誤，先秦貨幣的演變脈絡是：

表 2：布幣演變脈絡表

| 時　間 | 種　　類 | | 備　註 |
|---|---|---|---|
| 春秋早期 | 平刃鏟 | 尖足耒 | 空首布 |
| 春秋中期 | 空首大布，早期平肩弧足空首布，斜肩弧足空首布，晚期平肩弧足空首布 | 無文大布，聳肩尖足空首布 | |
| 春秋晚期 | 早期平肩弧足空首布，斜肩弧足空首布，晚期平肩弧足空首布 | 聳肩尖足空首布 | |
| 戰國早期 | 晚期平肩弧足空首布，橋足布，銳角布 | 尖足布 | 平首布 |
| 戰國中期 | 晚期平肩弧足空首布，橋足布，銳角布，圓足布，方足布，燕尾布 | 尖足布 | |
| 戰國晚期 | 銳角布，圓足布，三孔布，方足布，燕尾布 | 尖足布，類方足布，類圓足布 | |

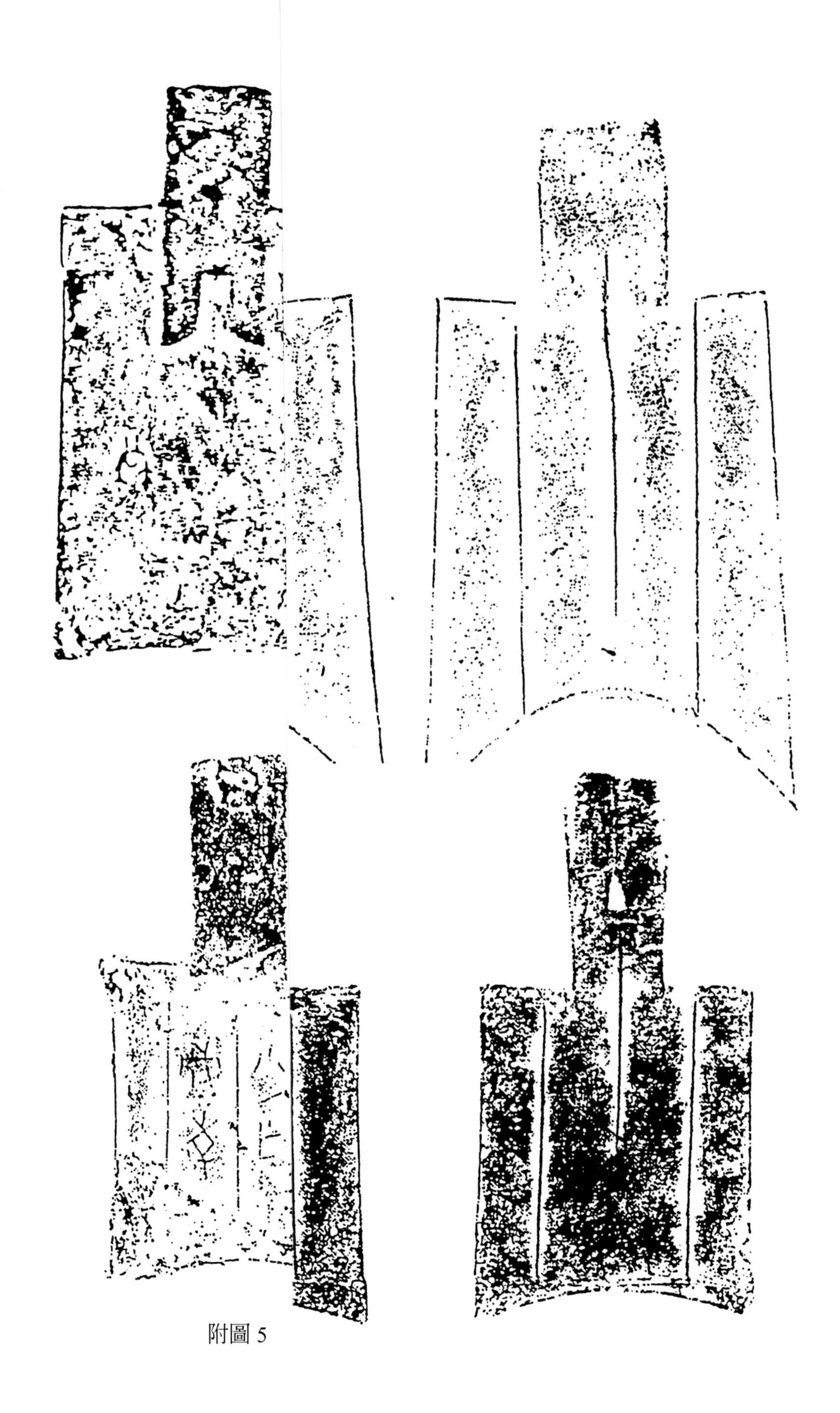

附圖 5

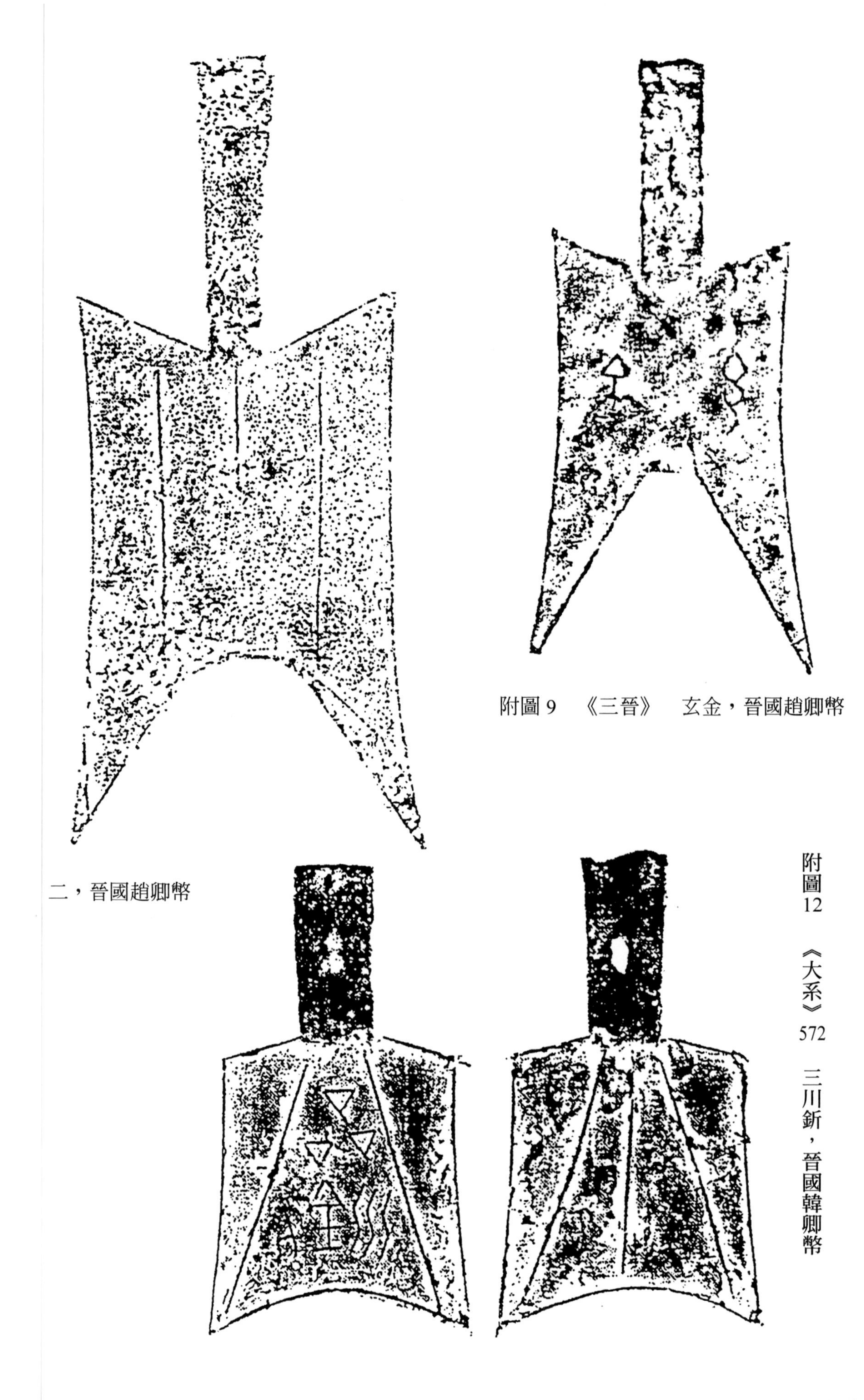

附圖 9　《三晉》　玄金，晉國趙卿幣

二，晉國趙卿幣

附圖 12　《大系》572　三川釿，晉國韓卿幣

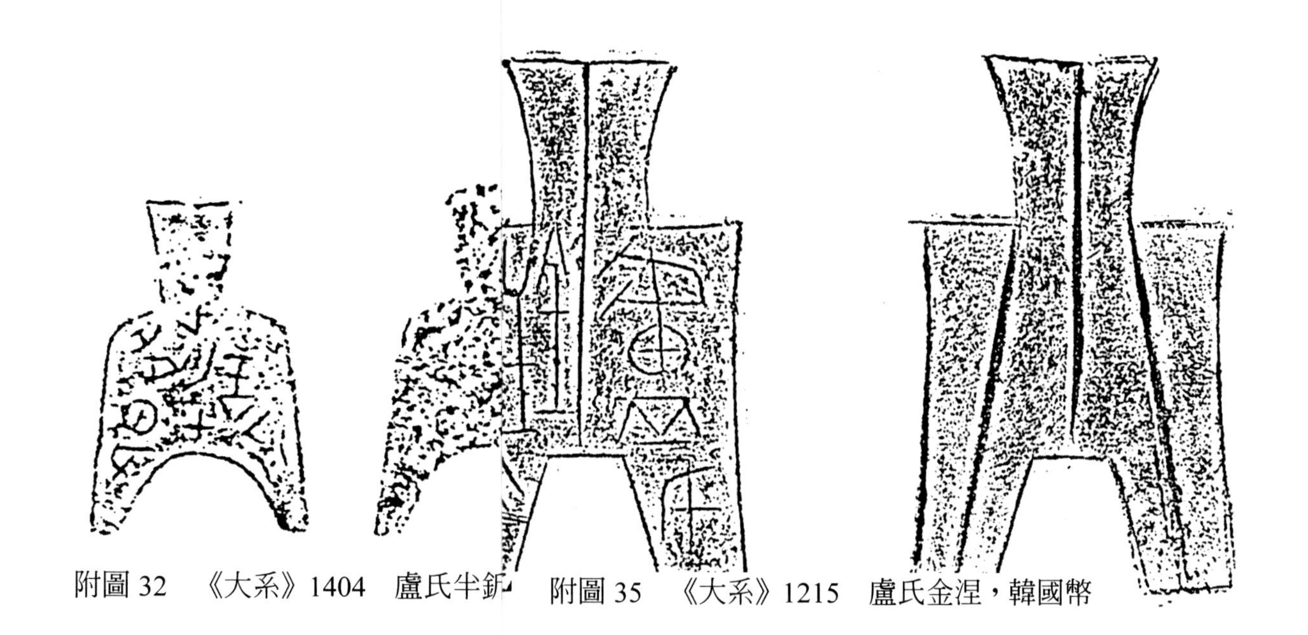

附圖 32　《大系》1404　盧氏半釿

附圖 35　《大系》1215　盧氏金涅，韓國幣

附圖 36　《大系》1237

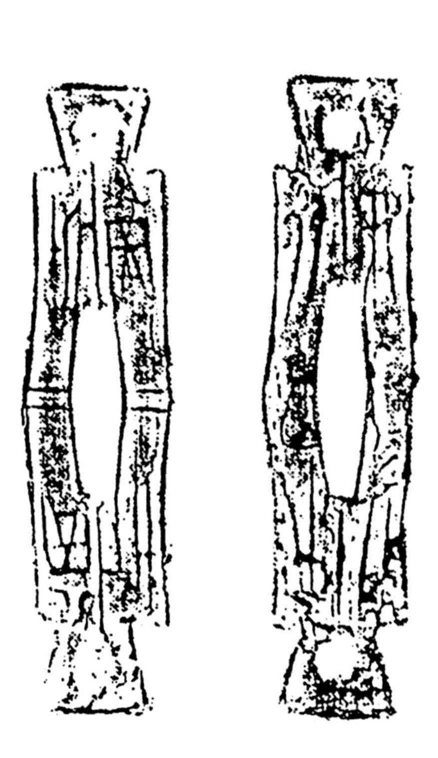

圖 39　《大系》4185　四比，背坐朹，楚國幣

附圖 37　《大系》124

# 第肆章　布幣流通考述

古今中外的貨幣都有一項共同特點：註明國家及年份（甚至某廠所製造）並且標明貨幣的價值。時代愈晚，貨幣的圖案、文字愈加精美整飭，規格化的生產，完全不會造成使用者辨認困難。先秦貨幣由於處在發展初期階段，隨鑄隨毀，範模不一，幣文受限於人爲因素，變數極大。由於貨幣面積狹小，銘記文字有限，少則一字，最多只有六字，其中，以兩字銘文爲主。它們通常紀錄所屬城邑，然而，需注意的是銘記之地不一定就在該地鑄造，可能有仿鑄情形（關於仿鑄將於本章末節討論）。先秦布幣尚無刻鑄國別習慣，是故，鑄行地域及國別便成爲研究貨幣之重點。這些地名是描繪諸國疆域的直接材料，即使錢文患漫模糊，藉由出土地點的間接推測，也能知道該種貨幣流通地域輪廓。在布幣歷史的介紹中，筆者曾粗略推斷各系列的使用時代，若參照科學挖掘的考古報告，知道布幣以窖藏形式保存爲多，在同出器物、地層關係以及史籍記載佐證下，對於判別明確的流通時段，將有莫大裨益。

本章選取的布幣以《大系》爲主，酌參《辭典》、《三晉》、《錢幣》、《內蒙古》、《陝西》、《新典》、《古錢新探》、《藏珍》、《先秦編》、《發展史》、《蚌埠》、《山西》、《百科》等書刊。討論方式將以考證及表格交叉說明。經過裘錫圭、何琳儀、黃錫全諸位學者的努力，已成共識者簡單敘述，羅列表格。隸定與釋讀相同者，釋讀欄從略；布幣若取自《大系》，只出現數字編號；參考文獻僅列出書名集篇名；地望欄塡古地名對應的今日省縣；年代欄爲一個斷限，表示貨幣在該時間內有可能鑄幣；若有其他說明則附記於備註欄。凡是典籍資料不足，抑或年代無法明確斷限者，略之。尙待考究的地名再詳費筆墨。

找出地名歸屬國別之後，面對星羅棋佈的地名，如果只是簡單扼要地編製成表，還不足以說明其間的關連。布幣是建構先秦史的一員，它本身便具有歷史意涵，例如布幣區形成的時候，意味此區各國有緊密的經濟脈動，後來刀幣區與布幣區互相交流，形成新的混合流通區，這其中便有重要的歷史意義。爲了對散亂的地名做一番有效詮解，筆者擬將確定之城回歸古代地圖，立足於地圖概括的諸國城邑及疆域，對應經典征伐紀錄與礦物分布等資料，結合當今中國地理的知識，抽絲剝繭，尋繹布幣地名的聯繫所在。

以下，筆者擬分域討論各國布幣的幣文及地望，彙整考據的材料眾多，爲綱舉目張，特將諸國幣種錄成表格，方便閱讀。

表 3：東周列國貨幣表

| 國別 | 幣種 | 備註 |
|---|---|---|
| 周 | 早期平肩弧足空首布、晚期平肩弧足空首布 | 晉國魏卿、鄭、衛、宋諸國亦鑄早期平肩弧足空首布 |
| 晉國韓卿 | 斜肩弧足空首布、早期平肩弧足空首布 | |
| 晉國趙卿 | 聳肩尖足空首布 | 衛亦鑄此布 |
| 趙 | 尖足布、類方足布、類圓足布、圓足布、方足布、三孔布 | |
| 魏 | 橋足布、銳角布Ⅰ式、方足布 | |
| 韓 | 銳角布Ⅱ式、方足布 | |
| 燕 | 方足布 | |
| 楚 | 燕尾布 | |

由於原始布種類與數量不多，無法形成完整的序列，在此便先行介紹。迄今已確定的原始布大約 6 件，〔註 1〕殷墟、洛陽、寶雞、鄭州曾出土原始布或工具鏟，數量有限，以傳世品居多。由出土地點判斷，應該是周、鄭、衛諸國之幣。空首大布（特大型布）推定在春秋中期左右，原始布大概可溯源於春秋早期。

## 第一節　空首布系列鑄行地域與年代

春秋空首布地域問題單純，空首大布出土於河南嵩縣一帶，及山西天馬、新絳，應該屬於周室或晉國貨幣。平肩弧足布主要發現在洛陽、孟津、宜陽、

〔註 1〕詳見黃錫全：《先秦貨幣通論》（北京：紫禁城出版社，2001 年 6 月），頁 87。

伊川諸地，爲周室鑄幣，〔註2〕有些單字銘文，不排除是晉、鄭、衛、宋等諸侯國地名。尖足空首布出土於侯馬、運城、稷山、安陽等地，屬晉、衛疆域，所記地名也爲晉邑；仔細地說，晉國趙卿的領邑在晉豫兩省，〔註3〕與此布出土地點大致吻合，〔註4〕戰國時代趙國鑄尖足平首布上承尖足空首布，地理位置也相當，由此可見，尖足空首布爲晉、衛之幣，也是趙卿貨幣。斜肩弧足布發掘於洛陽、鄭州一帶，所記地名多在晉國範圍，晉國韓卿的勢力大約在山西西南、河南中部，〔註5〕也有可能鑄該布。易言之，斜肩弧足布的國別爲晉國，而且也是韓卿貨幣。

大型的空首布流通時代在春秋中晚期至戰國早中期，戰國中期遺址或墓葬，出土的大型布極少，〔註 6〕稍小的尖足空首布II式曾出現於春秋晚期地層。〔註7〕小型空首布則通行於戰國時期。

## 一、周王室

平肩弧足布屬周王室鑄幣，通常是單字銘。由單字判斷地名與否，難度頗高，畢竟訊息過於簡短。因此，僅就較明確的地名（如地圖中有相應地點、

〔註 2〕顧棟高云：「王所有者河内、武涉二縣，及河南府之洛陽、偃師、鞏縣、嵩、登封、新安、宜陽、孟津八縣，汝州之伊陽、魯山，許州府之臨穎縣，與鄭接壤而已。」清・顧棟高輯，吳樹平、李解民點校：《春秋大事表》卷四（北京：中華書局，1993年6月），頁501。

〔註 3〕趙氏勢力大約爲耿、原、屏、樓、绛、邯鄲、晉陽、溫、長子、平陽、寒氏、中牟、臨等地。除了臨在今河北臨城之外，這些地方多在今山西、河南省。詳閱李孟存、李尚師：《晉國史》（太原：山西古籍出版社，1999年9月），頁277。

〔註 4〕1965年山西運城李店鋪出土400枚大型尖足空首布，《晉國史》頁279指出：「魏氏一直以魏、安邑爲中心，占有今山西省運城地區的大部分土地。」（同前註）。黃錫全猜測三卿貨幣差別在肩部，魏氏鑄幣爲平肩弧足空首布（同註1，頁104）。魏氏是否曾鑄聳肩布，或者只鑄平肩布，目前仍不清楚。

〔註 5〕依據《史記・韓世家》、《左傳》等記載，韓原、平陽、陽翟、新鄭都曾爲韓都，反映春秋戰國韓的疆域概況（同註1，頁102）。蔡運章表示：「這種錢幣當是春秋中期晉國勢力越過黃河後，在黃河以南屬地内鑄行的錢幣。戰國以降，韓國承襲其制，斜肩空首布就成爲韓國的重要鑄幣之一。」蔡氏說的晉國越過黃河之事，反映於盧氏布的鑄造，此問題將在盧氏布鑄行年代中作說明。參見蔡運章等：《洛陽錢幣發現與研究》（北京：中華書局，1998年），頁38；李孟存、李尚師：《晉國史》（同註3），頁279～280。

〔註 6〕1978年洛陽西工15廠戰國中期地層發現1883枚空首布，平肩弧足布有1516枚，大型布僅有15枚，其餘皆爲小型布。同註1，頁105。

〔註 7〕同註1，頁105。

見於文獻等等）作解釋，其餘則待將來的突破。

### （一）考　證

早期平肩弧足布當中有一組文字很特殊，分別是少匕市南、少匕市東、少匕市北、少匕市西、少匕市中，〔註8〕《大系》將少匕隸定爲小匕。按裘錫圭的考釋，少匕即少曲，第三字爲市。〔註9〕少，少水也，少曲在《地圖集》少水彎曲處，〔註10〕位在河南濟源附近，離洛陽不遠，春秋時爲周地，戰國屬韓，根據1974年洛陽西工出土報告推斷，布幣埋藏年代在春秋戰國之際，再加上同出者有三川釿、武布等，少曲布可能是周幣。市即官市，爲國家機構，經營陶器、漆器、兵器、貨幣等冶鑄業，一國的官市可能不只一處，必須銘記上「東南西北中」，表示不同方位的官市，或者是同一市中鑄錢作坊的所在地。由這組布可知周朝鑄幣權並非完全掌控於天子，諸侯也可以鑄幣，換言之，鑄幣權下放至少可溯源於春秋周王。

《大系》568武布，何琳儀認爲是「武城」的簡稱，春秋時期有兩個武城，一在晉國，今陝西華縣東方；一在楚國，今河南南陽北邊。〔註11〕朱活在「空首削肩布錢文字」註明武即武遂，位居山西垣曲附近，「鄭州戰國墓空首布」介紹中，又說武在河南武涉西。〔註12〕單憑一個武字，在資料匱乏的情況下，甚難判斷它的確切鑄地，不過，按照武布出土地域顯示，它應該流通於河南省，隸屬周幣。

《大系》632（附圖 41）舊釋官考、官市，馬昂《貨布文字考》云：「經官考定其制，直可通用也。」歸爲秦幣；鄭家相〈上古貨幣推究〉認爲此布是管地所鑄，經考定其制直可通用也，爲鄭幣，此說並無依據。鄭剛則認爲此布與齊刀一樣，都是法定標準之意。〔註13〕左字與考、市不像，應是榦字，

---

〔註8〕李家浩將此組布唸成「少曲市╳」，何琳儀視爲一種讀序變例（傳形），見何琳儀：〈百邑布幣考〉，收於《古幣叢考》（台北：文史哲出版社，民國85年8月），頁104。

〔註9〕參閱裘錫圭：〈戰國文字中的「市」〉，《古文字論集》（北京：中華書局，1992年8月），頁461～463。

〔註10〕譚其驤主編：《中國歷史地圖集》第一冊（上海：地圖出版社，1982年10月），頁35～36。

〔註11〕詳見何琳儀：〈首陽布幣考——兼述斜肩空首布地名〉（同註8），頁65。

〔註12〕詳閱朱活：《古錢新典》（上）（西安：三秦出版社，1991年5月），頁34～35。

〔註13〕鄭剛：〈戰國文字中的同源詞與同源字〉，《中國文字》新二十期（台北：藝文印書館，民國84年12月），頁192。

榦古文爲（中山圓壺），（大系 2341）。右字與官相近，官字古作（平安君鼎），（璽彙 4624），若將此幣釋爲官榦或榦官，缺乏相應地名。查宣字古作（虢季子白盤），（曾子仲宣鼎），與幣文相近，幣文疑是宣字簡省一筆。何琳儀〈燕國布幣考〉認爲榦刀即韓號，因之，此處的榦可讀爲韓。古地圖中並無榦宣，但有韓垣一地，而宣和垣古讀相近。宣古爲心紐元部字，垣爲匣紐元部字，兩字同部。《禮記・檀弓下》：「曹桓公卒於會。」《左傳・成公十三年》曹桓公作曹宣公。《史記・惠景閒侯者年表》：「垣侯賜。」《漢書・景武昭宣元成功臣表》垣作桓。由聲韻和文獻兩項資料判斷，此布可讀韓垣。韓垣在陝西韓城縣西南。

《大系》126（附圖 42）黃錫全隸定朿，讀棘。〔註 14〕古代與棘相關地名有二：一爲衛邑，在河南汲縣南的棘津；一是鄭城，在河南長葛附近的棘城或棘澤。黃錫全以爲朿又可讀爲訾，在河南鞏縣西南，屬周幣，早期平肩弧足布周、鄭、衛、宋、晉皆流通，是故，三地均有可能。〔註 15〕

《大系》641 安周布、645 安臧布分布於河南洛陽附近，應爲周幣。這兩種布似乎不記地名，安周是吉語，願周朝國富安康之意；安臧，一般視臧爲藏，馬昂《貨布文字考》云：「取阜安百物，寶藏興焉之意。」鄭家相〈上古貨幣推究〉將安比附爲安城，此布爲安城之泉。安城在今河南原陽西方，春秋屬鄭，目前安臧布幾乎出現於成周王畿附近，雖然貨幣具有流通性，但是，古代的交通不如今日發達便利，貨幣出土通常在鑄地附近爲多，安臧布的國別尚須更多出土資料印證。

《大系》628（附圖 43）、《辭典》562及 563隸定成卲也，卲古文爲（牆盤），（畐劍）。次字爲地之省筆，同樣的情況亦見於貝地布。「地」爲古地名常見後綴，如貝地、陽地、貫地。地圖中與卲有關的地名即卲亭，屬周室管轄範圍，因之，卲地應是卲亭，在河南濟源西方。

### （二）簡　表

由於布幣所記周室地名以一字爲多，是否眞爲地名不無疑問，就目前所知，除共、寧、凡、周、向等有限地名見錄於文獻或《地圖集》，其餘單字需透過它途尋繹。以下僅列出學界認爲的廿四種周幣，並附上諸侯國鑄幣：

〔註 14〕黃錫全：〈平肩弧足空首布兩考〉，收於《先秦貨幣研究》（北京：中華書局，2001 年 6 月），頁 1～2。

〔註 15〕同前註，頁 2。

表 4：周王室早期平肩弧足布一覽表

| 隸定 | 釋讀 | 編號 | 典　籍 | 地　望 | 備　註 |
|---|---|---|---|---|---|
| 周 | | 160 | | 成周或王城 | |
| 成 | | 169 | | 河南偃師西南 | |
| 凡 | | 178 | | 河南輝縣西南 | |
| 亅城 | | 180 | 《史記・秦本紀》 | 河南南龍門 | |
| 共 | | 189 | 《戰國策・魏策》 | 河南輝縣 | 衛地 |
| 㕣 | 沿 | 205 | | 河南濟源、沁縣 | |
| 侯 | | 207 | | 河南緱氏 | 春秋作侯氏 |
| 室 | | 217 | | 河南太室 | 從黃錫全之說 |
| 爿 | 薔 | 226 | 《左傳・昭公廿三年》 | 河南新安西北 | |
| 倉 | | 261 | | 河南開封西北 | 傳爲鄭莊公築 |
| 勺 | | 265 | | 河南寧陵南 | 宋地，疑爲汋陵 |
| 羽 | | 319 | | 疑爲山西冀城 | 尖足空首布亦有此字 |
| 畲 | 軸 | 358 | 《詩・鄭風・清人》 | 鄭地 | 鄭地 |
| 朿 | | 292 | 《尙書・禹貢》 | 河南溫縣西北 | |
| 向 | | 366 | 《左傳・襄公十一年》 | 河南尉氏西南 | 鄭地 |
| 宋 | | 368 | | 河南商丘 | |
| 智 | | 375 | | 山西虞鄉西北 | 晉地 |
| 京 | | 385 | | 河南滎陽東南 | 鄭地 |
| 曲 | | 400 | | 河南修武北方 | |
| 甘丹 | 邯鄲 | 416 | | 河北邯鄲 | |
| 甘 | | 420 | | 存疑 | 黃錫全以爲韓幣，在河南宜陽 |
| 貢 | 鞏 | 432 | 《史記・周本紀》 | 河南鞏縣 | |
| 卜 | 濮 | 462 | | 河南延津、滑縣 | |
| 嗌 | 隘 | 469 | | 山西曲沃南隘口或靈丘東南隘門 | 黃錫全疑爲晉地 |
| 戈 | | 444 | | 鄭宋之間 | 鄭地 |
| 冬 | 終 | 474 | | 河南嵩縣 | |
| 留 | | 480 | | 河南偃師東南 | |
| 蜚 | 棐 | 501 | 《左傳・文公十三年》 | 河南尉氏西南 | 鄭地 |
| 宁 | | 513 | | 河南獲嘉 | 疑爲魏地 |
| 乍 | | 526 | | 河南延津北 | |
| 爲 | | 534 | | 河南孟津東北 | |

| 鄩釿 | | 557 | | 河南偃師南方 | |
|---|---|---|---|---|---|
| 垝 | | 543 | 《戰國策・魏策》 | 河南浚縣附近 | |
| 治 | | 551 | | 山西治水一帶 | |
| 台釿 | 沿釿 | 554 | | 河南濟源、沁陽 | 與台爲同地之幣 |
| 首陽 | | 587 | 《水經・河水注》 | 河南偃師西北首陽山附近或河南永濟 | |

## 二、晉國韓卿

### （一）考　證

《大系》588 武安布，舊釋在河北武安西南。《中國歷史地名辭典》武安邑下註明爲戰國武安君封邑。然而，戰國時被封爲武安君者共三人：蘇秦、李牧、白起，典籍中不見他們的封邑，可見「武安」只是封號，無實質封地。地圖上，河北武安屬趙邑，但該布形制屬韓幣，地名與形制相左，究竟爲何地鑄造，存疑。另外，還有一種安布，黃錫全認爲是安城之省，但無論由文獻或地圖來看，安城應是魏邑，戰國初年魏國勢強盛，又有自己的貨幣，仿鑄機率低，故安布可能是武安之省。

### （二）簡　表

已確定爲韓卿之幣有五種，一種爲早期平肩弧足布，其餘爲斜肩弧足布：

**表 5：晉國韓卿早期平肩弧足布、斜肩弧足布一覽表**

| 隸定 | 釋讀 | 編號 | 典籍 | 地望 | 年代 | 備註 |
|---|---|---|---|---|---|---|
| 㪷 | 注 | 238 | 《史記・韓世家》 | 河南臨汝西 | | 早期平肩弧足布 |
| 三川釿 | | 567 | 《史記・秦本紀》 | 河南洛陽東 | 635B.C.後〔註 16〕 | |
| 盧氏 | | 587 | 《古本竹書紀年》 | 河南盧氏 | 456B.C.後 | |
| 首陽 | | 587 | 《水經・河水注》 | 河南偃師西北首陽山附近或河南永濟 | | |
| 武采 | | 595 | | 山西垣曲東南 | | |

〔註 16〕晉文公元年之秋，周襄王之弟王子帶叛亂，襄王出奔鄭國，並向晉秦告急，晉國獨自平定王子帶之亂，襄王將王畿所領之陽樊、溫、原、州、陘等八邑賜與晉，這些地方處於黃河以北，太行山以南，稱爲南陽，與盧氏包夾周王室，三川之地便在當中。詳見《史記・晉世家》和李孟存、李尚師的《晉國史》（同註 3），頁 93～95。

## 三、晉國趙卿

### （一）考　證

尖足空首布通常無文，目前確知的地名只有四個。《大系》711 隸定爲幺金（附圖 44），何琳儀考訂爲百邑，今從黃錫全釋爲玄金。尖足空首布有一系列玄字布，如玄、玄人、玄口、玄金鋘，可能都是泫氏所鑄之貨幣。泫氏因泫水得名。《水經・泫水注》引《竹書紀年》：「晉烈元年，趙獻子城泫氏。」玄金是泫氏或泫水一帶的布幣，在今山西高平。

《大系》709□□□黃釿（附圖 45），出土於山西侯馬，拓片十分模糊，前三字有「平犢冥」、「新晉共」兩種釋讀，黃錫全考定爲亥盾□黃釿，亥盾即狐廚，在今晉陽臨汾西北。〔註 17〕黃釿布的出土披露「釿」在春秋晚期已出現於貨幣，黃通衡，《禮記・檀弓上》：「今也衡縫。」鄭注：「衡讀爲橫，音黃。」又《禮記・緇衣》言：「狐裘黃黃。」鄭注：「黃，徐本作橫。」黃釿，讀爲衡釿，表示某地所鑄之布幣等値於一釿，這是目前所知最早的記値布。

《大系》704、705，圖版模糊，存疑。《大系》706、709，《三晉貨幣》頁 32、《錢幣》1997.2.□金，《內蒙古》2000 年增刊 1 宎布，黃錫全〈尖足空首布新品"禹主"考〉附圖喜金、止金布，意義不明，待定。

### （二）簡　表

晉或衛的聳肩尖足布確定的地名有卅六處，其中甘丹□、玄□布文字隸定尚有困難，但依其他相關資訊顯示，該二布亦屬趙國布。茲將卅六種尖足空首布表列如下：

表 6：晉、衛尖足空首布一覽表

| 隸定 | 釋讀 | 編　號 | 典　　籍 | 地　　望 | 年　代 | 備註 |
|---|---|---|---|---|---|---|
| 日 | 涅 | 702 | | 山西武鄉西北 | | I 式 |
| 甘丹〔註 18〕 | 邯鄲 | 707 | 《左傳・定公十三年》 | 河北邯鄲西南 | 497B.C.〔註 19〕 | II 式 |

〔註 17〕詳見黃錫全：〈晉國尖足空首布三考〉（同註 14），頁 6～7。

〔註 18〕表 4 與表 7 均有甘丹，疑因時代遷變，甘丹易主，故製作不同形制布幣。

〔註 19〕邯鄲在河北省，趙襄子時已納入晉國版圖，《晉國史》：「趙氏在前 497 年范氏、中行氏之亂前，統置中心已移至晉陽（太原）、邯鄲。」（同註 3，頁 493）。春秋的下限在 476B.C.，邯鄲布的鑄造，當在 497B.C.左右，即春秋晚期。

| 呂 | | 辭典 659 | 《後漢書·郡國志》 | 山西霍縣西南 | 621B.C.後〔註 20〕 | I 式 |
|---|---|---|---|---|---|---|
| 申 | 疑讀壽 | 三晉貨幣頁 32 | | 山西壽陽南方壽水 | | I 式 |
| 阜人 | 疑爲釜 | 新典頁 39 | | 河北磁縣釜陽河一帶 | | II 式 |
| 甘丹□ | | 中國錢幣博物館 | | | | II 式 |
| 剌人 | 列人 | 錢幣 1993.2. | 《竹書紀年》 | 河北肥鄉東方 | 497B.C.〔註 21〕 | II 式 |
| 玄人 | | 錢幣 1995.2. | 《竹書紀年》 | 泫地 | | II 式 |
| 梁 | | 錢幣 1995.2. | | 山西長子東方梁水 | | II 式 |
| 玄 | 泫 | 錢幣 1997.2. | 《竹書紀年》 | 泫地 | | II 式 |
| 金 | | 錢幣 1997.2. | 《竹書紀年》 | 泫地 | | II 式疑玄金省 |
| 玄□ | | 錢幣 1997.2. | 《竹書紀年》 | 泫地 | | II 式 |
| 玄○ | | 錢幣 1997.2. | 《竹書紀年》 | 泫地 | | II 式 |
| 玄金鍨 | | 錢幣 1997.2. | 《竹書紀年》 | 泫地 | | II 式泫地標準幣 |
| 茲金 | | 錢幣 1997.2. | | 山西汾陽南方 | | II 式 |
| 涅金 | | 錢幣 1997.2. | | 山西武鄉西北 | | II 式 |
| 文 | | 錢幣 1997.2. | | 疑在山西吉縣西北 | | II 式 |
| 工 | 疑讀絳 | 錢幣 1997.2. | | 侯馬新田遺址 | | II 式 |
| 羽〔註 22〕 | 疑讀翼 | 錢幣 1997.2. | | 山西翼城東南 | | II 式 |
| 朕 | 疑讀陘 | 錢幣 1997.2. | | 山西曲沃西北 | | II 式 |

〔註 20〕 呂布在霍縣西，霍縣在襄公末年（627～621B.C.）入晉，所以，此布應在 621B.C.後。

〔註 21〕 剌人布位在河北肥鄉，地臨邯鄲，流通時間與邯鄲布接近。

〔註 22〕 表 4 亦有羽布，若考證無誤，羽地造兩種布幣應是時間前後關係，羽先是周地，後來爲晉地。

| 侯〔註 23〕 | | 錢幣 1997.2. | | 河南武涉西南 | | II式 |
|---|---|---|---|---|---|---|
| 吅 | 讙 | 錢幣 1997.2. | | 山西垣曲東南 | | II式 |
| 己 | | 錢幣 1997.2. | | 山西蒲縣或太谷 | | II式 |
| 下帶 | 下虒 | 錢幣 2000.2. | 《漢書·地理志》 | 山西襄垣西北虒亭 | | II式 |
| 重以黃釿 | 董澤黃釿 | 內蒙古 1998 年增刊 1 | 《左傳·宣公十二年》 | 山西聞喜東北 | | II式重以可能非地名 |
| 疾 | 疑爲稷 | 內蒙古 1998 年增刊 1 | | 山西稷山西南 | | II式 |
| 澗 | | 內蒙古 1998 年增刊 1 | | 山西洪洞汾河支流澗水一帶 | | II式 |
| 莧 | 原 | 內蒙古 1998 年增刊 1 | | 河南濟源西北 | | II式 |
| 巽止 | 疑爲即郇 | 內蒙古 1998 年增刊 1 | | 山西新絳西方 | | II式 |
| 乘 | 徵 | 內蒙古 2000 年增刊 1 | | 陝西澄縣西南 | | II式 |
| 刑 | 即邢或耿 | 內蒙古 2000 年增刊 1 | | 山西河津西南或河北刑台 | | II式 |
| 大金 | 大陰 | 內蒙古 2000 年增刊 1 | | 山西霍縣西南 | | II式亦見於尖足布 |
| 厷 | 疑爲弘農急讀 | 內蒙古 2000 年增刊 1 | | 河南靈寶北方 | | II式 |
| 屠 | | 內蒙古 2000 年增刊 1 | 《詩·大雅·韓奕》 | 陝西合陽東方 | | II式 |
| 得 | 涉 | 內蒙古 2000 年增刊 1 | | 河北涉縣西北 | | II式 |
| 禺主 | 句注 | 故宮院刊 2000.6. | 《史記·趙世家》 | 山西代縣西方 | | II式 |

〔註 23〕表 4 亦有侯布，但兩地相距甚遠，爲同名異地。

## 第二節　尖足布系列鑄行地域與年代

目前所見平首尖足布皆是趙國特有的布幣形式，而且，地望資料豐富，其中有部分地名辨認歸屬工作仍持續進行，絕大多數的城池在古代地圖上找不到相應位置，必須透過假借或異文等方法重新出發。關於尖足布的鑄行年代，由晉陽布（趙簡子之都城）的發現可知上限在戰國早期，邯鄲於 228B.C. 陷秦，故其下限在戰國晚期。類方足布及類圓足布多爲半釿布，表示它們流通時間晚於尖足布，加上所記地點成襄、武安都在邯鄲附近，推測其年代是戰國中期到晚期。類圓足布不見圓足布地名藺與離石，因此，它的年代可確定在 281B.C.之後。

### （一）考　證

《大系》1042 西都布，何琳儀歸爲地望不詳，但是，高士奇曾指出：

> 《史記・秦本紀》:「惠文君後九年伐趙，取中都、西陽、安邑。」〈六國表〉趙武靈王十年：「秦取我中都、西陽、安邑。」而〈趙世家〉則云：「秦取我西都即中陽。」一事而互異，蓋世家誤也。《史記》正義世家註：「西都即中都，中陽即西陽是矣。」……今中都古城在汾州府平遙縣西十二里，西南至介休五十里。〔註24〕

由此可知，中都亦稱西都，中陽又喚西陽，西都在今山西平遙西方，中陽位於山西中陽縣。西都在 316B.C.入秦，布幣應鑄於此前。

《大系》1065 于布（附圖 46），于在文獻中查無此地，盂從于得聲，兩字均爲匣紐魚部字，《左傳・哀公十五年》:「盂黶。」杜注：「盂音于。」《太平御覽・戟部》:「盂作于。」于即盂，盂在今山西陽曲北方。

《大系》1084 藿人布（附圖 47），藿從霍聲，兩字均爲曉紐鐸部字，藿人讀爲霍人，《左傳・襄公十年》:「晉滅偪陽，使周內史選其族嗣，納諸霍人。」何琳儀認爲霍人在山西繁峙東南，觀《地圖集》頁 22～23 霍人位在繁峙東面。

《大系》1111 襄洹布（附圖 48），舊釋商烏。查洹字古文作[古文字]（前 6.60.3），[古文字]（洹秦簋），與次字幣文形近，此布爲襄洹布。《史記・樊酈滕灌列傳》:「攻其前拒。」《集解》引徐廣曰：「（拒）一作和。」《索隱》:「《漢書》作『前垣』。」又《書・禹貢》:「和夷底績。」鄭注：「和讀曰洹。」和古讀匣紐歌部，洹、

〔註24〕清・高士奇：《春秋地名考略》（二）卷五，收於《四庫全書珍本》（台北：台灣商務印書館，日期不詳），頁 13。

垣皆是匣紐元部字，三字爲同一聲紐，韻部主要元音相同，因此，襄洹可讀爲襄垣，在今山西襄垣北方。

《大系》1112 平匋布（附圖 49），次字或釋周。查匋之古文作㚇（能匋尊），㚇（璽彙 3468），㚇（古匋），將圓點拉長成一橫畫是爲常例，職是，次字應爲窑字。由古文字知窑可寫作匋，而《說文義證・缶部》:「陶當爲匋。」匋又可作陶。平匋即平陶，在山西文水西南。1141～1147 爲類方足布，1148 爲類圓足布，平匋曾經鑄造多種布幣，應是規模不小的城邑。

《大系》1202 陽也布（附圖 50），此布釋讀可參考貝地布，貝地或省爲貝也，地爲後綴，陽也亦應陽地之省。據《史記》集解云:「陽地，濮陽之地。」濮陽先屬衛，後歸趙，因〈趙世家〉記敬侯四年曾「築剛平以侵衛。」濮陽在剛平南邊，這一帶曾爲趙域。又河北高陽與饒縣之間也有陽地，亦屬趙國，陽地布確切地望可能是二者之一。

何琳儀〈尖足布幣考〉頁 131 收錄一枚百陽布（附圖 51），劉心源釋成陽金，陽邑之幣。《孟子・萬章上》:「百里奚。」《韓非子・難言》作伯里奚。百、伯均是幫紐沒部字，百陽即是伯陽。〈趙世家〉惠文王「十七年，樂毅將趙師攻魏伯陽。」《括地志》:「在相州鄴縣西五十五里。」伯陽於 282B.C.入趙，地在今河南安陽西北方。

《大系》1208 有城父、尹城兩釋（附圖 52），筆者認爲宜釋「父城」。父字古作手持物狀，尖足布的讀序通常是由右向左讀，若是「城父」則爲變例。父爲並紐魚部字，武爲明紐魚部字，聲紐皆屬重唇音，韻部相同。《詩經・大雅・下武》:「繩其祖武。」《後漢書・祭祀志》劉昭引作「愼其祖父」。兩字可通假，父城讀爲武城，在河北武城東北方。

《大系》1209 日布（附圖 53），何琳儀認爲與涅方足布爲同地。此布日寫作○，通常日字中間會有一短橫，然幣文屢見減省筆畫現象，透過星字亦可見出端倪，星作㞷（拍敦），日呈倒碗形，省略了短橫。涅從日得聲，幣文簡省形符，只寫聲符，如同榆即首字寫作俞，邪山首字作牙。日即是涅字之省，涅位於山西武鄉西北。尖足布屬趙，銳角布屬韓，戰國都城朝遷夕改的情形可見一斑。

《辭典》409（附圖 54），良之古文作㚇（璽彙 2713），㚇（信陽 2.03），與銘文左旁形近，此字應隸定爲郎。何琳儀認爲郎讀爲唐。郎爲來紐陽部字，唐爲定紐陽部字，兩字同部；又《水經・滱水注》:「今此城於盧奴城北如西六十里，城之西北，泉源所導，西逕郎山北。郎唐音讀近，實兼唐水之傳。」《戰國策・齊策二》:「趙可取唐、曲逆。」皆爲郎讀爲唐之證。唐在河北唐縣東北，屬中山國境，趙滅中山爲 296B.C.，此幣應鑄於該年後。

《大系》1213 類圓足布（附圖 55），何琳儀釋爲余水，讀塗水，在山西榆次西南。筆者以爲余、水應合爲涂字，如涅方足布部件亦分布於中線兩旁，仍讀爲涅，榆次附近即有涂與涂水，因此，直接隸定成涂較恰當。

《辭典》390（附圖 56）、394（附圖 57）、447（附圖 58）三銘似有相關。查耿作（古鉢），耴作（侯馬 30.8），（曾侯乙 143），輒作（秦簡 10.1），可見幣文左半部應爲耳字，則 390 可釋爲耶，447 釋爲耴，394 右半部疑爲女。文獻中有「耴耳」，如《淮南子・墜形》:「夸父耴耳在其北方。」《廣韻》:「耴耳，國名。」耴耳與這些布幣是否相關，尚有疑慮。

《大系》1000□止、1082 亲□、1214 類方足布□戒，拓圖不清；《辭典》1225□邑，《三晉》頁 131 待定。《辭典》347 疑爲曲，圖爲摹本，又無紋線，眞僞待考。黃錫全〈平首尖足布新品數種考述〉考定一枚若布，疑爲駱，屬定襄郡。

## （二）簡　表

迄今確定的尖足布有三十種：

**表 7：趙國尖足布一覽表**

| 隸定 | 釋讀 | 編號 | 典　　籍 | 地　　望 | 年　代 | 備　　註 |
|---|---|---|---|---|---|---|
| 郎 | 唐 | 409 | 《水經・滱水注》 | 河北唐縣東北 | 296B.C.後 | |
| 閔 | 藺 | 713 | 《史記・趙世家》 | 山西離石西 | 328B.C. 前或 313B.C.前〔註 25〕 | 一釿、半釿 |
| 茲氏 | | 732 | 《史記・樊酈滕灌列傳》 | 山西汾陽南 | 282B.C.前 | 一釿、半釿。有類方足布和類圓足布 |
| 大阴 | 大陰 | 815 | 《左傳・僖公十五年》 | 山西霍縣南 | | 一釿、半釿。有類方足布和類圓足布 |

〔註 25〕秦惠文王十年（328B.C.）取趙藺、離石，更元十二年（313B.C.）樗里疾取藺。藺及離石尖足布鑄於 328B.C.前或 313B.C.前，爲戰國中期布。

| | | | | | | |
|---|---|---|---|---|---|---|
| 邪 | | 876 | 《漢書・地理志》 | 陝西榆林一帶 | | 一釿、半釿。有類圓足布 |
| 甘丹 | 邯鄲 | 894 | 《左傳・定公十三年》 | 河北邯鄲西南 | 228B.C.前 | 半釿 |
| 晉易 | 晉陽 | 903 | 《左傳・定公十三年》 | 山西太原南 | 246B.C.前 | 一釿、半釿。有類圓足布 |
| 榆即 | 榆次 | 948 | 《竹書紀年》 | 山西榆次北 | 248B.C.前 | 一釿、半釿。有類方足布 |
| 易匕 | 陽曲 | 965 | 《漢書・地理志》 | 山西定襄東 | | 一釿、半釿。有類圓足布 |
| 膚虎 | 慮虒 | 984 | 《漢書・地理志》 | 山西五臺東北 | | 一釿、半釿。有類方足布 |
| 易邑 | 陽邑 | 982 | 《竹書紀年》 | 山西太谷東北 | | 半釿 |
| 繁止 | 繁畤 | 1000 | 《漢書・地理志》 | 山西渾源西南 | | 半釿 |
| 武平 | | 1001 | 《史記・趙世家》 | 河北文安北 | 278B.C.左右 | 半釿 |
| 武安 | | 1002 | 《戰國策・秦策》 | 河北武安西南 | 259B.C.前 | 半釿。有類方足布 |
| 北茲 | | 1027 | 《史記・樊酈滕灌列傳》 | 山西汾陽南 | 282B.C.前 | 半釿。有類圓足布。北茲即茲氏 |
| 中陽 | | 1034 | 《史記・趙世家》 | 山西中陽 | 316B.C.前 | 半釿 |
| 壽险 | 壽陰 | 1054 | | 山西壽陽南方 | | 半釿 |
| 鷟石 | 離石 | 1060 | 《史記・趙世家》 | 山西離石 | 328B.C.前或313B.C.前 | 半釿 |
| 亲成 | 新城 | 1073 | 《史記・秦本紀》 | 山西朔縣南 | 247B.C.前 | 半釿 |
| 大亓 | 大箕 | 1083 | 《春秋・僖公三十二年》 | 山西太谷東 | | 半釿 |
| 成襄 | 城鄉 | 1094 | 《漢書・地理志》 | 河北邢台東南雞澤一帶 | 296B.C.後 | 半釿，傳形，有類方足布 |
| 平襄 | 平鄉 | 1109 | 《漢書・地理志》 | 河北平鄉西南 | 296B.C.後 | 半釿，傳形 |
| 平州 | 平周 | 1149 | 《路史・國名紀》 | 山西孝義西南 | | 半釿 |
| 郛 | | 1184 | 《漢書・地理志》 | 山西神池東北 | | 半釿，有類圓足布 |

| 梈 | 崞 | 12 | 《漢書・地理志》 | 山西渾源西 | | 半釿，山西柳林出土 |
|---|---|---|---|---|---|---|
| 鄤𨚗 | 鄤釚 | 1211 | 《顏氏家訓・勉學》 | 山西平定東南 | | 半釿 |
| 大陽 | | 發展史頁 221 | 《漢書・地理志》 | 山西平陸西南 | | 《中國歷史地理辭典》頁 31 |
| 欒成 | | 新探 69 | 《史記・高祖功臣侯者年表》 | 河北趙縣西 | 296B.C.後 | 依黃錫全之說 |
| 博 | | 陝西 1990.8 | 《漢書・地理志》 | 河北深縣或陝西境內 | | 半釿 |
| 皇城 | | 山西頁 25 | | 山東冠縣南 | | |
| 婁番 | 樓煩 | 中國錢幣博物館 | | 山西寧武附近 | | 半釿 |
| 臼 | 疑臼城 | 辭典 348 | 《左傳・僖公二十四年》 | 山西新絳附近 | | 半釿，臼城即臼衰 |
| 中都 | | 辭典 369 | 《史記・趙世家》 | 山西平遙西 | 316B.C.前 | 半釿 |
| 皮氏 | | 辭典 389 | 《史記・魏世家》 | 山西河津西方 | | 半釿 |
| 安平 | | 辭典 391 | 《史記・趙世家》 | 河北安平 | 296B.C.後 | 半釿 |
| 宁 | 賈 | 辭典 410 | 《左傳・桓公九年》 | 山西襄汾西南 | 296B.C.後 | 半釿 |
| 莆子 | | 辭典 460 | 《漢書・地理志》 | 山西隰縣北方 | | 半釿 |
| 坙城 | 欒城 | 辭典 476 | 《史記・高祖功臣侯者年表》 | 河北趙縣西 | 296B.C.後 | 半釿 |
| 奴邑 | | 辭典 1222 | | 河北懷來茹 | | 半釿 |
| 襄城 | | 辭典 1223 | | | | 半釿，疑成襄的倒書 |
| 鱅虍 | 鮮虞 | 辭典補遺 1219 | 《公羊・定公四年》 | 河北新樂附近 | | 半釿，類方足布 |

# 第三節　方足布系列鑄行地域與年代

方足布是最具活力的布幣，由於形制與重量的優勢，使得它備受各國青睞，和其他系列相較起來，方足布國別問題複雜許多，千頭萬緒，唯有依照銘文風格及所屬地區諸條線索，抽絲剝繭，將數以千百的方足布逐一歸類，找出原屬國。大抵上，方足布鑄國有東西周〔註 26〕、韓、趙、魏、燕、楚等

〔註 26〕戰國時代的西、東周，與西周、東周分野指涉不同，前者意指周考王封弟揭

國，其中，周與三晉本屬布幣流通區，燕為刀幣區，楚幣自成一系，燕楚受布幣區影響才嘗試造方足布。

方足布中安陽、郛、邙、封邑有大型布，大型布早於小型布，它們是判斷上限的重要材料。內蒙古包頭與涼城分別出土安陽布範，西安陽在包頭附近，惠文王廿四年（275B.C.）入趙，東安陽屬代郡，在惠文王三年（296B.C.）歸趙。魏惠王九年（361B.C.）遷大梁，是為郛布上限。邙布為趙國代之幣，代在280B.C.被白起攻破。周於顯王二年（367B.C.）分裂為二。整體而言，方足布的鑄行上限可推至367B.C.，下限則在221B.C.。

## 一、東西周

東西周的疆域甚小，勢力衰落，鑄幣事業與國力強弱關係密切，因之，周王室能鑄的貨幣有限，迄今可確定者如下：

表8：東西周方足布一覽表

| 隸定 | 釋讀 | 編號 | 典籍 | 地望 | 年代 | 備註 |
|---|---|---|---|---|---|---|
| 巨子 | 陽渠 | 1527 | 《左傳・昭公廿六年》 | 河南洛陽北方 | 367-256B.C. | 西周 |
| 鄙〔註27〕 | | 1678 | 《詩・王風・丘中有麻》 | 河南偃師西南 | 367-256B.C. | 西周 |
| 仁氏 | | 1952 | 《漢書・地理志》 | 河南偃師西方 | 367-249B.C. | 東周 |
| 尋土 | | 2011 | | 河南鞏縣西南 | 367-249B.C. | 東周，從黃錫全考證 |
| 東周 | | 2281 | 《史記・周本紀》 | 河南鞏縣西 | 367-249B.C. | 東周 |
| 王城 | | 先秦編頁272 | | 河南洛陽王城公園一帶 | 367-256B.C. | 西周 |
| 尾尋 | | 三晉頁129 | 《左傳・昭公十二年》 | 河南偃師東北 | 367-249B.C. | 東周 |
| 北尋 | | 新典頁49 | 《水經・洛水注》 | 河南偃師東北 | 367-249B.C. | 東周 |

於河南王城，史稱西周桓公，桓公孫惠公立再封其弟少子於鞏，為東周惠公。時為周顯王二年（367B.C.）。戰國周室國土狹隘，僅領七邑：河南、穀城、緱氏（以上屬西周）、洛陽、平陰、偃師、鞏（以上屬東周）。

〔註27〕表4也有留，早期留地鑄平肩弧足空首布，戰國歸屬西周，改鑄方足布。

## 二、韓　國

韓國在諸雄裡國勢居中，領土包括山西南部，河南北部、西北部一帶，籠罩周王室。韓國幣種單純，方足布爲最普遍的貨幣，其中，又以宅陽布數量較多，特別地，尙子布和趙國長子布同爲一地，寫法卻截然不同，顯示三晉雖爲同源，文字上自有區別。

### （一）考　證

《大系》1689 首字作，1690 作，1691 作，1692 作，1693 作，1694 作，《辭典》274 作，襄成布成字作，，，與上述字形相似，《大系》或《辭典》戈字寫法省略數筆，所從丨、丁移位或省略，它們仍然是成，此布可隸定爲成陽布。〔註 28〕戰國有四處成陽，分屬韓魏齊楚，比較可能鑄方足布的是韓魏兩國，在此暫歸類爲韓幣。

《大系》1695 尹陽布（附圖 59），1696 首字作，查尹之古文爲（前 7.32.3），（頌鼎），像以手持物狀，銘文第三短橫收縮筆畫，仍爲以手持物狀。伊古讀定紐脂部，尹古讀定紐眞部，聲紐相同，又《書・周書・洪範》：「鯀陻洪水。」《漢石經》：「陻作伊。」高亨以爲尹、陻通假，〔註 29〕尹陽可讀成伊陽。韓國伊水邊有伊闕；或者尹陽爲尹邑之陽，尹邑在河南宜陽西北。兩地均爲韓邑。

《大系》1953～1957 舊釋烏壤，1953 次字作，1957 次字作，應是邘字，〔註 30〕該布形制與 1950 於疋布相同，首字寫法亦接近，應是同一款布幣。於邘布文例特殊，由左向右讀。於邘，即於疋，黃錫全認爲於疋在山西沁縣西方。

《三晉》頁 108、109 收有□陽布（附圖 60），黃錫全考訂爲比陽，位居南陽郡泌陽附近。韓國國境最南到漯河市東的陘山，〔註 31〕泌陽已經入楚，所以，該文不會是比陽。朱華將此布置於宅陽布中，它們應該有關連，細審幣文，上從厂，古文字從厂從宀可通，此布應爲宅陽的訛變。

---

〔註 28〕參見黃錫全：〈古幣三辨〉（同註 14），頁 112～113。
〔註 29〕高亨編著、董治安整理：《古字通假會典》（濟南：齊魯書社，1989 年 7 月），頁 118。
〔註 30〕黃錫全以爲幣文借用了中線與襠線。見黃錫全：〈古幣三辨〉（同註 14），頁 113。
〔註 31〕參見《戰國策・韓策一》：「蘇秦爲楚合從說韓王曰：『韓北有鞏、洛、成皋之固，西有宜陽、常阪之塞，東有宛、穰、洧水，南有陘山。』」

黃錫全認爲韓趙魏均有安陽，安陽布數量龐大，韓國可能曾鑄此款布。〔註 32〕

## （二）簡　表

依據各家考定無誤者如下：

表 9：韓國方足布一覽表

| 隸定 | 釋讀 | 編號 | 典　　籍 | 地　望 | 年　代 | 備　註 |
|---|---|---|---|---|---|---|
| 郻水 | 長水 | 1519 | 《讀史方輿記要》 | 河南盧氏東南 | | |
| 屯留 | | 1666 | | 河南屯留東南 | 263B.C.前 | |
| 陽城 | 陽城 | 1688 | 《史記・韓世家》 | 河南登封東南 | 386-256B.C. | 從黃錫全之年代 |
| 馬雍 | | 1697 | | 臨近黃河之城〔註 33〕 | | 「馬雍令戈」屬韓兵器 |
| 平陽 | | 1730 | | 山西臨汾西南 | 272B.C.前 | 韓趙魏均有平陽 |
| 平氏 | | 1811 | | 河南桐柏西 | | |
| 涅〔註 34〕 | | 1887 | 《水經・濁漳水注》 | 山西武鄉西北 | | |
| 零 | 路 | 1932 | 《史記・魯世家》 | 山西潞縣東北 | | 地屬韓趙魏交界 |
| 郲 | | 1994 | 《左傳・隱公十一年》 | 河南鄭州西北 | | |
| 郯 | | 2019 | | 不詳 | | |
| 宅陽 | | 2023 | 《史記・韓世家》 | 河南滎陽北 | | 一名北宅 |
| 郐 | 怡 | 2213 | 《路史・後記》 | 河南中部 | | 依何琳儀的地望 |
| 唐是 | 陽氏 | 2256 | 《左傳・昭公廿八年》 | 山西洪洞東南 | | |

〔註 32〕同註 1，頁 16。

〔註 33〕吳榮曾以爲《爾雅》說「江有沱，河有灉，汝有濆。」就是說凡黃河之旁的肥美平原皆可稱之爲雍，故《左傳》中的衡雍，戰國時的河雍、垣雍都在黃河沿岸。見吳榮曾：〈若干戰國布錢地名之辨釋〉，收於《先秦兩漢史研究》（北京：中華書局，1995 年 6 月），頁 176。

〔註 34〕表 6 有涅金，春秋晉涅地鑄聳肩尖足空首布，戰國歸屬韓國，改鑄方足布。

| | | | | | | |
|---|---|---|---|---|---|---|
| 鄹 | 注 | 2264 | 《史記・魏世家》 | 河南臨汝西 | | |
| 郶 | 鄐 | 2277 | 《左傳・僖公卅三年》 | 河南新鄭西北 | | |
| 邟 | 汾 | 2279 | 《史記・韓世家》 | 河南侯馬西北 | 264B.C.前〔註35〕 | |
| 㴇 | 舟 | 2284 | 《國語・鄭語》 | 河南新鄭附近 | | 依何琳儀的地望 |
| 宜陽 | | 辭典164 | 《史記・韓世家》 | 河南宜陽西 | 307B.C.前 | |
| 郒氏 | 綸氏 | 辭典252 | 《竹書紀年》 | 河南登封西南 | 261B.C.前 | 從黃錫全之年代 |
| 㡀子 | 尙子 | 辭典299 | 《竹書紀年》 | 山西長子東南 | 359B.C.後 | 尙子即長子 |
| 郱 | | 百科4276 | | 河南宜陽西北 | | 《中國歷史地名辭典》頁150「尹邑」 |
| 四陽 | 汜陽 | 中原文物1985.2. | | 河南滎陽西北 | | 鄭州出土 |

## 三、魏　國

戰國初年魏是最富強的國家，可惜疆土曲折不全，城池分散，由幣文可知，它跨越了陝西、山西、河南、河北、山東五省，中夾韓國，鑄造方足布的都邑不在少數，魏布文字十分精簡，尙未定案的布幣也比較多。

### （一）考　證

《大系》1715 咎奴布簡省寫法見於《辭典》98、99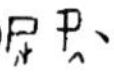、100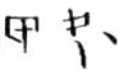、101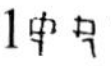，咎字省略口，《文編》釋爲咎奴無誤。

《大系》1868 秎布（附圖 61），禾字又見於橋足布，多數的禾字寫作（甲392），（昌鼎），少數寫成（鄂君啓節），秋字作（璽彙 4430、4432），布幣寫法作彎曲筆畫，屬於變例。《國語・晉語八》：「范宣子與和大夫爭田。」

〔註35〕《史記・白起王翦列傳》記載「昭王四十三年（264B.C.），白起攻韓陘城，拔五城，斬首五萬。」陘城、汾城在汾水兩側，汾城應已陷落。257B.C.秦伐邯鄲，即以汾城爲基地。

禾、和爲匣紐歌部字。異文方面，《史記・楚世家》：「熊元。」《世本》作熊完。《左傳・昭公二十年》：「澤之萑蒲。」《風俗通・山澤》引萑作莞。《說文・萑部》：「萑讀若和。」元爲疑紐元部字，與禾、和的聲紐同屬牙喉音。邾可讀祁，《左傳・文公四年》：「晉侯伐秦，圍祁、新城。」祁在陝西澄城南方。

《辭典》65（附圖 62）何琳儀釋爲毌它。毌之古文作（一期乙 5248），（小盂鼎），毌當爲貫之初文；次字的寫法同貝地布，它、也又爲一字分化。〔註 36〕因此，幣文可直接隸定成毌也或毌它，讀爲貫地。古代地名「╳地」，地類似後綴，如貝地又稱貝、貝丘，所以，貫地亦可稱爲貫或貫丘。《春秋・僖公二年》：「秋九月齊侯、宋公、江人、黃人盟於貫。」《史記・田敬仲完世家》：「伐衛，取毌丘。」《索隱》：「毌，音貫，古國名，衛之邑。」《括地志》：「故貫城即古貫國，今名蒙澤城，在曹州濟陰縣南五十六里也。」貫地位於山東曹縣。

《辭典》136〔註 37〕舊釋交字（附圖 63），爲交剛所鑄之幣；何琳儀隸定爲叜，爲瑕的初文，查瑕古文作（粹 948），（合集 34103），（頌鼎），與幣文不像，何氏舉出〈函皇父簋〉說明幣文的演變源由，十分牽強。〔註 38〕因之，該字釋讀及所屬地望，均待研究。

《辭典》148（附圖 64）首字應爲璽字，次字疑爲句。璽之古文作（璽彙 4690、0341、4618）。句古文作（前 8.4.8），（鬲从盨），幣文的口寫成◊，筆畫隨意，不作曲筆。黃錫全考定其地在山東曹縣西北、菏澤西南一帶，爲魏幣。〔註 39〕

《辭典》150 酉棗布（附圖 65），酉古文作（乙 6718），（璽彙 2081），（陶文編 14.100 酷字偏旁），棗字古文爲（馬王堆病方 242），從二來，來之古文寫作（陶彙 1.57），（商鞅方升），（作冊大鼎）。是故，幣文隸定爲酉棗無誤。古有酸棗一地，如《左傳・襄公三十年》：「馴追近之，及酸棗。」杜注：「酸棗，陳留縣。」在河南延津西南方。酉古爲曉紐幽部，酸則爲心紐幽部，古音同部，聲紐均屬牙喉音，幣文的寫法爲省形，如同晉陽作晉昜，邯鄲作甘丹。酉棗可讀爲酸棗。酸棗於始皇五年（242B.C.）被破，爲布幣下限。

---

〔註 36〕參見何琳儀：〈貝地布幣考〉（同註 8），頁 143～150。

〔註 37〕此布由於是摹本，紋飾不清，看似方足布，又像類方足布，黃錫全《先秦貨幣通論》歸爲尖足布序列，本論文則暫歸方足布序列。

〔註 38〕詳見何琳儀：〈魏國方足布四考〉（同註 8），頁 205～207。

〔註 39〕黃錫全：〈古幣六考〉（同註 14），頁 104～105。

《辭典》151 郋布（附圖 66），隹字古文作[illegible]（乙 660），隻字作[illegible]（一期前 3.33.6），[illegible]（一期乙 184），幣文隸定爲郋無誤。古代地名字常加邑旁，因之，郋即隹。《老子》八章：「夫唯不爭。」《古文四聲韻》惟下註明《道德經》作隹。《易・豐》：「雖旬无咎。」《音訓》：「雖，晁氏曰：『古文本作惟。』」隹爲端紐微部字，雖是心紐微部字，兩字同部，隹可讀爲雖。《路史・國名記》甲十八：「雖，開封長垣近須城是衛。」在今河南長垣東北。

《辭典》329（附圖 67）舊釋燕邑，何琳儀釋爲郥，幣文上從日，日字從一從口，爲分割筆畫，〔註 40〕但日之古文未見有類似寫法，此字的隸定仍須研究。

### （二）簡　表

學者確定的魏方足布地名有十八種，羅列如下：

表 10：魏國方足布一覽表

| 隸定 | 釋讀 | 編號 | 典籍 | 地望 | 年代 | 備　註 |
|---|---|---|---|---|---|---|
| 庄陽 | 堵陽 | 1206 | 《漢書・地理志》 | 河南方城 | | 從何琳儀的地望 |
| 莆子 | 蒲子 | 1540 | 《漢書・地理志》 | 山西隰縣附近 | 312-238B.C. | 1539 黃錫全疑爲韓仿鑄 |
| 成陽 | | 1689 | 《史記・貨殖列傳》 | 山東荷澤東 | 254B.C.後 | |
| 咎奴 | 咎如 | 1715 | 《左傳・僖公廿三年》 | 陝西延安 | 328B.C.前或 312B.C.前 | |
| 奇氏 | | 1723 | | 山西臨猗南方 | | |
| 甲父 | | 1813 | 《左傳・昭公十六年》 | 山東金鄉南方 | | 從何琳儀的地望 |
| 高都 | | 1906 | 《史記・秦本紀》 | 山西晉城 | 247B.C.前 | |
| 盧陽 | 魯陽 | 1958 | 《史記・楚世家》 | 河南魯山 | | 或有山西平陸一說 |
| 鄗氏 | 泫氏 | 1980 | 《竹書紀年》 | 山西高平 | | |

〔註 40〕參閱黃錫全〈先秦貨幣文字形體特徵舉例〉，收於《于省吾教授誕辰 100 周年紀念文集》（長春：吉林大學出版社，1996 年 9 月），頁 207～208。

| 梁邑 | 梁 | 2151 | 《史記・魏世家》 | 河南開封 | 361-225B.C | |
|---|---|---|---|---|---|---|
| 皮氏 | | 2187 | 《史記・魏世家》 | 山西河津西方 | 294-242B.C. | |
| 向邑〔註41〕 | 向 | 2280 | 《左傳・襄公十一年》 | 河南尉氏西南 | | |
| 戚邑 | | 辭典193 | 《春秋・隱公五年》 | 山東范縣東南 | | |
| 完陽 | 下陽 | 錢幣1990.3. | 《春秋・僖公二年》 | 山西平陸東北 | | |
| 平陽 | | | 《左傳・哀公十六年》 | 河南滑縣東南 | 254-225B.C. | |
| 陽也 | 陽地 | 三晉73 | 《史記・田敬仲完世家》 | 河南濮陽 | | 從黃錫全的地望 |
| 安陽 | | | | 陜縣東、安陽、曹縣三地 | | 韓趙魏都有安陽 |
| 封邑 | | 新典頁50 | | 山西芮城西南 | | 倒書 |

## 四、趙　國

趙國的地理位置偏北方，地跨山西、陝西、內蒙古，中山國受其包圍，趙國國勢鼎盛，尤其武靈王之後連年征戰，開拓疆場，鑄造不少新的方足布，西秦突起，大敗諸國，晚期方足布多鑄於太行山以東，反映當時領地朝令夕改、旋亦輒變的歷史眞相。

### （一）考　證

《大系》1493 郻子布（附圖 68），地處山西長子。1496 子作，1497 作，1518 作，1523 作，1526 作，或爲訛變，或是簡省，皆爲子字。1523 郻作，1526 郻郻省聲寫成邑（）。1524 子作，1528 郻子作，子的寫法是貨幣常見借用邊框的例子郻省略形符且橫放排列。1529～1534 舊釋木邑，戰國無此地名，此布曾和郻子布一同出土於山西陽高，故可能是郻的省稱。吳良寶提出木邑疑是郻子省變，〔註42〕然而，該種布尚無傳形唸法，筆者傾向於省

〔註41〕表4有向布，春秋屬周地，戰國爲魏地，因鑄不同之幣。

〔註42〕吳良寶：〈戰國布幣釋讀三則〉，《古文字研究》第22輯，2000年7月，頁133。

筆一解。吳氏認爲 1520（附圖 69）亦爲長子布，〔註 43〕由於此布寫法怪異、殘斷，是否爲首例由右向左讀的郻子，仍有待觀察。編號 1494～1498 布幣出土於山西祈縣，銘文首字相同，次字應該也是同一字，加上這些布幣的重量（重 5～6g）相當，形制類似，1493 爲標準寫法，其餘爲變例。另，1527 拓本不清。《史記·趙世家》：成侯五年「韓與我長子。」成侯五年爲 370B.C.。《水經注》濁漳水引《竹書紀年》：「梁惠成王十二年，鄭取屯留、尙子、涅。」時爲 358B.C.，因之，長子布鑄於 370B.C.後，韓取長子後改鑄尙子布。

《大系》2220 爲北丌合文（附圖 70）。丌之古文爲亓（繁安君鉼），亓（子禾子釜），箕的古文作[illegible]（石鼓），[illegible]（中山王壺），[illegible]（莒笄鼎），所以，幣文可隸定爲北笄，讀爲北箕，《左傳·僖公三十三年》：「晉人敗狄于箕。」杜注：「太原陽邑縣南有箕城。」在山西太谷東方。

《大系》1839（附圖 71），《錢幣》1990 年 3 期發表一枚方足布銘文爲宇陽，智龕釋爲蒙陽，何琳儀讀爲下陽。黃錫全釋爲完，筆者以爲應釋爲完。從宀之字往往換用冖，如宅[illegible]（秦公鐘），定[illegible]（行氣銘），富[illegible]（上官登），容[illegible]（古鉢），守[illegible]（中山王墓刻石文）。元，古文作[illegible]（蔡侯尊），[illegible]（侯馬盟書），幣文一從人，一從元，人、元本一字之分化，所以，銘文可隸定爲完陽。黃氏認爲完陽讀如原陽，〔註 44〕完古讀匣紐元部，原古讀疑紐元部，兩字同部又爲牙喉音；《史記·司馬相如列傳》：「故曰非常之原，黎民懼焉。」《漢書·司馬相如傳》原作元。《戰國策·趙策》：「王破原陽，以爲騎邑。」時爲 306B.C.。繆文遠《戰國策新校注》指出原陽在今山西大同西北，查《地圖集》可知該地應在今內蒙古呼和浩特市東南。

《大系》1840 祁布（附圖 72），地望在山西祁縣。祁字寫法很多，《辭典》152[illegible]，省略一短橫，《辭典》277[illegible]與《大系》1845[illegible]，直豎貫穿兩橫畫；《大系》1848[illegible]，兩撇上移，多一衍筆。《辭典》277 張頷疑爲鄗之缺摹。

《大系》2009 土匀布（附圖 73），吳良寶提出 2019（附圖 74）、2014（附圖 75）、2003（附圖 76）、2005（附圖 77）、2004（附圖 78）、2011（附圖 79），眾說紛紜，其實皆是土匀。〔註 45〕何琳儀《戰國古文字典》𠬛與匀下，重複

〔註 43〕同前註，頁 133～134。

〔註 44〕參閱黃錫全：〈趙國方足布七考〉，《華夏考古》1995 年 2 期（總 32 期），頁 107～108。

〔註 45〕同前註，頁 135～137。

收錄相同編號的貨幣，表示何氏也不確定如 2014 的寫法爲何字，吳氏以澆鑄工藝與割裂筆畫等角度詮釋，誠屬金言。關於 2015～2018 作、，舊釋於肴爲非，但吳氏提出面文一正一倒或反書之解，理由薄弱，首字可能作彎曲筆畫，但是否爲反書，不敢妄斷。于匀布多出土於河北靈壽，與土匀相距甚遠，兩布應非一物。《辭典》81（附圖 80）吳氏也以倒書和八形飾筆隸定爲土，貨幣上平字不乏其例，釋爲平匀的可能性較高。土匀讀爲土軍，匀爲定紐眞部字，軍爲見紐諄部字，皆爲陽聲韻，在〈成均圖〉中屬旁轉，雖然在《地圖集》找不到土匀或土軍，《漢書・地理志》西河郡卻有此地，漢代許多地名與制度沿襲前代，土軍可能是土匀布鑄地，山西曾挖出土匀錍，可見土匀布爲趙幣，位於山西石樓。

《大系》2203 邙布（附圖 81），也有寫作邙者。戈之古文爲（存 1075），（周王孫戈），弋作（前 2.27.5），（璽彙 3124），（䠶鼎），代作（信陽 1.06）；戈弋易淆，幣文弋字下從一橫是飾筆，此布隸定成邙。弋爲曉紐職部字，代屬定紐職部，韻部相同。《史記・趙世家》：惠文王四年「於是乃欲分趙而王章於代。」在河北蔚縣北方。代在 280B.C.被白起所拔，爲布幣下限。

《大系》2223～2249 同一款布（附圖 82），舊釋文貝、齊貝二、它貝、土貝、榆即、貝丘、貝地、貝坨，也與它爲一字分化，何琳儀隸定成貝地，〔註 46〕吳良寶寫成貝坨。〔註 47〕吳氏指出 2253 平貝布應是貝坨（附圖 83），首字作倒書，且有八字飾筆；筆者以爲平在幣文中時常出現，此說暫疑爲平貝。2252 首字作，木字橫置，吳氏由→→推定爲地字，變化過程是筆畫彎曲變直，再將橫畫置中。2250 郥亦爲貝地。根據何氏考證，貝地即古之貝洲，在今山東臨清，爲趙國貨幣。

《大系》2263（附圖 84）黃錫全隸定爲星陽。星古讀心紐耕部，清古讀清紐耕部，《韓非子・說林》：「雨十日夜星。」《說苑・指武》星作晴。晴、清聲韻全同，表示星陽可能唸清陽。《戰國策・趙策二》：「東有清河。」清陽在清河北邊。

《辭典》84 平歹布（附圖 85），歹古文作（一期甲 475），（卣之偏旁）。平歹布的隸定無誤。何琳儀說平歹疑是平利，然而，歹爲疑紐月部字，利爲來紐質部字，聲韻不近，又無其他佐證，暫闕。

〔註 46〕何琳儀：〈貝地布幣考〉（同註 8），頁 143～149。
〔註 47〕同註 42，頁 134～135。

《辭典》211（附圖 86）左字似邑，如宮古文作〔古文字〕（璽彙 257），幣文將圓點拉長爲一短橫。右字疑爲昌字，昌之古文有〔古文字〕（璽彙 4992、4996），幣文上半部件改▽爲△，並多衍一筆，貨幣文字易▽爲△之例如陽、子、邪字等等。因之，該布可隸定成郘。《史記・趙世家》孝成王十年，「燕攻昌城。」昌城在河北冀縣西北。

《辭典》242 淦布（附圖 87），淦字右半部件與大陰布同，在貨幣地名當中，陰字往往從阜從金，所以，淦即是陰，從阜表示山丘，從水表示靠水之地，陰在山西霍縣東南。

《辭典》254 郜布（附圖 88），告字古文爲〔古文字〕（粹 4），郜作〔古文字〕（郜史碩父鼎），幣文疑似將邑之部件移至告字上方，果眞如此，從邑地名作此寫法爲首例。《左傳・成公十三年》：「焚我箕、郜。」箕在山西太谷東北，郜應該在附近。《地圖集》第一卷圖 22～23 浮山旁有郜，但離箕太遠，高士奇《春秋地名考略》云：「今太原府祈縣西七里有郜城。」郜可能在祈縣西方，結合秦焚郜城一事，祈縣之郜與箕相距甚遙，郜之地望暫疑。

《辭典》333 干關布（附圖 89），黃錫全認爲干關，即扞關、挺關、糜關，許多在邊塞的城池往往稱爲「╳關」，古扞關不只一地，張琦《戰國策釋地》卷下記楚國長陽縣南也有扞關，但楚布形制與此布明顯不同，所以，斷非位於長陽縣。《戰國策・趙策一》：「距於扞關，至於榆中千五百里。」趙國的扞關在今陝西膚施附近，此即干關布的鑄地。干關布，干關即扞關、挺關、糜關，〔註 48〕趙地。《史記・趙世家》：趙惠文王十七年，「秦怨趙不與己擊齊，伐趙，拔我兩城。十八年，秦拔我石城…十九年，秦取我二城。」惠文王十七年爲 283B.C.，干關在 280B.C.前後被秦佔領。

《古幣叢考》頁 238 錄有一枚布（附圖 90），中之古文作〔古文字〕〔古文字〕（璽彙 5208、2681），〔古文字〕（望山 2），首字應釋中。亭之古文爲〔古文字〕（秦陶文 1306），《說文・高部》：「亭，從高省丁聲。」高可作〔古文字〕（陶文編 5.36），次字應是亭字。中亭，何琳儀引經認爲中亭即中人亭、中人，〔註 49〕在今河北唐縣西南。

### （二）簡　表

學界認定的趙方足布如下：

〔註 48〕詳見黃錫全：〈「干關」方足布考——干關、扞關、挺關、糜關異名同地〉，收於《訓詁論叢》第二輯（台北：文史哲出版社，民國 86 年 4 月），頁 133～141。
〔註 49〕何琳儀：〈三晉方足布彙釋〉（同註 8），頁 231。

表11：趙國方足布一覽表

| 隸定 | 釋讀 | 編號 | 典　籍 | 地　望 | 年　代 | 備　註 |
|---|---|---|---|---|---|---|
| 閃 | 藺 | 1457 | 《史記・趙世家》 | 山西離石西 | 282B.C.前 | |
| 巠成 | 欒城 | 1487 | 《通志・氏族略・以邑爲氏》 | 河北趙縣西 | 296B.C.後 | |
| 郻子〔註50〕 | 長子 | 1493 | 《左傳・襄公二十八年》 | 山西長子東南 | 370B.C.後 | 黃錫全歸爲韓幣 |
| � | 鄗 | 1523 | 《漢書・地理志》 | 河北南宮西 | | 依何琳儀考定 |
| 㛃安 | 長安 | 1535 | 《史記・趙世家》 | 不詳 | | |
| 中都 | | 1549 | 《左傳・昭公二年》 | 山西平遙西 | 316B.C.前 | |
| 中邑 | | 1580 | 《史記・惠景閒侯者年表》 | 河北滄州附近 | | |
| 同是 | 銅鞮 | 1582 | 《左傳・成公九年》 | 山西沁縣南 | | 銅鞮位居韓趙魏交界，先屬韓後歸趙 |
| 北屈 | | 1593 | 《漢書・地理志》 | 山西吉縣北 | | |
| 幵陽 | 沃陽 | 1608 | 《漢書・地理志》 | 涼城西南 | | 依何琳儀所釋 |
| 㰻垣 | 襄垣 | 1611 | 《漢書・地理志》 | 山西襄垣北 | 236B.C.前 | |
| 壤陰 | 襄陰 | 1658 | 《漢書・地理志》 | 不詳 | | |
| 陽邑 | | 1679 | 《竹書紀年》 | 山西太谷東北 | 351B.C.後 | |
| 平陽 | | 1730 | 《史記・秦始皇本紀》 | 河北臨汾西南 | 272-234B.C. | 魏也有平陽 |
| 平陰 | | 1799 | 《史記・趙世家》 | 山西陽高東南 | | |
| 平备 | 平原 | 1807 | 《史記・項羽本紀》 | 山東平原 | | |
| 平邑 | | 1810 | 《史記・趙世家》 | 河南陽高西南 | | 從黃錫全之說 |

〔註50〕表9有尚子，尚子屬韓幣，長子屬趙幣，兩布有時代先後關係，亦可證戰國文字異形之劇。

| | | | | | | |
|---|---|---|---|---|---|---|
| 鄔 | 烏 | 1814 | 《史記·周本紀》 | 山西霍縣 | | |
| 祈 | | 1840 | 《左傳·昭公二十八年》 | 山西祈縣東南 | 282B.C.前 | |
| 鄡 | | 1850 | 《漢書·地理志》 | 山西渾源西北 | | |
| 涅 | | 1887 | | 河北武鄉西北 | | 先韓後趙 |
| 鄔 | | 1934 | 《左傳·昭公二十八年》 | 山西介休東北 | | |
| 氐金 | | 2020 | 《史記·張耳陳餘列傳》 | 河北泜水一帶 | | |
| 邸 | | 2021 | 《史記·張耳陳餘列傳》 | 河北泜水一帶 | | |
| 安陽 | | 2064 | 《史記·趙世家》 | 河北蔚縣 | 296B.C.後 | 東安陽 |
| 安陽 | | 2078 | 《史記·趙世家》 | 內蒙古包頭西方 | 275B.C.後 | 西安陽 |
| 郥 | 貝 | 2250 | 《廣韻·泰韻》 | 山東臨清南 | | |
| 氐也 | 氐地 | 2255 | 《史記·張耳陳餘列傳》 | 河北泜水一帶 | | |
| 沙宅 | 沙澤 | 2282 | 《公羊·成公十二年》 | 河北大名 | | 從黃錫全之說 |
| 人也 | 人地 | 辭典 26 | 《左傳·襄公三十年》 | 河北任縣東南 | | 從黃錫全之說 |
| 鄗 | | 辭典 210 | 《左傳·哀公四年》 | 河北高邑東方 | 305B.C.後 | |
| 楡即 | 楡次 | 辭典 248 | 《水經·洞過水》 | 山西楡次北 | 248B.C.前 | |
| 武邑 | | 辭典 278 | 《漢書·地理志》 | 河北武邑 | | |
| 壽陰 | 壽陰 | 辭典 300 | | 山西壽陽南方 | | 何琳儀歸爲魏國 |
| 平于 | 平舒 | 山西頁 42 | 《史記·趙世家》 | 山西廣寧西 | 247B.C.後 | 從黃錫全之說 |
| 邶 | | 蚌埠 | 《漢書·地理志》 | 河北景縣南 | | 從黃錫全之說 |
| 㢊負 | 棘蒲 | 中原文物 1985.2 | 《左傳·哀公元年》 | 河北趙縣 | | 從黃錫全之說 |

## 五、燕　國

燕、齊是著名的刀幣流通區，燕國位居遙遠的河北、遼寧，初期國力微薄，生活水準遠落諸國，國力昌隆後，漸漸和鄰近趙國產生商業接觸，在這個觸媒帶動下，燕開始鑄布錢，趙鑄行刀幣，兩國形成刀布混合流通區域。燕布獨樹一格，形制、文字與三晉地區判然有別，曾出現不鑄地名的特例，由於布幣爲燕國後起貨幣，數量品類不如刀幣。

### （一）考　證

《大系》2290（附圖 91）有安陽或陽安兩種讀法，何琳儀認爲此布鑄於東安陽。〔註 51〕徐秉琨舉出燕璽「文安都司徒」、「昜安都」陶銘，證明該布讀爲陽安。〔註 52〕遼寧建平水泉的陽安陶文屬燕，吉林吉安的陽安鈹銘屬趙，表示陽安位處交界（296B.C.後燕趙可能以滱水爲界），在不同時間分屬兩國。《水經・滱水注》下有安陽，王先謙據官本改作陽安，2290 文字風格屬燕布，應是王先謙所言陽安之幣。陽安布不見於《地圖集》，但它應在滱水一帶。

《錢幣》1992 年 4 期〈燕布四珍〉發表一枚新布幣（附圖 92），幣文有陽平、平陽（反書）、眭平三說。觀其字形，上半部從橫放的目字，如罪古文作（𣪘編鐘），下半部應非主字，宔古文作（包山 128），（包山 219），示寫作（一期乙 7617），是故，此字爲從目從示的視字。隸定爲視平，確切地望不詳。

1989 年北京市錢幣學會公佈的宜平布（附圖 93），由形制判斷屬於燕國布，宜古文作（一期京 1045），（𡢁䖵壺），此字爲宜，與韓國宜陽布寫法風格一致。何琳儀認爲宜平可能與宜鄉、宜都有關，然就貨幣所見地名而言，未見有「╳平」喚爲「╳鄉」、「╳都」者，所以，該說或有疑竇。宜爲疑紐魚部字，安爲影紐元部字，均屬牙喉音，惜缺乏異文例證，宜平是否爲安平，不無疑問。

《大系》2329 平陰布，何琳儀以爲在山西陽高，此地一度屬趙。由考古資料顯示該布通常出現在河北、遼寧一帶，職是，平陰應該在遼寧遼陽或襄平附近。

《大系》2343 右易辛𢎘（附圖 94），次字通常釋爲明，是十分普遍的刀幣銘文，釋成明字，無義可解，張弛改釋爲易字，右易、左易，爲燕國特有

〔註 51〕何琳儀：〈燕國布幣考〉（同註 8），頁 36。
〔註 52〕徐秉琨：〈說“昜安布”〉，《中國錢幣》1985 年 1 期，頁 6～9。

的政府機構，該布爲燕國貨幣，次字應該是易字。末字見於簡牘與印章，如[illegible]（璽彙 2749、3553），爲弘之古文。何琳儀主張司鏹疑是燕國管理貨幣的官吏，所以，這枚布幣與眾不同之處在於它打破布幣銘記慣例，只記布幣的鑄造單位。燕國刀幣往往只見國名，附記左右單位，少有個別地方名稱，無疑地，此布銘文與易字刀幣互相呼應。

《大系》總論提到辛城布，疑讀新城，在山西朔縣西南，爲趙邑，是否曾入燕還不能肯定。

### （二）簡　表

燕布已確定的地名如下：

表 12：燕國方足布一覽表

| 隸定 | 釋讀 | 編號 | 典　籍 | 地　望 | 年　代 | 備　註 |
|---|---|---|---|---|---|---|
| 纕坪 | 襄平 | 2317 | 《史記・匈奴列傳》 | 遼寧遼陽 | | |
| 悗昌 | 廣昌 | 2334 | 《水經・易水注》 | 河北淶源 | | |
| 榦刀 | 韓皐 | 2341 | 《詩經・大雅・韓奕》 | 河北固安 | 243B.C.前 | |
| 平陽 | | | 《漢書・地理志》 | 河北吳橋附近 | | 遼寧錦州出土，銘文反書 |

## 六、其　他

民國以來，科學挖掘出土的布幣琳瑯滿目，學界投注大量心力與時間研究，對於古幣的瞭解大有斬獲，眾所周知，貨幣通常不是由一流鑄工製造，管理制度相對鬆散，它是一種日常生活實用物品，地位不似鐘鼎彝器高貴，所以，貨幣上的文字筆畫不一，相同地名寫法多變，大量潦草簡單的幣文，再加上出土文物不是人人親眼可見，拓本圖片模糊不清，妨礙考訂工作進行。迄今仍有一些地名辨讀、歸屬國別、通行時代等一連串問題處於蒙昧混沌，凡此諸例，皆列入此項存疑。

《大系》1811（附圖 95）、1812（附圖 96），隸定仍有待探討。

《大系》1996 舊讀王氏（附圖 97），1995（附圖 98）、1997～2002 次字闕疑（附圖 99），與 1996 氏字相較，減省一直畫，它們應該也是王氏布。

《大系》1871 王□（附圖 100），次字幣文與「禾」一釿的寫法雷同，但多了一撇，疑爲王禾。

《大系》1886（附圖 101）經過何琳儀詳實考證，發現負疋布應是衛國鑄幣。負疋讀爲負夏，即衛瑕丘，地在河南濮陽東南。〔註 53〕衛在 254B.C. 被魏滅亡，負疋不可能屬魏或衛。另外，1873 鄓布的國別，有周、韓等說，黃錫全將鄓、負疋視作同一貨幣，對於負疋布尙有疑慮，待將來更多資料的佐證。

《辭典》149（附圖 101）首字與襄城的城同一寫法，次字闕疑。《辭典》255 爲摹寫圖版，文字拙劣，疑僞。《辭典》1、39、194、253、256，《大系》1872、2022□邑，《先秦編》頁 296 王□，《三晉》頁 124、129，《百科》69、288，《民間》[illegible]，待定。《大系》1872 拓本不清，存疑。

## 第四節　圓足布系列鑄行地域與年代

圓足布系列包含圓足布與三孔布，圓足布爲趙幣已無疑慮，三孔布國別四歧，早期以爲秦國所鑄，近有中山國、趙國、魏國之說。經過學界的研究，初步排除秦國鑄幣。楊科贊同中山布幣一說，提出三點證據，他說三孔布地名多在中山故土，而且，中山中部經濟發達區正好是三孔布鑄地密集區。〔註 54〕根據研究發現，雖然有些地方確實屬於中山境內，但是也有一些地名卻在趙國疆域，被趙包攝的中山國，如何遠涉太行山脈到晉南上黨鑄幣？〔註 55〕楊氏又以中山金文風格與三孔布一致爲據，〔註 56〕以趙國圓足布和三孔布相較，兩類文字也是瘦長有力。1979 年內蒙古伊盟准格旗出土趙國銀節約，背文二兩二十一朱，兩作[illegible]，三孔布兩作[illegible]，風格相似。換句話說，以場界之直接證據證明三孔布爲趙幣應是正確，但不意味中山不能仿鑄他國貨幣，就目前靈壽發掘的貨幣有空首布、尖首刀、易刀、邯鄲刀、成白刀、仿藺刀、範模等等，中山仿鑄刀布已屬事實。總而言之，即使三孔布和中山金文或許有類似之處，仍無礙爲趙幣之判定。

---

〔註 53〕詳閱何琳儀：〈負疋布幣考〉（同註 8），頁 213～220。

〔註 54〕詳見楊科：〈也說三孔布的國別和時代〉，《中國錢幣》1988 年 1 期（總 20 期），頁 6～8。

〔註 55〕劉森：〈關於三孔布的幾個問題〉，《中國錢幣》1990 年 3 期（總 30 期），頁 3～6。

〔註 56〕同註 54，頁 8～9。

最近黃錫全提出三孔布是魏文侯借趙道滅中山（406B.C.），爲了紀念這個歷史大事而作的新幣。〔註 57〕該推論最大的疑點即假若魏借趙道侵中山，布幣出現趙國南部毛城、即裵等地便不奇怪，但是，就黃氏所標明的三孔布分布圖而言，趙北雁門郡、陽原、代諸地，爲何出現 於三孔布？中山國歷史迄今不算明朗，魏文侯借道之事，王先謙《鮮虞中山國國事表疆域圖說》、《韓非子・說林上》、《戰國策・趙策一》並未交代很多，因之，筆者傾向三孔布爲趙幣故說。

圓足布的鑄行年代問題，由於出土數量鮮少，而這兩地在襄子建國時便屬趙，中山靈壽、新鄭故城均發現圓足布範，中山亡於 296B.C.，圓足布應在稍早已流行，可能如同汪慶正《大系》總論所言是公元前四世紀貨幣。至於圓足布爲何數量稀少，可能是藺與離石位處趙西部，連年征伐，先後入秦、魏、趙，所以鑄幣不多。三孔布是趙滅中山後所鑄特殊貨幣，上限當在 296B.C. 之後，一直延續到戰國末年。

### （一）考　證

圓足布只有兩種：藺及離石。該地名與年代見於前面尖足布，所屬地望塵埃落定，不擬重述。

三孔布的地名共有三十種，大部分位於河北省，太行山以東地域，在裘錫圭等學者連番探究下，多數地名已爲共識，以下僅就�战與及邸陽提出管見。

《大系》2480 邸與布（附圖 103），舊釋且居或闕與，因爲且居在古璽作觑居，闕與在兵器上作閼輿，兩說似乎都有疑點。2468 邸陽布（附圖 103），釋爲沮陽。《璽彙》123 尚谷印屬三晉，上谷先歸燕後入趙，〔註 58〕邸與和邸陽文字風格接近，筆者傾向它們就是相鄰的且居和沮陽。沮從且得聲，沮爲清紐魚部字，邸從疋得聲，邸爲心紐魚部字。《易・夬・九四象辭》：「其行次且，位不當也。」漢帛書本且作胥。《說文・疋部》：「疋或曰胥字。」與爲定紐魚部字，居爲見紐魚部字。《韓非子・外儲說右下》：「慶賞賜與。」《韓詩外傳》與作舉。《史記・司馬相如列傳》：「族遷遞奏。」《集解》引徐廣曰：「舉，一作『居』。」是故，邸與可讀成且居，邸陽即沮陽。而觑居、且居應爲不同時間的寫法，且居在河北懷來西邊，沮陽則在懷來東南，均爲

〔註 57〕同註 1，頁 153～154。詳見黃錫全：〈三孔布奧秘試探〉（同註 14），頁 179～201。

〔註 58〕《戰國策・秦策五》：「趙攻燕，得上谷三十六縣，與秦什一。」時爲始皇八年（239B.C.）。

239B.C.後所造。

## （二）簡　表

目前確定的三孔布地名如下：

表 13：趙國三孔布一覽表

| 隸定 | 釋讀 | 編號 | 典籍 | 地望 | 年代 | 備註 |
|---|---|---|---|---|---|---|
| 宋子 | | 2456 | 《漢書・地理志》 | 河北趙縣東北 | 296B.C.後 | II式 |
| 安陽〔註 59〕 | | 2458 | 《漢書・地理志》 | 河北陽原東南 | 296B.C.後 | I式 |
| 家陽 | 華陽 | 2457 | 《史記・趙世家》 | 河北唐縣西北 | 305B.C.後 | I式 |
| 亡郅〔註 60〕 | 亡終 | 2460 | 《漢書・樊噲傳》 | 河北蔚縣 | 251B.C.後 | II式 |
| 安陰 | 安險 | 2461 | 《漢書・地理志》 | 河北安國西 | 296B.C. | II式，從何琳儀的考釋 |
| 南鴋 | 南行唐 | 2462 | 《史記・趙世家》 | 河北行唐附近 | 291B.C.後 | I、II式 |
| 上比陽 | | 2465 | 《漢書・地理志》 | 河北曲陽 | 305B.C.後 | I式 |
| 下比陽 | | 2466 | 《戰國策・燕策》 | 河北晉縣西 | 305B.C.後 | I、II式 |
| 下専 | 下博 | 2471 | 《漢書・地理志》 | 河北深縣東 | | I式 |
| 上専 | 上博 | 2469 | | 在下博北方 | | I式 |
| 相 | 貍 | 2472 | 《戰國策・燕策》 | 河北仁丘北 | 236B.C.後 | I、II式 |
| 妬邑 | 石邑 | 2475 | 《漢書・地理志》 | 河北獲鹿東南 | 305B.C.後 | I式 |
| 鳶即 | 安次 | 2476 | 《史記・匈奴傳》 | 河北安次西北 | | I、II式依黃錫全的考定 |
| 北九門 | | 2477 | 《史記・趙世家》 | 河北藁縣西北 | 271B.C.後 | II式 |
| 上芥 | 上艾 | 2478 | 《漢書・地理志》 | 山西平定西南 | | II式 |
| 平臺 | | 2479 | 《漢書・地理志》 | 河北平鄉西北 | | II式 |
| 轅 | | 2481 | 《左傳・哀公十年》 | 山東禹城西南 | | II式，黃錫全釋爲轅字 |
| 余亡 | 余無 | 2482 | 《竹書紀年》 | 山西屯留北 | | II式 |

〔註 59〕此安陽是否與方足布的安陽有關，或是趙國有三個安陽，存疑。

〔註 60〕表 11 東安陽亦在河北蔚縣，可能 251B.C.後，東安陽改稱亡終。

| | | | | | | |
|---|---|---|---|---|---|---|
| 卩鬵 | 即裴 | 2483 | 《漢書・地理志》 | 河北肥縣西南 | | II式 |
| 五陸 | 五陘 | 2484 | 《戰國策・趙策》 | 河北井陘北 | 305B.C.後 | II式 |
| 鄘 | 戲 | 2485 | 《逸周書‧世俘解》 | 河南內黃西北 | 245B.C. | II式 |
| 敹氏 | 封斯 | 2486 | 《漢書・地理志》 | 河北趙縣西北 | | II式 |
| 亲處 | 新處 | 2487 | 《漢書・地理志》 | 河北定縣東北 | 296B.C.後 | II式 |
| 鄗 | 權 | 2488 | 《戰國策‧燕策一》 | 河北正定北方 | | I、II式 |
| 阿 | | 2489 | 《史記・趙世家》 | 河北保定東 | 247B.C.後 | II式 |
| 陽湔 | 陽原 | | 《漢書・地理志》 | 河北陽原西南 | | II式 |
| 北 | 關 | | 《漢書・地理志》 | 河北欒城西北 | | II式，黃錫全疑爲僞品 |
| 王夸 | 望都 | | 《漢書・地理志》 | 河北望都西北 | 240B.C.前 | II式 |
| 氈 | 毛 | | 《三國志・魏志・武帝紀》 | 河北涉縣西 | | II式 |
| 大西 | 夫西 | | 《戰國策‧趙策四》 | 河北冀縣西北 | 296B.C.後 | II式 |
| 武陽 | | 陝西博物館1998.3. | 《史記・趙世家》 | | 247B.C.後 | 眞僞不明 |

# 第五節　異形布系列鑄行地域與年代

異形布系列中，橋足布品類較多，銳角布與燕尾布稍少，整體而言，異形布的鑄地與上述系列地名不太一樣，極少重複，仿鑄有限，具備強烈地域風格，它們代表了某個時段、某個國家的貨幣，肩負重任不同，是戰國布幣中最具特色的一族。

判斷銳角布I式之年代，由於樣本不多，只能推測大概。以盧氏爲例，盧氏銳角布繼承脈絡分明，它上接空首布，時間在戰國早期。銳角布II式依據地名、出土地、共存關係等線索，應是戰國中晚期貨幣。魏國橋足布有安邑一地，安邑是武侯二年的都城（395B.C.），惠王九年遷大梁（361B.C.），梁方足布與趙安陽布均有大型布，年代相當，爲296B.C.左右，推測橋足布下限是戰國中期。燕尾布通常出土於淮泗、吳、越，這些地區在戰國中、晚期才入楚域，所以，鑄行年代可溯至戰國中期。

## 一、韓　國

在韓國貨幣體系裡，以方足布佔了大多數，除此之外，它還鑄行大型銳角布，目前發現的銳角幣文僅有六種，Ⅰ式鑄幣格式為「地名＋金涅」，歷來研究此型布的爭議點在於「舟」與「金涅」。

### （一）考　證

《大系》1221～1230 金涅布（附圖 105），釋讀紛紜，常見如涅金、百涅、金涅諸說。若釋為涅金，配合「盧氏╳╳」、「舟╳╳」銳角布來看，盧氏、舟為地名，如果涅又作地名解，一幣出現兩個地名，與文例不合。何琳儀以中山王方壺隸定首字為百，次字從口不從日，考釋為百涅。然而，1995年山西稷山出土一批空首布，其中[illegible]及[illegible]布與銳角布可互證。用中山器解讀梁夸釿百當寽，十分通順，但是如果金可省作全，百又可寫作全，全就有兩種可能的隸定。稷山發現的布幣明顯為金字，左邊一字與銳角布相仿，涅方足布的日往往寫成∀、▽，銳角布常作[illegible]，似乎從口或從曰，戰國文字日、口時有訛變，如昌作[illegible]（璽彙 2189），吉作[illegible]（孝叔㛢父簋），咸作[illegible]（國差𦉜），因此，銳角布可隸定成金涅。唐友波則旁徵博引地解釋金涅即標準幣。〔註 61〕筆者認為，尖足空首布有「╳╳黃釿」，橋足布屢見釿字，釿為布幣通用單位，稷山金涅與銳角布金涅、盧氏金涅等幣，或為釿涅之省。

### （二）簡　表

韓國銳角布Ⅰ式的地望如下：

**表 14：韓國銳角布一覽表**

| 隸　定 | 釋讀 | 編　號 | 典　籍 | 地　望 | 年　代 | 備　註 |
|---|---|---|---|---|---|---|
| 盧氏金涅〔註 62〕 | | 1215 | 《竹書紀年》 | 河南盧氏 | 456B.C.後 | 與斜肩空首布時間相當 |
| 舟金涅〔註 63〕 | | 1220 | 《路史・後記》 | 河南新鄭附近 | | |
| 亳金涅 | | 陳萌藏 | | 不詳 | | 黃錫全疑偽 |

〔註 61〕詳見唐友波：〈山西稷山新出空首布與“金涅”新探〉，《中國錢幣》2000 年 2 期（總 69 期），頁 18～20、33。

〔註 62〕表 5 有盧氏布，盧氏在春秋戰國時期均屬韓地，不過，由於空首布年代較平首布早，嚴謹地說，盧氏斜肩弧足布可能較盧氏銳角布早些通行。

〔註 63〕表 9 有舟方足布，舟為韓地，銳角布Ⅰ式時代早於小方足布，可見即使並未易主，時間也會影響幣制。

## 二、魏　國

魏趙之幣在諸雄中是並駕齊驅地複雜，不過，趙國沒有製造異形布。橋足布可算是魏國與眾不同的布幣，不論在數量或種類上，它均能自成一家，目前公布的橋足布有十幾種，面文不僅銘記地名，還鑄上幣值比例二釿、一釿、半釿，三種貨幣俱全，是最整齊的釿字布。銳角布II式亦爲魏國特殊貨幣，在此一併討論。

### （一）考　證

《大系》1232 銳角布（附圖 106）釋讀不一，有公、容、台、谷諸說。此字乍見似爲公，查公之古文作㕣（明 376），凵（利簋），分公（陶彙 3.721、3.722），陶文的寫法與貨幣極似。黃錫全提出公字下從○、△、▽、日，且從△之例鮮少，〔註 64〕事實上，從△之公在陶文卻十分常見，如此一來，該字似乎是個公字。筆者認爲公疑似河南魯山附近的容城，因公、容均爲東部字，可以假借。然而，銳角布II式出土地多在河南北部鶴壁、淇縣、林縣，魯山在南部，相距甚遙，釋成公字便不理想。黃錫全隸定爲台，讀沇，即《詩・鄘風・干旄》之浚，位於河南濮陽南方。〔註 65〕濮陽在河南北部，離出土地不遠。浚屬衛邑，衛在魏安釐王十九年（254B.C.）滅亡，所以，台布應鑄於該年之後。

《大系》1240 銳角布（附圖 107）與 1409 橋足布（附圖 107）首字釋讀不一，或以爲這兩種布的面文應非一字，根據筆者的研究發現，兩種布幣所記其實是同一地名。1409 曾釋作京、殽、毋，根據幣文部件顯示上從每，下從山，可隸定爲毋，幣文的寫法由○、□省略成－。對於此字的釋讀，何琳儀以爲毋爲塰之異文，牧野又作塰野，該布爲牧（今河南汲縣）所鑄之幣。〔註 66〕在魏國的青銅器中，毋字經常出現，如十三年繁陽戈、繁宮鼎、繁下官鍾，毋可釋讀爲繁，因爲繁從毋得聲，古讀應同，繁陽戈的刻款形式與文字風格都屬於魏國，毋即爲繁陽，且繁宮和繁下官皆指繁陽一地，所以毋即繁陽之省。〔註 67〕根據《左傳・定公四年》：「分康叔以大路、少帛、綪茷、

〔註 64〕黃錫全：〈銳角布國別漫議〉，《中國錢幣》1997 年 2 期（總 57 期），頁 10。
〔註 65〕同前註，頁 11。
〔註 66〕何琳儀：〈橋形布幣考〉（同註 8），頁 191～192。
〔註 67〕參閱湯餘惠：〈戰國文字中的繁陽和繁氏〉，收於《古文字研究》第 19 輯（北京：中華書局，1992 年 8 月），頁 500～508。

旃旌、大呂，陰民七族陶氏、施氏、繁氏、錡氏、樊氏、饑氏、終葵氏，封畛土略。自武父以南及圃田之北竟。」康叔被武王分封，賜以殷民七族，戰國時代繁氏屬魏地，在魏國是爲大族，繁陽應爲不小的城邑，《史記・趙世家》:「廉頗將，攻繁陽，取之。」《漢書・地理志》應劭注曰:「在繁水之陽。」繁陽因在繁水北邊得名，在今河南黃縣東北處。根據前引《史記》記載，廉頗攻破繁陽時値孝成王廿一年（245B.C.），可見繁陽布鑄於該年之前。

《大系》1432 高女布（附圖 109），曾釋爲亳、高安。〔註 68〕高安位居趙國，趙不鑄橋足布。細觀幣文，可隸定爲高女，疑高奴省。《禮記・檀弓上》:「高子皋之執親之喪也。」《論語・先進》邢疏:「《孔子家語》作子高。」《書・皋陶謨》:「皋陶。」《楚辭・離騷》:「摯咎繇而能調。」咎繇一作皋陶。高古讀見紐霄部，咎古爲見紐幽部，聲紐相同，文獻上互可通用。因之，高奴即方足布上咎奴一地，戰國初期魏國疆域在陝西、山西西南、河北北部，〔註 69〕高奴在陝西延安，地處上郡，魏惠王十年（328B.C.）獻上郡十五縣於秦，更元十三年（312B.C.）盡奉上郡於秦，高奴布鑄行下限應是 328B.C. 或 312B.C.。

《大系》1452 陰安布（附圖 110），陰字下有＝，觀其形制，爲一釿布，所以，＝應非二釿之省。＝是否爲合文符，還待其他資料佐證。

《大系》1346 梁夸釿這型布（附圖 111）次字有充、夸、奇、重諸說，吳振武釋爲塚，讀作重，冢作[illegible][illegible]等形時，是當成獨體字而省簡，〔註 70〕此說尚未得到其他例證，目前，筆者仍傾向釋夸。夸古文作[illegible]（白夸父盤），[illegible]（陶彙 5.33），[illegible]（秦簡 52.14），刳作[illegible]（帛書乙 7），與幣文符合。〔註 71〕《說文・大部》:「夸，奢也。」梁夸釿疑爲梁國大布之意。

### （二）簡　表

橋足布地名如下（隸定格只列地名，一釿等幣值略）:

---

〔註 68〕筆者於 2002 年 5 月 17 日上午口試碩士論文時，花師許學仁教授認爲此布爲高安布，釋爲高安的最大疑點是不知地望，雖然本文暫定爲高女（咎奴），但僅爲個人之見，眞相尚待日後資料更豐富時，再深入追究。

〔註 69〕楊寬:《戰國史》1997 年增訂版（台北：台灣商務印書館，1997 年 10 月），頁 281。

〔註 70〕吳振武:〈說梁重釿布〉，《中國錢幣》1991 年 2 期（總 33 期），頁 21～26。

〔註 71〕何琳儀認爲夸或有胯足之意。見《戰國古文字典》（北京：中華書局，1998 年 9 月），頁 461。

表 15：魏國橋足布一覽表

| 隸 定 | 釋讀 | 編號 | 典籍 | 地望 | 年代 | 備註 |
|---|---|---|---|---|---|---|
| 安邑 | | 1245 | 《史記・魏世家》 | 山西夏縣西 | 395B.C.後 | 二釿、一釿、半釿，正書或倒書 |
| 禾 | 邧 | 1311 | 《左傳・文公四年》 | 陝西澄城南 | 430-354B.C. | 二釿、一釿、半釿，倒書 |
| 梁夸釿<br>梁正幣〔註 72〕 | | 1334 與 1350 | 《史記・魏世家》 | 河南開封 | 362B.C.前 | 二釿、一釿、半釿 |
| 垂 | | 1373 | 《春秋・隱公八年》 | 山東鄄城東南 | | 二釿，倒書 |
| 言陽 | | 1376 | 《漢書・地理志》 | 陝西神木 | 312B.C.前 | 二釿、一釿、半釿，倒書 |
| 㢦 | 陝 | 1390 | 《史記・秦本紀》 | 河南三門峽 | 324B.C.前〔註 73〕 | 一釿、半釿，倒書 |
| 陰晋 | | 1417 | 《史記・秦本紀》 | 陝西華陰 | 332B.C.前 | 一釿、半釿 |
| 甫反〔註 74〕 | 蒲阪 | 1425 | 《史記・魏世家》 | 陝西華陰 | 303B.C.前 | 一釿、半釿 |
| 高 | 鄗 | 1434 | 《史記・秦本紀》 | 山西西南部 | | 半釿，高正書，半釿倒書 |
| 盧氏〔註 75〕 | | 1437 | 《竹書紀年》 | 河南盧氏 | | 半釿，倒書 |
| 共〔註 76〕 | | 1438 | 《戰國策・魏策》 | 河南輝縣 | | 半釿，倒書 |
| 鄇氏 | 泫氏 | 1440 | 《竹書紀年》 | 山西高平 | | 一釿、半釿 |
| 分布 | | 1443 | 《戰國策・魏策三》 | 山西新絳東北 | 306B.C.後 | 一釿，黃錫全疑分布爲一地 |

〔註 72〕表 10 有梁方足布，同爲一地之幣，寫法不同是因爲時間先後關係。

〔註 73〕秦孝公元年（361B.C.）曾出兵圍陝，此時陝爲魏邑，秦惠文王更元元年（324B.C.），張儀取爲陝城，築上郡塞。詳閱〈秦本紀〉與〈張儀列傳〉。

〔註 74〕甫反、陰晉橋足布，均在今陝西華陰，也許是分域不夠精細所造成的誤差，或華陰先後有不同名稱。

〔註 75〕表 5、表 14 的盧氏屬韓地，但後來易魏，改鑄橋足布。

〔註 76〕春秋共地爲衛邑，戰國入魏，通行橋足布。

| 山陽 | | 1447 | 《戰國策・楚策》 | 河南焦作 | | 二釿、一釿、半釿 |
|---|---|---|---|---|---|---|
| 陰安 | 陰安 | 1452 | 《漢書・地理志》 | 河南南樂東南 | | 一釿、半釿 |
| 垣 | | 辭典196 | 《史記・秦本紀》 | 山西垣曲東南 | 292B.C.前 | 一釿，倒書 |
| 槅 | 郩 | 辭典1221 | 《說文・邑部》 | 河南開封〔註77〕 | | 一釿，倒書 |

## 三、楚　國

南方楚國長期與中原地區若即若離，保持神秘的面紗，不管在文化、風俗、語言各方面，也有自己的風格，重要地是荊楚的經濟體制十分特殊。楚國流行金幣與貝幣，直到晚期與北方韓魏有所接觸，商業活動逐漸熱絡，由於楚幣的幣值無法擔任跨國流通的角色，因此，楚人又另創與布幣相似的燕尾布，方便跨區交易。燕尾布形制只有二款，幣文一直備受矚目，對於此問題之考究，將於下章仔細討論，現在僅就其地望列表介紹。

### （一）簡　表

燕尾布不鑄造地名，然而，由它們的出土地點大致可釐清燕尾布的流通區域。燕尾布Ｉ式的重量從30g到17g，所以，它跨越的時間區段應該不會太短，「戰國中晚期，楚國商業已處於發展的顛峰」，〔註78〕燕尾布普遍發現在河南東部、山東西南、安徽、江蘇、浙江北部，即楚之北方與東鄙。楚國的疆域直到戰國中期以後才容納這些地方，〔註79〕所以，燕尾布應該是戰國中晚期的地方性貨幣。

表16：楚國燕尾布一覽表

| 隸　定 | 編號 | 地　　望 | 備　　註 |
|---|---|---|---|
| 杬比堂釿 | 4176 | 楚東、北部 | Ｉ式 |
| 四比堂釿 | 4185 | 楚東、北部 | II式，通常都以2枚相連出現 |

〔註77〕魏都開封，槅布的地望可能在開封附近。

〔註78〕見劉玉堂：《楚國經濟史》（武漢：湖北教育出版社，1995年8月），頁268。

〔註79〕關於楚國極盛時期疆域圖（318B.C.），參見張正明：《楚史》附圖（武漢：湖北教育出版社，1995年7月）。

## 第六節　布幣流通的歷史解釋

面對數百種最直接的地名材料，光是靜態敘述並不足以說明任何事實，貨幣是經濟的反映，文化的載體，這些看似零散紛亂的古地名，應是有系統地組合，例如，以單一國家而言，相同地點分別刻鑄在不同類型布幣上；全面性來看，將這些地名回歸地圖後，它們有規律地排列，意味著城市發展具有脈絡依尋，它可能基於某種因素或優勢而發達壯大，否則，地名不會集中在某些區域。基本上，每個國家通行自己的貨幣，貨幣是商業下的產物，具有流通性，國與國的經濟圈不能完全割裂，它們的貨幣就可能互相流通，今日在非鑄幣國挖掘出他區貨幣，正是流通性之展延。此外，不同體系的貨幣也會彼此影響，最明顯的例子即刀幣區的燕國，爰金、銅貝區的楚國皆鑄起布幣；布幣區的趙國製造小直刀；中山國更是集大成，在河北靈壽出土各式布幣、刀幣與錢範。

在介紹完戰國貨幣後，楊寬曾提出鑄幣權下放與否的結論，〔註 80〕從形制、地名來看，三晉、齊之鑄幣權的確未完全掌握在中央，除此之外，透過前面的簡述，至少可從五個角度觀察布幣，即交通情況、礦產發掘、國勢消長、區域經濟與刀布合流的探索，建構出布幣資料的歷史解釋。

### 一、交通的發達

先秦都邑設立之因，不外乎政軍需求或交通、經濟的考量，在商周階段，政軍因素比較重要，春秋戰國以後，交通和經濟的影響力增強。這項轉變的觸媒是商業日漸盛行，商業依賴交通，交通愈便利，商業活動愈活絡。《鹽鐵論．通有》詳細地記載戰國各大城市及崛起原因：

> 燕之涿、薊，趙之邯鄲，魏之溫縣、軹，韓之滎陽，齊之臨淄，鄭之陽翟，三川之兩周，富冠海內，皆爲天下名都。非有助之耕其野而田其地者也。居五諸之衝，跨街衢之路邊。故物豐者民衍，宅近市者家富。富在術數，不在勞身，利在勢居，不在力耕也。

戰國城市型態已經改變，城市的崛起在於交通發達、商業興盛，只要地理位置良好，位居通衢大道，便能成爲富甲天下的商業大城。（附圖 112、113）

春秋時期已有鋪路造橋制度，《周禮．秋官》野廬氏便是掌理修路的官吏。

〔註 80〕楊寬：《戰國史》1997 增訂版（同註 69），頁 139。

修築街道是經營國家的表現，〔註 81〕各國都勉力於修治工作，《戰國策．魏策一》提到魏國交通的方便：

> 魏地方不至千里，……諸侯四通，條達輻輳，無有名山大川之阻。從鄭至梁，不過百里；從陳至梁，二百餘里；馬馳人驅，不待倦而至。

魏國國土曲折蜿蜒，交通卻如木枝分布，如輻於轂，其他諸國疆域完整，爲了加強都城聯繫，促進商業繁榮，同樣注重修路之事。

根據史籍所記，春秋的南北道路大抵以雒邑爲中心。與布幣地名呼應的大道是溯汾水北上一徑，即晉國的交通動脈。早期這條陸路僅達霍太山，《左傳．襄公四年》記魏絳推行和戎政策，隨著晉國北疆的拓展，可通到魏榆、晉陽、霍人。汾水大道貫穿晉國，自古以來就是重要幹道，相對於今天的同蒲鐵路。該路南端有四歧，其中一條由汾水入黃河以北的龍門山過河，陝西澄城便在路旁，〔註 82〕澄城即布幣鑄地；另外一條從晉都絳向東南行，可達河南濟源附近，是晉前往南陽之路，晉南伐諸國，都是由此出師。〔註 83〕汾水大道涵攝許多布幣地名，如狐廚、楊、平陽、霍、彘、呂、中都、祈縣、箕、涂水、魏榆（戰國稱榆次）、陽邑、晉陽、霍人。

另外一條南北大路分布在太行山以東，春秋末年趙鞅伐荀寅，尋朝歌、邯鄲、邢、欒，北上到鮮虞，〔註 84〕邯鄲大道南下經野王抵達溫、軹，便可溝通南陽，換言之，從北到南貫串鮮虞、晉、衛、周。基於便捷性與重要性，不論朝代如何更迭，它總是華北地區的南北要道，以今日而言，邯鄲大道屬京廣鐵路北段，部分地方在偏西的山前緩坡地，這是爲了避免河水氾濫。〔註 85〕這條路線上的布幣地名有邯鄲、鄗、宋子、權、北九門、南行唐、上曲陽、下曲陽、武遂等地。

---

〔註 81〕《國語．周語中》：單襄子評論陳國「道路若塞，野場若棄，澤不陂障，川無舟梁，是廢先王之教也。」道路閉塞、河無橋樑均表示政事荒廢，將受到嚴厲批評。

〔註 82〕參閱徐喜辰、斯維至、楊釗主編：《中國通史》第三卷上古時代（上海：上海人民出版社，1994 年 6 月），頁 730。

〔註 83〕同前註，頁 720。

〔註 84〕《左傳．哀公四年》：「十二月，弦施逆之遂墮臨國，夏代晉，取邢、任、欒、鄗、逆時、陰人、于、壺口。會鮮虞，納荀寅于柏人。」

〔註 85〕參閱史念海：〈戰國至唐初太行山東經濟地區的發展〉註腳 1，《中國史地論稿》（台北：弘文館出版社，民國 75 年 1 月），頁 156。

黃河以北的東西要道通常得橫越南北走向的太行山，隨著晉齊頻繁地攻伐，開創的通路有二：第一條由朝歌西經孟門，越過太行山、少水，〔註 86〕可達晉都絳，平肩弧足布「共」便在此道。第二條由邯鄲西行過壺口、斷道，〔註 87〕即可達新田，方足布所記的銅鞮就在斷道旁。與上述南北要道相較，這兩條東西道路畢竟要翻山越嶺，所以，便捷性不如南北通路，所鑄布幣相對減少。

戰國時代各國政經城市參差並立，號稱天下之中的雒邑重要性雖然下降，但仍掌握著中原東西往來交通樞紐未置。由雒邑西行之路分爲兩支，北支經澠池，南支過宜陽，再由函谷關入秦。〔註 88〕雒邑向東走，經魏國大梁，折向東北，尋濟水而下可抵陶、臨淄。〔註 89〕《戰國策·秦策三》稱以雒邑爲中心的東西道路爲「成皋之路」。經過延伸的成皋之路溝通秦、韓、周、魏、齊五國。成皋之路由秦國到魏大梁，大體上與現在的隴海鐵路吻合。雒邑往東北有二道，東支經溫縣，西支過軹，會於野王，再向東北行經山陽、寧、共，便能銜接邯鄲大道。〔註 90〕邯鄲大道在戰國時還上延至燕涿，配合春秋舊徑，整條邯鄲大道由北到南經過燕、趙、中山、魏、韓、周。從雒邑放射的道路涵蓋南陽與三川郡東部，這塊範圍內的幣名很多，如宜陽、偃師、鞏、向、滎陽、宅陽、少曲、山陽、京、中陽、大梁等等。

韓國的都城先後有三，即平陽、陽翟、鄭，國土範圍包括南陽、上黨、潁川一部份，除了成皋之路外，內部聯繫亦發重要。由陽翟聯絡上黨，必須經過宜陽，〔註 91〕這條線上的幣名有陽城、負黍、綸氏、高都、伊闕。宜陽北通上黨會經過垣，由此可見，宜陽是韓國關鍵城池，宜陽陷，上黨失。

魏國原都安邑，後徙大梁，安邑位處西河郡，北可通汾水大道，從大梁出發，北抵臨淄，東達睢陽，兩都交通十分便捷。安邑到大梁，必須透過晉舊都絳往東南行，越過王屋山，經溫、軹等南陽地區過河，由卷直奔大梁，〔註 92〕

〔註 86〕《左傳·哀公廿三年》：「齊侯遂伐晉取朝歌，爲二隊，入孟門，登大行，張武軍於熒庭，戍郫邵，封少水。」

〔註 87〕《左傳·宣公十七年》：「己未，公會晉侯、衛侯、曹伯、邾子同盟於斷道。」

〔註 88〕同註 82，頁 730。

〔註 89〕同註 82，頁 731。

〔註 90〕同註 82，頁 731～732。

〔註 91〕《戰國策·秦策二》：「宜陽，大限也，上黨、南陽積之久矣。」《戰國策·韓策一》：「秦下甲據宜陽，斷絕韓之上地。」

〔註 92〕同註 82，頁 741。

這條路十分曲折，翻山渡河，僅有陽城一地鑄幣。魏若要與趙聯繫，需由濮陽西邊圍津（垝津）過黃河，〔註93〕濮陽為衛都，圍津在浚縣旁，即魏國兦銳角布的鑄地。

趙國先後都晉陽、中牟、邯鄲。新舊都聯絡依賴東西道路，晉陽往邯鄲，須經壺口、武安，或者由今日的陽泉向西北走，出井陘、石邑。〔註94〕趙西疆藺、離石、膚施，也有行徑可通。藺與離石戰事頻傳，顯然它們的交通狀況不差，趙滅中山，遷其王於膚施，中山王遷徙路徑應為汾水大道往西經離石、藺，渡河後即達目的地。換句話說，藺和離石是由汾水流域渡河入陝的東西道路，膚施位處關中平原北出陰山大道上。藺、離石及鄰近的中陽均曾鑄行尖足布。武靈王攻北地時曾破原陽，〔註95〕據有代郡、雲中、九原，〔註96〕由趙通往這些地方，必須越過夏屋、句注諸山，九原之西為安陽（西安陽），雲中、代郡一貫是中原北方防守線，戰略位置險惡，交通必然發達，這條連綿北境的邊防，南下可接陰山大道、汾水大道，各邑之間又有道路連貫，因此，即使位居偏遠，仍鑄有安陽布。

秦咸陽是戰國的赫赫名城，以它為中心的道路很多，其中三條與布幣地名相關，第一是咸陽西出函谷關，接雒邑的成皋之路，〔註97〕此道會經過陰晉。第二條是秦出蒲阪關，由蒲阪、安邑，沿汾水上溯至太原郡。〔註98〕第三是咸陽往北經上郡膚施，〔註99〕趙武靈王曾從雲中郡派使者南下入秦，即沿陰山大道，干關（挺關）位於該徑西邊，曾鑄造小方足布。

燕國位居東北一鄙，國勢增強後，與中原的交通開始發展，上谷和代郡為燕趙邊場，這條邊線與雲中郡連成一片，自古以來就是防北患的前線，軍事色彩強烈，東西交通順暢，邘與、邘陽（上谷郡）便分布在戍邊之處。燕將秦開東北拓地，建立了由薊北通漁陽，南經無終，趨往陽樂、襄平的道路，幣名纕坪就在這條東北大道終點。

整體而言，鑄幣地點分布與交通有密不可分的關係，絕大多數都是在主

〔註93〕同註82，頁741。
〔註94〕同註82，頁742～743。
〔註95〕《戰國策・趙策二》：「王破原陽，以為騎邑。」
〔註96〕《史記・趙世家》：「二十六年，復攻中山，攘地北至燕代，西至雲中、九原。」
〔註97〕同註82，頁733。
〔註98〕《史記・秦始皇本紀》：「秦地……以東有河東、太原、上黨郡。」
〔註99〕《水經・河水注》記載秦昭襄王三年（304B.C.），膚施為上郡治所，在此之前，此徑南段已通行。同註82，頁734。

要幹道或支道上，商業繁盛取決於交通便達，這項規律在鑄幣方面得到證實。鑄幣目的在於交易，所以，交通地位愈重要的城市，鑄幣事業愈興盛，貨幣流通速度也愈快。從布幣出土資料來看，洛陽附近經常掘出平肩弧足布，當然，這一帶本來就流通該布，但是，這些布幣大量埋藏在洛陽，表示當時的洛陽城市規模大，對外交通發達。中山勢力一度強盛，曾參與「五國相王」活動，關於其文化、制度、經濟等史料不多，中山國歷史仍是一個懸案。雖然，目前對其貨幣制度不甚瞭解，然而，靈壽城多次出土各國貨幣，全然是位居邯鄲大道的緣故，燕、趙交流都得經過中山，中山一例，無疑是交通發達的絕佳證據。相似情況也出現在河南宜陽、新鄭，山西祈縣、太原，河北邯鄲，遼寧遼陽等地。因此，幣名可當成文獻所載交通要道的補充與實證。

## 二、礦產的開採

商周兩代是中國著名的青銅時代，二里頭早商遺址已有紅銅器物，二里崗中商遺址又挖掘出更大的青銅器，青銅器的出現，意味商代銅、錫、鉛礦的開採具有一定規模。春秋戰國的開採事業進步很多，《管子．地數》云：「出銅之山四百六十七，出鐵之山三千六百九十。」《山海經》亦有相同數據。《山海經》中〈西山經〉、〈北山經〉、〈中山經〉記錄產鐵之地有卅六處，大致分布在陝西、山西、河南、湖北、湖南；產銅之地有廿九處，確知地點有十處，分布於陝西、山西。〔註 100〕古代冶銅或冶鐵的燃料以木炭爲主，《吳越春秋．闔閭內傳》言：「於是干將妻乃斷髮剪爪，投於爐中，使童男童女三百人鼓橐裝炭，金鐵乃濡，遂以成劍，陽曰干將，陰曰莫邪。」布幣以銅錫爲材，用刀刻鑄，生產時得燃燒煤炭，因之，鑄幣事業和礦物產地息息相關。（附圖 114、115）

先秦鑄造布幣的國家有三晉、燕、楚，三晉位居陝西、山西、內蒙古、河北、河南諸省，燕國國土在河北、遼寧一帶，楚國鑄布區偏於北部、東部，即河南、安徽、浙江等省。現在，擬從各省擁有礦產量考察，〔註 101〕檢驗《山

〔註 100〕參閱史念海：〈春秋戰國時代農工業的發展及其他地區的分布〉（同註 85），頁 89、92。

〔註 101〕關於各省礦產的資料，取自中國地圖出版社編制：《中華人民共和國分省地圖集》（上海：中國地圖出版社，1988 年 3 月 3 版）。任德庚：《中國地理》（台北：東大圖書公司，民國 82 年 2 月三修訂 4 版）。陳可馨、陸心賢、王駕編著：《中國地理》（台北：中國文化大學出版部，民國 82 年 8 月 2 版）。

海經》的眞實性。陝西煤礦分布於渭河北岸，禾布（澄城附近）即在此區。山西素稱「煤鐵之鄉」，煤礦產地有沁河區、呂梁山東西側，地點以大同、太原、陽泉爲主，鐵礦產於繁峙、平定、長治、陽泉、呂梁山區，另外還有銅、鋁等礦物。基本上，汾水大道就在呂梁山東麓，幣名屯留、泫氏在長治附近，霍人布位處繁峙邊。內蒙古白雲鄂博在包頭北方，爲著名鐵區，幣名（西）安陽位在包頭附近。河北太行山、井陘產煤，邯鄲有鐵，圍繞井陘的是三孔布集中區，邯鄲是尖足布常見之地。河南的煤田由鶴壁、焦作連綿到平頂山一帶，幣名共、寧、山陽、滎陽、襄城分布該區，鐵礦產於豫西山地，宜陽、藿、洛陽、偃師、鞏等邑全在範圍內。遼寧的遼陽產銅，遼陽在戰國稱纕坪。安徽資源以煤鐵最多，當塗有古銅礦遺址。浙江杭州出土燕尾布，距紹興、餘杭鐵礦不遠。參照地圖標示，許多礦區其實分布在交通線上，意味著採礦事業其實和交通仍有關連性。根據前述證明《山海經》所言不假，雖然現代礦物產地不能等同於先秦，但是，在古產地無法完全找出對應地望時，仍不失爲一項參考基點。〔註 102〕另外，必須強調地，對照《管子》與《山海經》記錄之數，古代礦物產地絕不限於布幣所記之地，只因這些地方「交通」發達而優先、大量開挖。

《漢書・地理志》爲目前存世最早的全國地理總志，許多秦漢城邑沿襲前朝，所以，考證貨幣地名不可忽略〈地理志〉。依照班固的記載，設立鐵官的郡縣有弘農郡宜陽、安邑，河東郡皮氏、平陽、莆子、絳，太原郡陽曲，河內郡沁水，潁川郡陽城，魏郡武安，河南郡，中山國，常山郡等等。設立鐵官表示該縣鑄造工業發達，販賣鐵器興盛，鄰近礦區，〔註 103〕需有專門官吏管理，巧合地，這些郡縣均屬布幣流通區，而且，有些設鐵官處本身便是布幣地名。

〔註 102〕石璋如《殷代的鑄銅工藝》：「殷代銅礦砂之來源…由濟源而垣曲，而絳縣而聞喜，在這中條山脈中，銅礦的蘊藏比較豐富。」周自強認爲近年各省測繪局繪製「省地圖冊」公布的物產資料，證實古文獻所記與今地質勘查基本吻合。山西銅礦儲量居全國第五位，主要集中分布於中條山垣曲、聞喜。以上參考周自強主編：《中國經濟通史・先秦經濟卷》（上）（北京：經濟日報出版社，2000 年 9 月），頁 391。

〔註 103〕《工商制度志》云：「設置工官、服官之處，都是該種手工業的原料產地或有地方特點的傳統工藝所在地。」見劉佛丁、李一翔、張東剛、王玉茹撰：《工商制度志》，收於《中華文化通志・制度文化典》（4～033）（上海：上海人民出版社，1998 年 10 月），頁 32。

綜合前論，幣名與銅鐵煤礦的生產相關，大抵上，這些地望不是出產鑄幣原料及燃料，便是與礦區鄰近。而且，多數礦區分布於交通幹道上，顯見礦產的開採與交通有密不可分關係。透過古代典籍與現代礦產的對比，兩者結果吻合，表示礦產開採的因素會影響鑄幣場設置。

## 三、國勢的消長

在第參章裡，筆者討論了五大系列的地域與年代，這條線索透露春秋戰國大小諸侯的國力強弱。舉例來說，春秋時的周王室勢力不如從前，在尊王攘夷的口號下，周王還是共主，由平肩弧足布的種類反映出鑄幣能力尚強。到了戰國，周天子的權力急速縮小，在備受韓國的脅迫下，僅能鑄造零星的貨幣。春秋時代的晉、鄭、衛實力堅強，尤其是晉國，三卿龐大到足以製作自己的布幣。

戰國初期延續春秋局面，魏國國勢最強，因爲它的幣種最多，錢幣厚實，而且，通行特殊的橋足布及銳角布。橋足布出土於山西、陝西、河南之魏域，在山東濟寧、嘉祥、臨淄也曾發現，表示它是當時的強勢貨幣。戰國中期，列國稱霸，五系布幣紛紛出現，趙國尖足布，魏國方足布、韓國晚期平肩弧足布各有特色。戰國晚期，呈現秦趙齊三分天下的局勢，以方足布而言，趙國的地名達四十餘處，韓魏鑄地只有廿多個，鑄幣事業需要國家財政的支持，假若國勢不振，經濟走低，鑄幣品質下降，輕幣或劣幣氾濫，該國貨幣的功能相對不彰，甚至民間私鑄因應而起。趙國方足布的鑄地多，再加上還流通圓足布、三孔布，意味它的國力很強，財政穩定，才能鑄造數量龐大，高額幣值的貨幣。愈到末期，秦國無人能攖其鋒的事實亦反映在貨幣上，以趙國爲例，戰國早期尖足布多鑄於太行山以西，末期則多在太行山以東，〔註 104〕表示西部逐漸陷秦，所以才無法再鑄趙幣。

位於刀幣區的燕國，戰國初期國勢不強，一直到燕昭王才大有作爲。秦開曾質於胡，熟悉其內部情形，回國後便領兵消滅東胡，建立上谷、漁陽、右北平、遼西、遼東五郡。中晚期的燕趙關係密切，商業往來頻繁，促使它們成爲新興的刀布合流區，換言之，遼東郡襄平布的鑄造，便是燕國國勢鼎盛的標誌。

〔註 104〕參見何琳儀：〈三孔布幣考〉（同註 8），頁 180。

戰國初期的楚國疆域很大，陝西西南、河南南部、湖北、湖南、安徽、江西、江蘇西部、山東東南爲楚地，懷王廿三年（306B.C.）亡越，浙江成爲楚境，河南、江蘇、安徽、浙江等地均曾出土燕尾布。頃襄王廿一年（278B.C.）白起拔郢，楚國的政經重心移到東部。河南新鄭曾發現燕尾布陶範，同出器物年代屬戰國晚期。配合歷史的記載，中期的楚國屢次征伐得勝，滅越也在此時，晚期經營東部，許多貨幣遺物都出土在壽縣一帶，所以，燕尾布應是中期國勢較強，與布幣區進行商業活動的產物。另外，戰國時鄭、宋、衛淪爲蕞爾小國，史籍殊載，相對地貨幣體系亦不明朗。

根據上述的討論，由鑄幣地點及幣種數量的多寡，均可顯示一國勢力消長，而且，貨幣是最眞實的紀錄，透過各種地名資料，在對應歷史的同時，也能補充闕疑部分。

## 四、區域性經濟

先秦布幣區範圍廣大，各國都有一套貨幣體系，商業不侷限於本國，當它的觸角從國內跨越國外，跨國商人將某地貨幣帶往他處，無形中加速貨幣流動，提供區域整合的可能。區域性經濟充分表現貨幣流通性，這點在考古遺跡中殊爲明顯，按理說，在鑄地出土貨幣的機率最高，但發掘出外地貨幣的情形比比皆是，顯然地，因爲經濟的力量促使貨幣流通天涯。通過考古的資料，梳理國與國間商業接觸頻繁程度，進一步便能形成區域經濟圖。

根據最近二、三十年貨幣發掘報告顯示，純粹出土當地貨幣的情況不多，通常是在一地發掘出不同地名的貨幣，這些貨幣可能屬於本國幣，也可能爲外國幣。純粹出土本國幣的例子較罕，1974 年洛陽西工東周王城的窖藏裡，有少曲市東、少曲市南、安臧、安周、卲地、東周等十六種布幣，它們屬於兩周幣，在洛陽出土十分合理。1994 年內蒙古敖漢旗四家子鄉掘到 70 多枚安陽布，安陽正在內蒙古。1996 年，內蒙古托克托縣古城村發現 40 餘枚趙國尖足布，如甘丹、大陰、晉陽、茲氏等等，這些地點皆在汾水大道上，在北疆出現內陸布幣，可見邊地商業興盛。河南宜陽接二連三地挖掘出貨幣，其中以武、盧氏、三川釿最豐，宜陽爲韓地，斜肩弧足布亦爲韓幣，雖然這些布幣並非宜陽所鑄，卻說明宜陽非常繁榮，吸納貨幣的能力強大。

在同一地點發現本國幣與外國幣者不勝枚舉，如 1973 年河南新鄭發現大批貨幣，有梁夸釿、安邑、陰晉等橋足布，宅陽、屯留、陽邑、藺、中都、北屈、莆子等方足布，橋足布、莆子布屬魏，宅陽、屯留爲韓地，陽邑、藺、中都、北屈爲趙城，其中以魏幣最多，可能與魏國國勢和新鄭地理位置有關。1929 年河南方城北山挖到 150 多枚梁夸釿布，方城爲楚北境，鄰近魏國，說明了魏楚貿易往來的活躍。河北易縣燕下都遺址出土 1100 多枚布幣，單一地點以燕陽安布 149 枚最多，就總數而言，趙尖足、方足布共有四百餘枚，韓魏幣各數十枚，由此可知，燕和趙商業往來興盛，與較遠的韓魏則不那麼密切。1959 年內蒙古涼城新堂鎮發掘 400 餘枚窖藏布幣，以趙尖足、方足布幣名居冠，魏幣僅有梁、皮氏等布。80 年代內蒙赤峰蘑菇山發現 73 枚布幣，分屬韓、趙、魏、燕，依幣名排序，趙幣最多，其次爲燕及韓魏。這些資料透露三點訊息：第一、如果一地混和出土本國與外國幣，本國幣通常多於外國幣。第二、這些本國幣中，以鑄地鄰近出土地的貨幣較多。它們的分布呈現同心圓，最內圈是本地幣，其次爲鄰地貨幣，第三圈爲較遠的本國幣，外圈是他國幣。第三、邊疆（如內蒙古）亦使用內陸貨幣，相對地，容易流通他國貨幣。第四、大量出土貨幣的地區（如新鄭、易縣）交通便利。如此看來，戰國時代貨幣經濟似乎抬頭了，事實上，自然經濟的勢力亦不容忽視，物物交換模式在任何時期都會存在，只是使用頻率高低、次數多寡而已

布幣區的單位也受區域性經濟影響，就目前看來，布幣通用的單位是釿、寽、銖、兩，其中，釿的使用範圍較廣。空首布很少記釿，目前的例子僅有亥盾□黃釿、重以黃釿；橋足布常會刻鑄二釿、一釿、半釿；尖足布則僅記上半字；方足布中，只有𨚵布背文刻鑄「一半」字樣；燕尾布又稱當釿布，因爲幣文是「╳╳當釿」。由尖足布、方足布的形制及重量判斷，它們都以釿爲單位，只是沒有明白寫出而已。銖兩是三孔布背文的特色，秦國首先實行銖兩制，裘錫圭指出燕國金器、趙國銀節約也刻銖兩記重，〔註 105〕可見銖兩並非秦國專利。三孔布以記十二銖的小型布數量較多，使用上，一兩約等值一釿，十二銖等值半釿。鑄行布幣的國家那麼多，卻一致地採用釿爲單位，表示它們屬於同一個經濟體系，爲了達到交易方便之目的，必須使用相同的貨幣單位。三孔布的地域性色彩較濃，因爲它們都是趙國布幣，是否還有他國貨幣也以銖兩單位，有待日後材料的證明。

一地出土多種布幣與單位趨向統一，表現區域性經濟整合的成功，凡在

〔註 105〕裘錫圭：〈戰國貨幣考〉，收於《古文字論集》（北京：中華書局，1992 年 8 月），頁 432。

此區進行的商業活動，儘管鑄造地點不同，但它們都保持相似規格、單位及重量，在國家保證下鑄行，貨幣功能齊備，交易市場的布幣便琳瑯滿目了。

## 五、刀布的合流

談到刀布合流現象，首先要說明的是仿鑄的意義。仿鑄有兩種說法：一、鑄他國貨幣；二、非本國地名的貨幣出現在本國，並發現範具。〔註 106〕本論文採取寬式說法，即鑄造外國貨幣，縱使尚未發現範模者，亦屬於仿鑄範疇。至於仿鑄者爲國家或私人，暫時不作討論。先秦刀布體系的範圍，大致上以三晉爲布幣區，燕齊劃歸刀幣區。隨著諸國征伐的進行與商業的往來，刀布的界線逐漸有模稜地帶，簡言之，流通布幣的國家亦接受刀幣，甚至還製作刀幣；刀幣國可見布幣流通，後來也鑄造布幣。最早刀布合流的現象，可上溯至春秋晚期晉國與鮮虞，晉國欲擴大領土，頻頻攻打太行山以東的鮮虞及其附屬小國，藉由軍事戰爭的強力波及，趙氏尖足空首布一度流通於鮮虞國境。〔註 107〕戰國中期，燕、趙、中山比鄰而居，燕和中山屬刀幣區，趙國則是布幣區，趙遷邯鄲，與中山和燕國關係更密，趙開始鑄造甘丹、白人等刀幣，〔註 108〕依據出土的報告發現，趙刀多出現於河北，即趙國東、北部，如 1957 年北京朝陽呼家樓挖出三晉方足布、尖足布、燕易刀、趙刀。〔註 109〕由此可知，趙刀的鑄造實確是遷都東部後，爲促進雙方交易而鑄。透過戰國考古資料顯示，中山亦仿鑄刀布，靈壽遺址曾出土刀布範；燕國境內亦常見布幣蹤跡。換言之，三國之幣可互相流通。戰國晚期，趙滅中山，燕國也漸漸接受布幣形制，鑄起束腰小方足布，整個北方成爲刀布合流區。

雖然刀布合流的情況在春秋晚期已經出現，戰國後期亦趨頻繁，然而，並不是說這些地區的刀布地位相同，就如同楚國也鑄燕尾布，但該布幣實際上僅出現在東、北境，它是一種地區性貨幣，因兌換而鑄，並不是全面性的楚幣。刀布合流區的情形亦是如此，春秋晚期的鮮虞曾使用晉國布幣，但主要仍是流通刀幣；趙國屬於布幣區，刀幣僅鑄於東、北部，也非主流的貨幣。布幣在燕

〔註 106〕參閱黃錫全：〈三晉兩周小方足布的國別及有關問題初論〉，收於《先秦貨幣研究》（同註 14），頁 132。

〔註 107〕參見張弛：《中國刀幣匯考》（石家莊：河北人民出版社，1997 年 12 月），頁 146。

〔註 108〕同註 1，頁 222。

〔註 109〕北京市文物工作隊：〈北京朝陽門外出土的戰國貨幣〉，《考古》1962 年 5 期（總 68 期），頁 254～255。

或中山兩國，重要性亦不如刀幣。有時考古發現某一地出現大量的外地（外國）幣，例如 1963 年河北石家莊東郊挖掘近千枚燕易刀，以及完整的甘丹刀 20 枚、白人刀 51 枚、尖首刀 1 枚。〔註 110〕戰國時，石家莊在中山境內，〔註 111〕在中山城邑卻挖到大量外國幣，本國幣反而少見，也許是中山幣目前發現不多，所以會有「中山境內比較常見燕、趙幣」的感覺，不過，這項資料同時說明；儘管中山保存了許多外國幣，可是，這些幣仍然以「刀幣」爲主，並不違背它原先就是刀幣國的認知。從出土實物當中，排除鏽結成堆的現象，貨幣通常會整齊置放於甕中或某處，有時後還會幾十枚爲一組，用繩索貫穿綑綁，刀布同出時，兩者分別綑綁安置，甚少相混，因之，即便它們都是青銅鑄幣，重量相當即可兌換，但因爲形制依然有別，埋葬或儲存時仍會分開。

張弛提出刀布合流成因是軍事爭伐、商業貿易及貨幣形制互相影響，〔註 112〕就鮮虞流通布幣的事實，軍事力量介入程度很深；燕、趙、中山貨幣互相流通，則是三種因素的交互作用。地理位置的關係，燕趙交易必須經過中山；中山和趙國又有宿命地軍事瓜葛，長平一役趙勢大衰，燕國企圖兼併趙國，兩國征戰不斷；再加上三國在商業、文化上的交流往來，進而互相仿鑄貨幣。

刀布合流可以促進商業的發展，國家經濟力量增強，國勢也將扶搖直上，中山國便是最佳例證。中山（鮮虞）的歷史多舛，常是諸國吞併對象，從春秋的晉國，到戰國魏、趙，都曾多次發動征戰，戰國時，中山一度滅亡於魏，後來又復國，因爲位居邯鄲大道上，爲燕趙往來必經之地，地理位置導致商業有充分的進展，國力漸趨好轉，《戰國策・中山策》還記錄中山參與「五國相王」活動，由此可見，經濟的確可以幫助國家富強。再者，刀布合流其實是諸侯國鑄幣型態統一的前哨，中原北方的貨幣可以交流、仿鑄，已經比先前兩區涇渭分明的劃分前進一步，從刀布掩埋卻不相混的情況判斷，多種貨幣並存流通其實既複雜又繁瑣，隨著秦國四處兼併諸侯，圜錢的勢力普及到東方各國，刀布並行的矛盾情況，無形中促進了統一幣制的可能。

---

〔註 110〕王海航：〈石家莊東郊發現古刀幣〉，《文物》1964 年 6 期（總 164 號），頁 60、62。

〔註 111〕王海航〈石家莊東郊發現古刀幣〉頁 62 說：「這次本市發現大量的燕、趙混合出土的貨幣，也說明了本市在當時的地理位置正處於燕、趙之間，所謂燕南趙北即指此地而言。」但是楊寬《戰國史》頁 286 言：「（中山）在今河北省西部高邑、寧晉、元氏、趙縣、石家莊、靈壽、平山、行唐、曲陽、唐縣、定縣一帶。」職是，石家莊在戰國時代應屬中山。

〔註 112〕同註 107，頁 147。

附圖 41 《大系》632

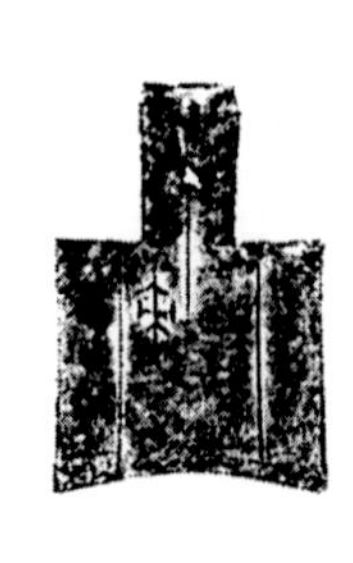
附圖 42 《大系》126

附圖 43 《大系》628

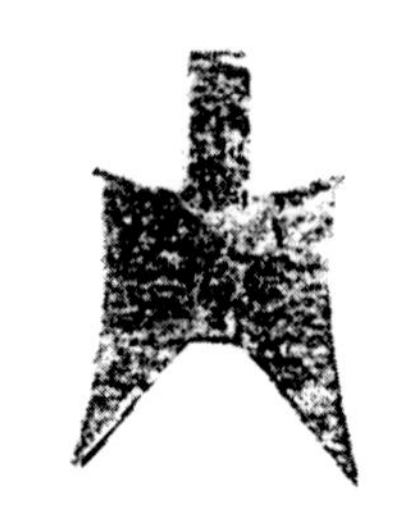
附圖 44 《大系》711

附圖 45 《大系》709

附圖 46 《大系》1065

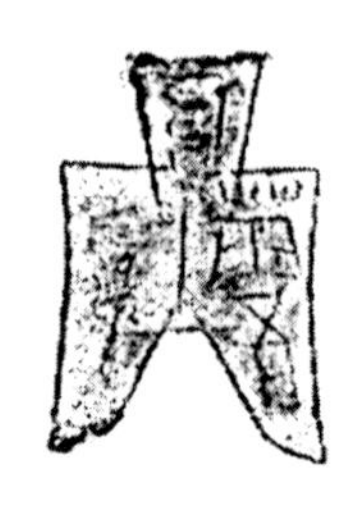
附圖 47 《大系》1084

附圖 48 《大系》1111

附圖 49 《大系》1112

附圖 50 《大系》1202

附圖 51 《古幣叢考》

附圖 52 《大系》1208

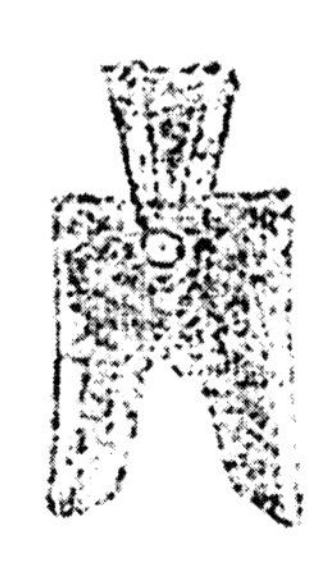
附圖 53 《大系》1209

附圖 54 《辭典》409

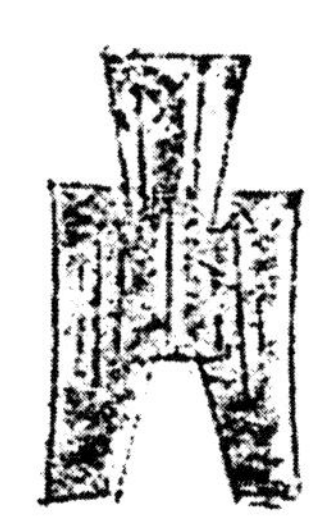
附圖 55 《大系》1213

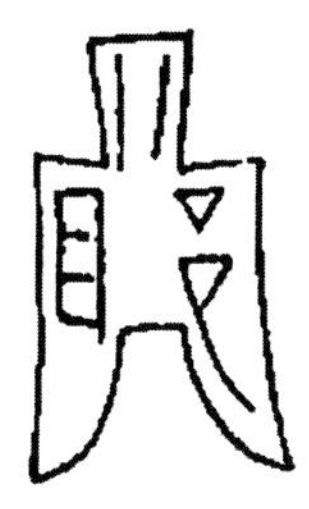
附圖 56 《辭典》390

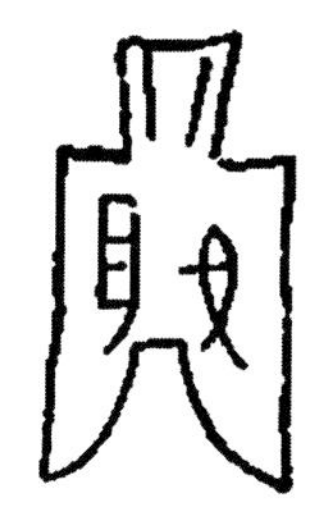
附圖 57 《辭典》394

附圖 58 《辭典》447

附圖 59 《大系》1695

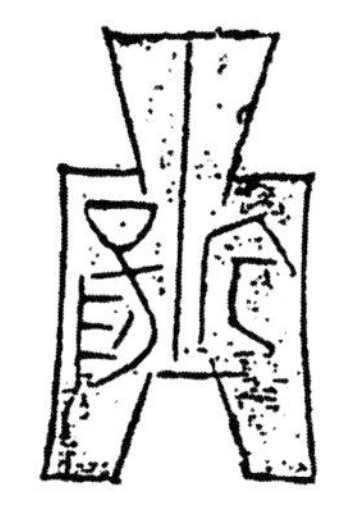
附圖 60 《三晉》

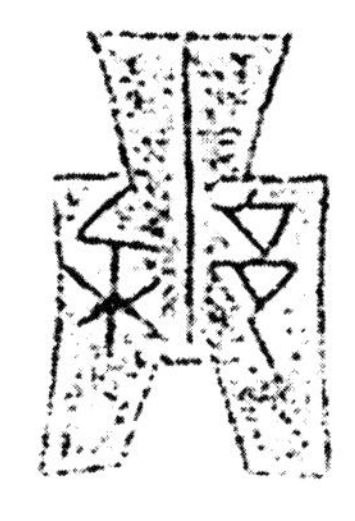
附圖 61 《大系》1868

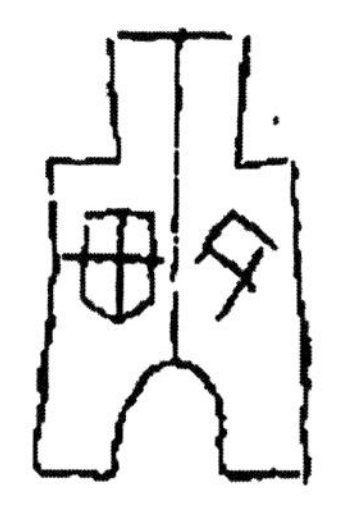
附圖 62 《辭典》65

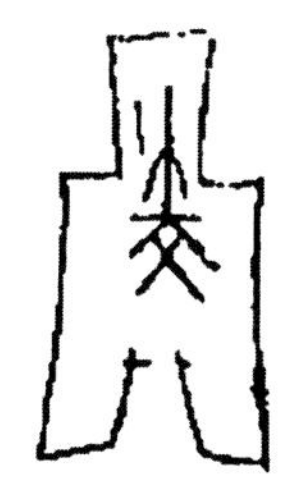
附圖 63 《辭典》136

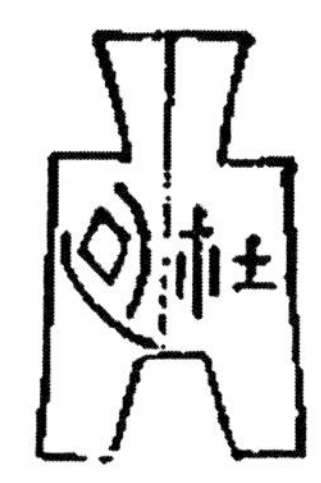
附圖 64 《辭典》148

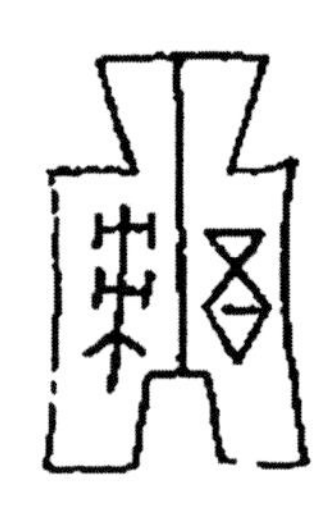

附圖 65 《辭典》150

附圖 66 《辭典》151

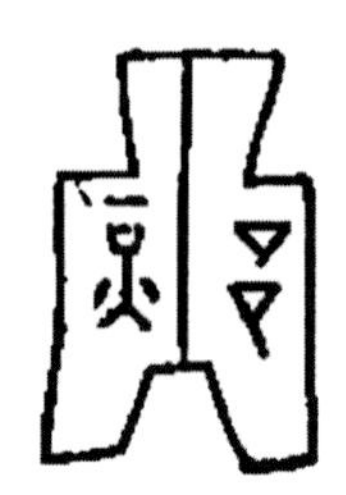

附圖 67 《辭典》329

附圖 68 《大系》1493

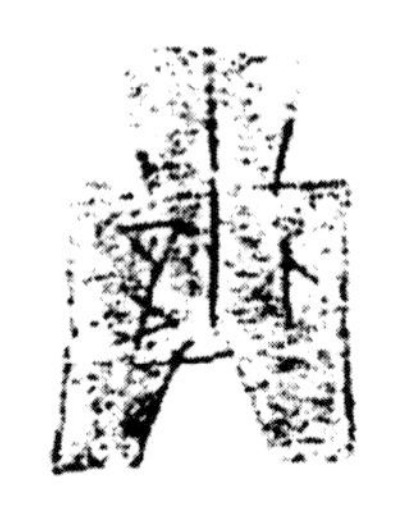

附圖 69 《大系》1520

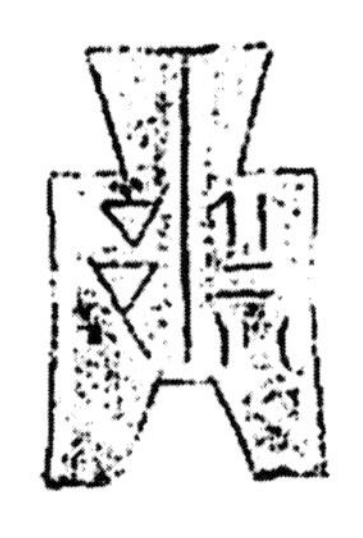

附圖 70 《大系》2220

附圖 71 《大系》1839

附圖 72 《大系》1840

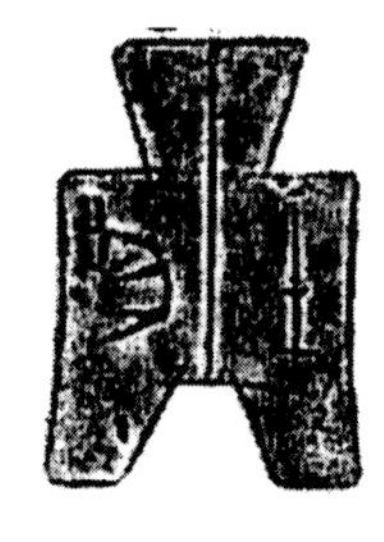

附圖 73 《大系》2009

附圖 74 《大系》2019

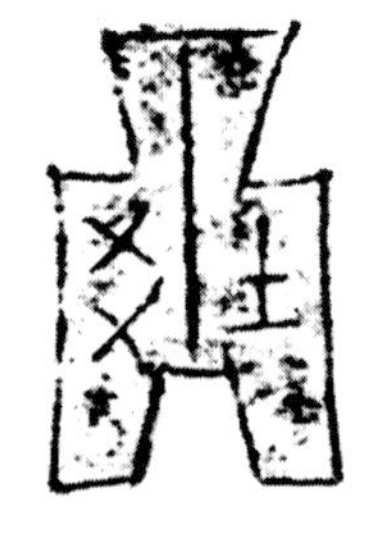

附圖 75 《大系》2014

附圖 76 《大系》2003

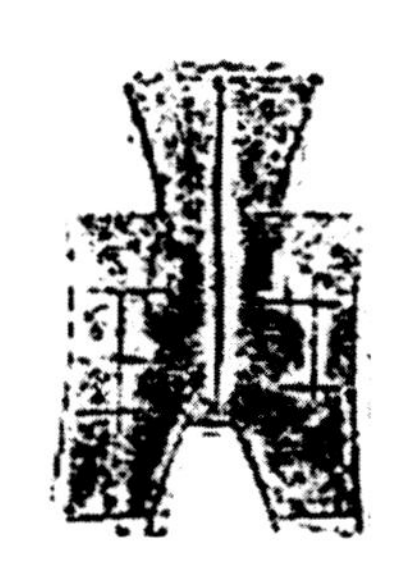

附圖 77 《大系》2005

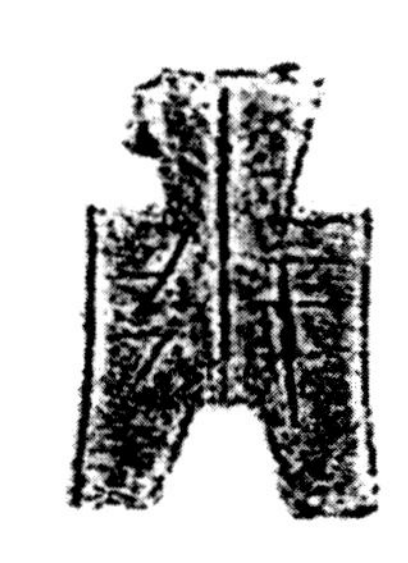

附圖 78 《大系》2004

附圖 79 《大系》2011

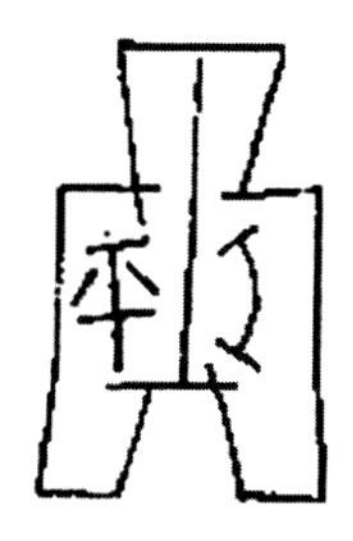

附圖 80 《辭典》81

附圖 81 《大系》2203

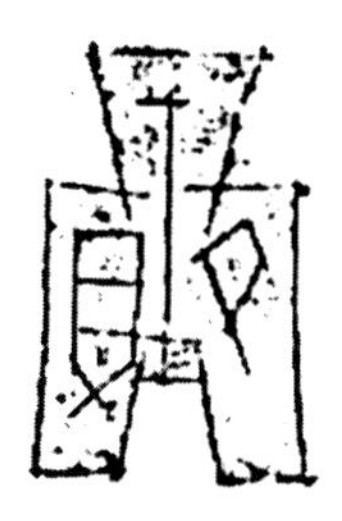

附圖 82 《大系》2223

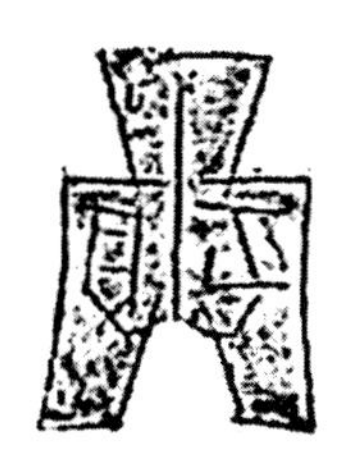

附圖 83 《大系》2253

附圖 84 《大系》2263

附圖 85 《辭典》84

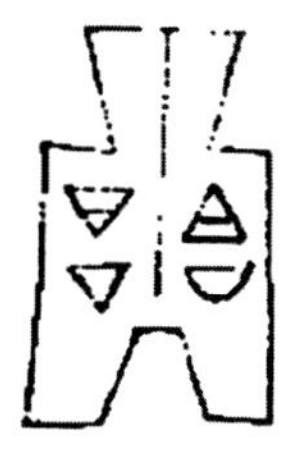

附圖 86 《辭典》211

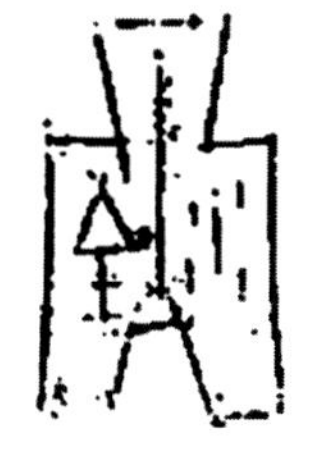

附圖 87 《辭典》242

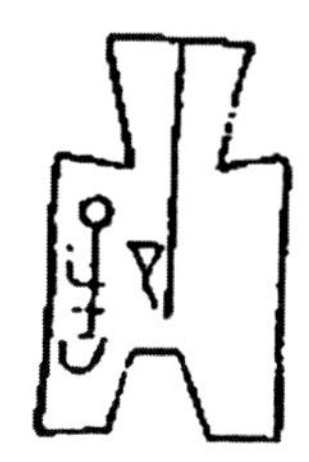

附圖 88 《辭典》254

附圖 89 《辭典》333

附圖 90 《古幣叢考》

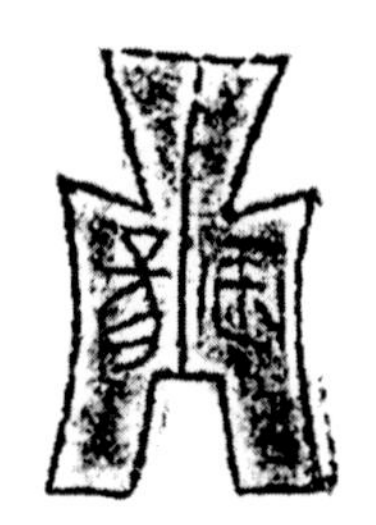

附圖 91 《大系》2290

附圖 92 《古幣叢考》

附圖 93 《古幣叢考》

附圖 94 《大系》2343

附圖 95 《大系》1811

附圖 96 《大系》1812

附圖 97 《大系》1996

附圖 98 《大系》1995

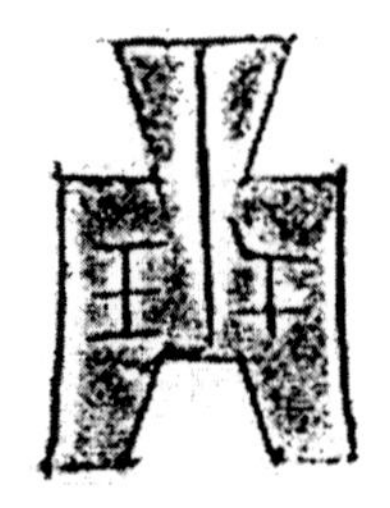

附圖 99 《大系》1998

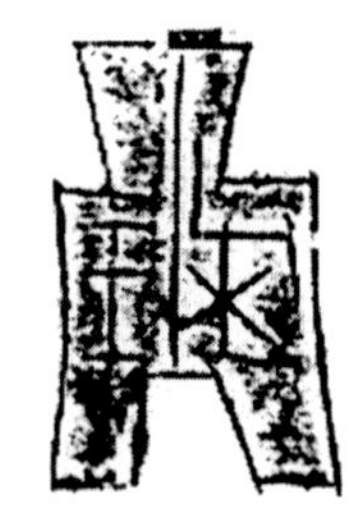

附圖 100 《大系》1871

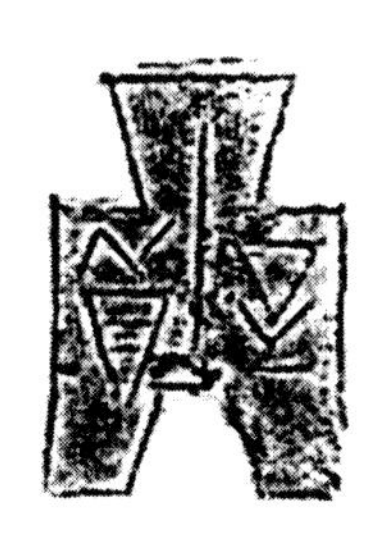
附圖 101 《大系》1886

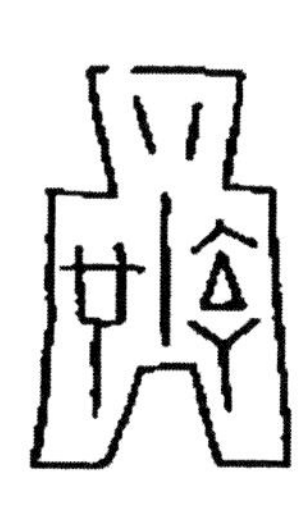
附圖 102 《辭典》149

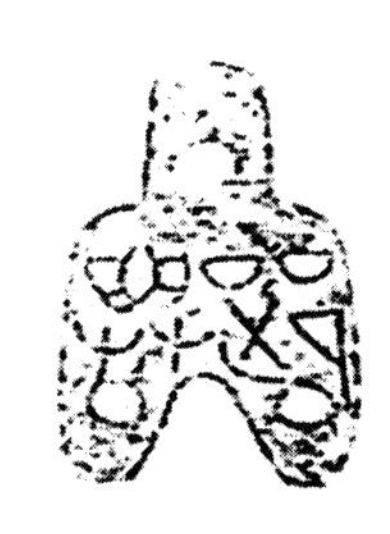
附圖 103 《大系》2480

附圖 104 《大系》2468

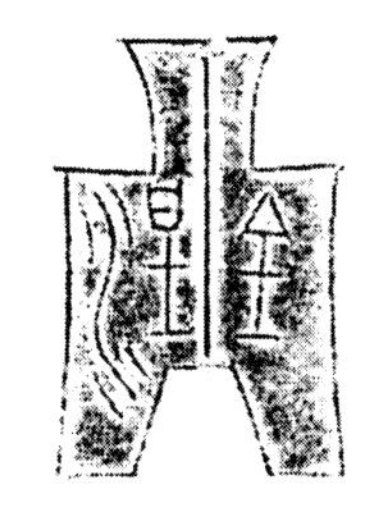
附圖 105 《大系》1222

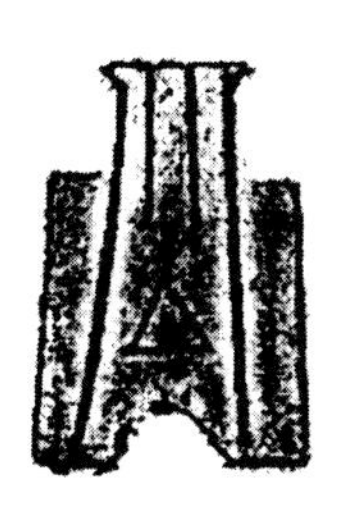
附圖 106 《大系》1232

附圖 107 《大系》1240

附圖 108 《大系》1409

附圖 109 《大系》1432

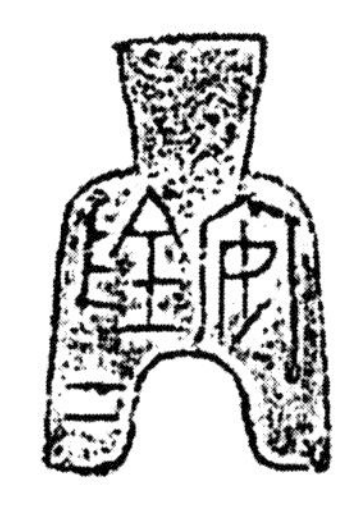
附圖 110 《大系》1452

附圖 111 《大系》1346

## 附圖 112　戰國期中原地區形勢圖（西元前 350 年）

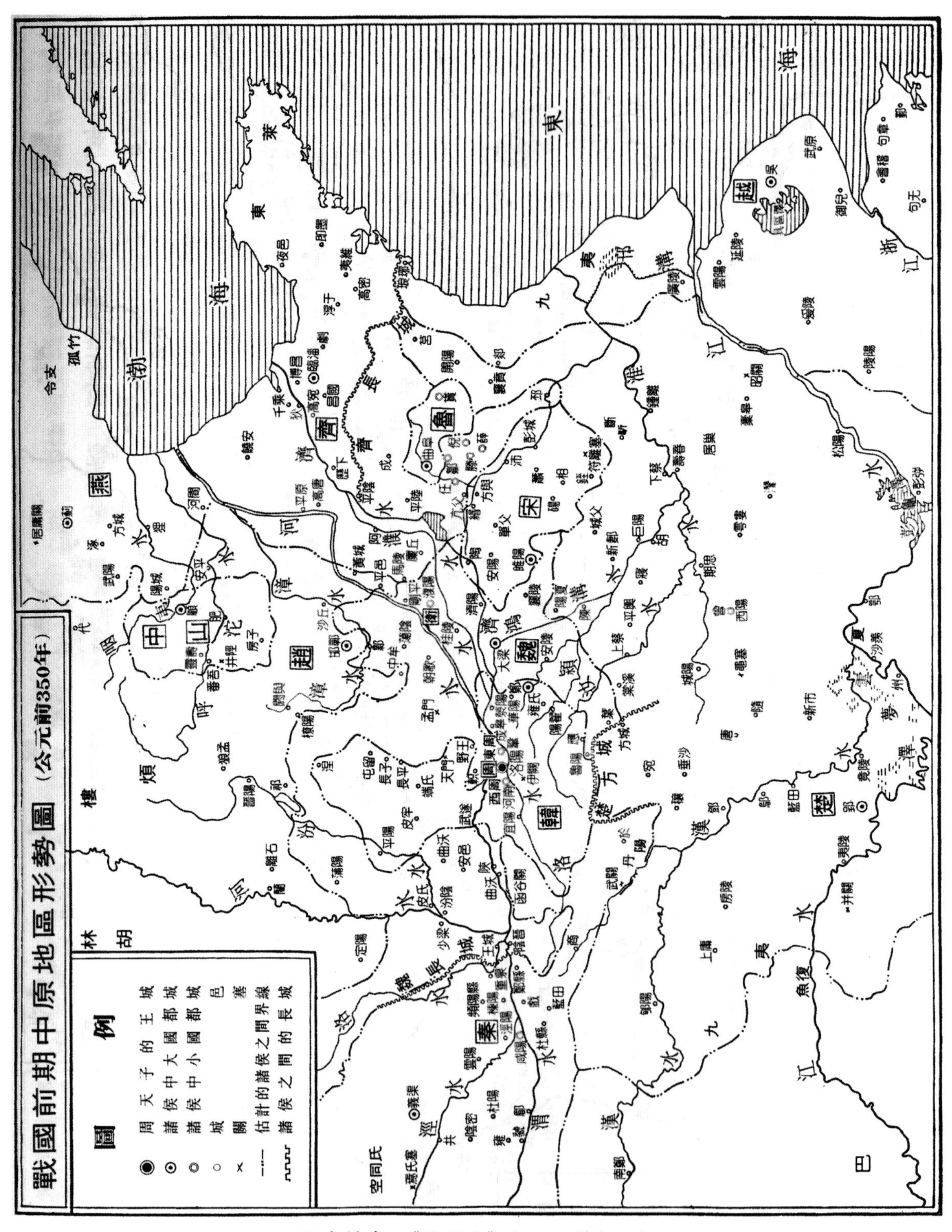


取自楊寬：《戰國史》（1997 增訂版）

## 附圖 113　戰國時代黃河中游地區圖

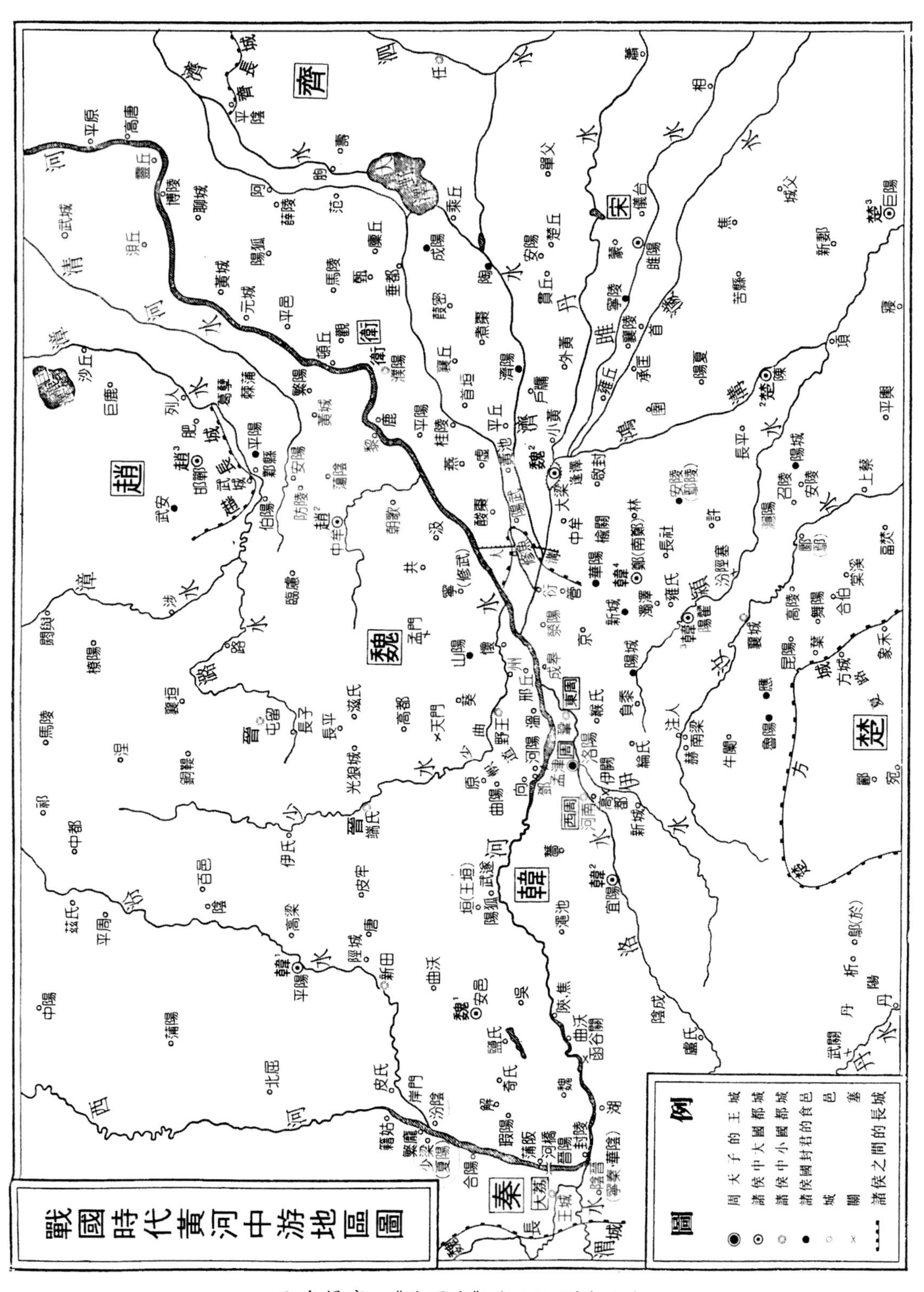


取自楊寬：《戰國史》（1997 增訂版）

## 附圖 114　春秋戰國時期農業手工業分布圖

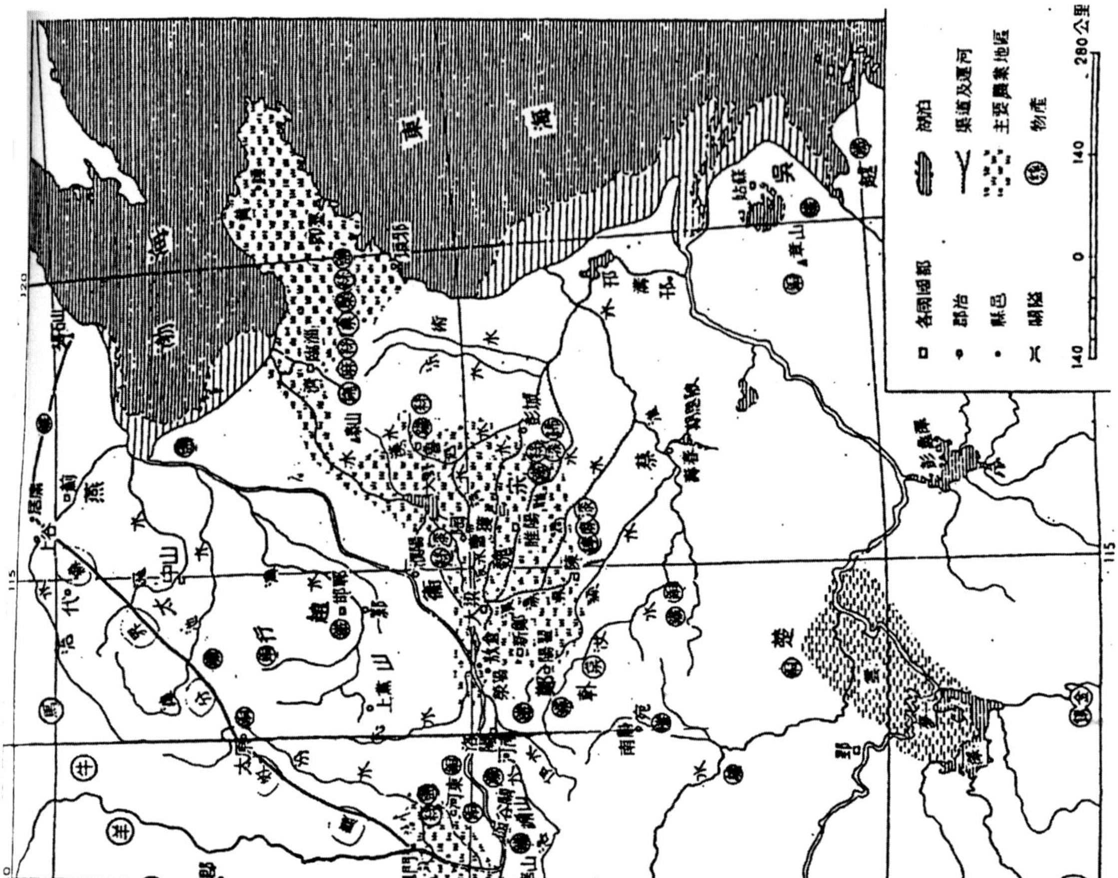

取自史念海：〈春秋戰國時代農工業的發展及其他地區的分布〉，收於《中國史地論稿》

## 附圖 115　戰國時代經濟都會圖

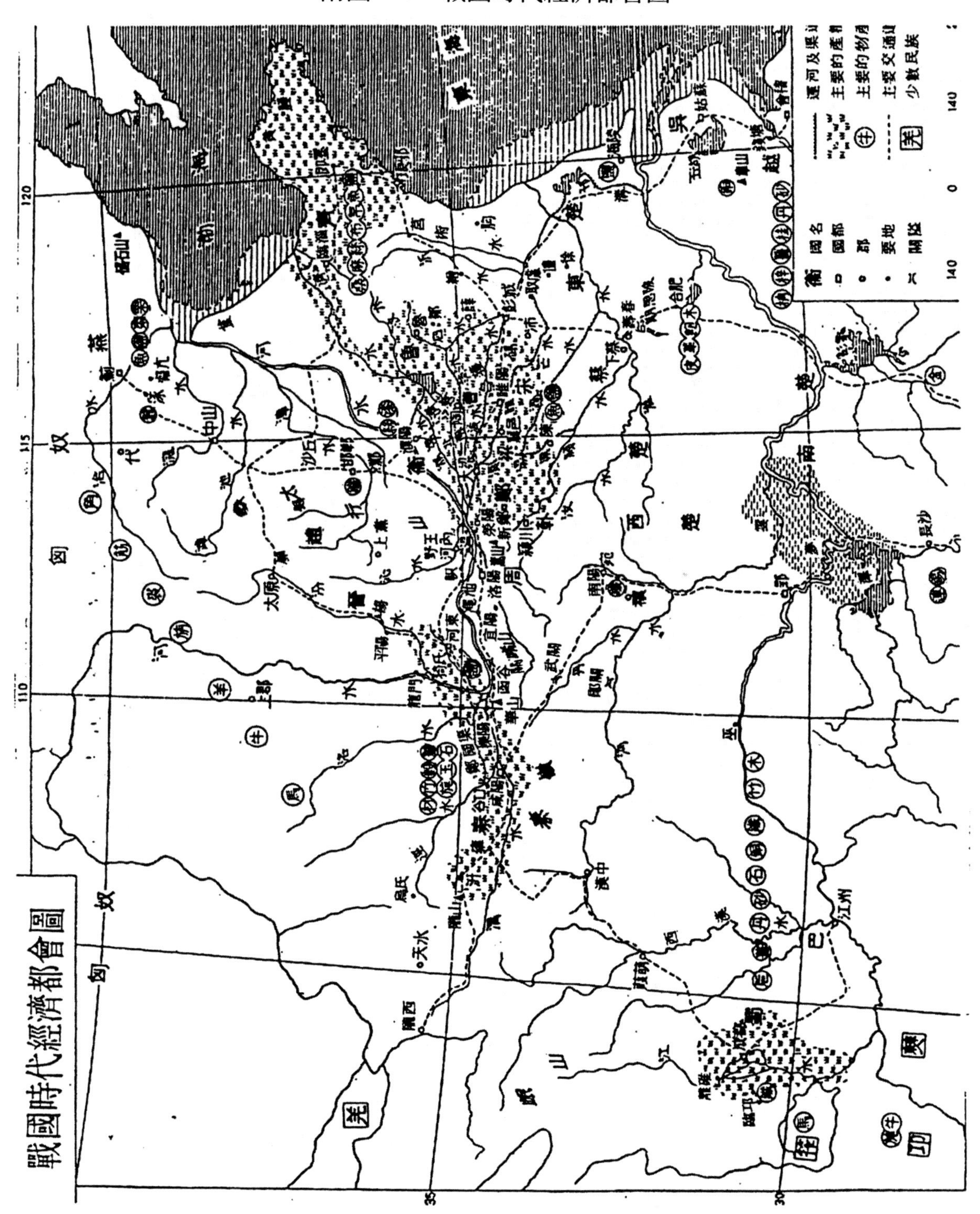


取自史念海：〈春秋戰國時代農工業的發展及其他地區的分布〉，收於《中國史地論稿》

# 第伍章　布幣文字探究

前幾章依循歷史脈絡探索布幣蘊含的深層意義，本章轉換由語言文字的鏡頭，重新檢視布幣體系。貨幣文字本屬戰國文字一支，誠然，貨幣所記文字十分有限，比起長篇金文與簡牘，它算不上最佳銘文材料，但基於某些特質，提升了貨幣銘文的重要性。本論文設定的範圍是先秦布幣，它在當時貨幣體系中屬龐大支系，具備代表性，研究文字首要條件爲釋讀，此項工作在第肆章析論地名時已經完成，因之，本章焦點在於單字銘文與使用單位的考察，單字銘文的梗概歸納和綴讀，將能更瞭解布幣文字銘記模式。布幣區共同單位及特殊區域性單位的運用，反映出它們脫離青銅重量單位，邁向價值單位的軌跡。

賡續之前的論述，筆者將複雜的楚國燕尾布放置本章處理，燕尾布考釋一節依循古文字學的考證模式操作，將釋讀、國別、年代作一番通盤討論，並交代燕尾布對內、對外的兌換比例。在分列條述末了，統整銘文演變規則及共時歷時的比較，更是研究重心。共時與歷時研究是語言文字學關切的核心問題，探討布幣文字也不例外。孤立探索呈現地是一小點，宏觀地看待橫向、縱向之異同，掌握面的意義，才能做出合理又有效的解釋。

## 第一節　特殊的銘記模式

貨幣文字給人的第一印象通常是地名，成串的地名總是枯燥單調。然而，地名確實是幣文重心，但絕非全部，例如空首布常見一些單字，這些單字的意涵就不僅爲地名而已，也許指方位或事物。畢竟，戰國平首布時代才普遍刻鑄地名。第參章曾經介紹五大序列的成員，背景說明已包括文字內容，本節將討論幣文銘記的詳細變化，著重於不同序列或國家，其銘記模式的差異性。

春秋尖足空首布的單字多屬地名，在此略而不論。平肩弧足布絕大部分爲單字銘，分佈在錢面。以《大系》爲樣本，目前已釋者約 150 種左右，還有部分未能釋讀。由於這些單字承載的訊息太少，如果它們之間有所關連，綴讀工作無疑是最艱難的。排除前章已列表格的地名外，目前僅能將單字作一番梗概分類，曹錦炎嘗試將部分文字串連成帝謚、五聲八音、五爵，〔註 1〕所得結果亦述於下：

一、數目：一、二、三、四、五、六、七、八、九、十等。

二、干支：甲、乙、丙、戊、己、辛、子、丑、巳、午、亥等。

三、帝謚：文、武、成、穆、共等。

四、五聲八音：宮、商、角、徵、羽、土、石、木、竹、系等。

五、五爵：公、侯、白。

六、方位：南、北、上、下等。

七、五行：木、水、火、土等。

八、天然物：日、月、雨、山、丘、暮、戾、冬等。

九、植物：禾、黍等。

十、動物：犬、羔、羊、豕等。

十一、器物：鼎、鬲、皿等。

十二、器官：耳、目、心等。

十三、吉語：行、羊、吉、富、昌等。

十四、事物：寶、斤、兄、同、大、宙、生、井、以、立等等。

部分單字銘是種標誌，鑄工用熟悉文字銘記布幣以方便辨識，所以，無論是數目、干支或五行，並無實質意義。排除記號字之後，有些文字看似無所關連，綴讀後卻有意義，如何琳儀指出空首布銘可連綴通讀成「大吉羊（祥），君尚（常）富」，〔註 2〕曹錦炎認爲布幣標明帝謚，可能具紀念性質，《國語・周語》記載周景王鑄大鐘、問律於伶州鳩之事，五聲八音的布幣也許是景王幣。〔註 3〕以上分類尚有調整空間，例如共字，曹錦炎視爲帝謚，即

〔註 1〕詳閱曹錦炎：〈關於先秦貨幣銘文的若干問題——談《中國歷代貨幣大系・先秦貨幣》札記〉，《中國錢幣》1992 年 2 期（總 37 期），頁 58～59。

〔註 2〕何琳儀：《古幣叢考》前言（台北：文史哲出版社，民國 85 年 8 月），頁 4。

〔註 3〕同註 1，頁 59。

紀念周共王，然而，今日河南輝縣先秦名「共」，故共字也可能是地名。再如羊本義爲動物之羊，後來又有良善、吉祥義，究竟布幣上的羊表示動物抑或吉語，模稜兩可。平肩弧足布面文「╳釿」，爲「地名＋量詞」，中間省略數字，可能當時只有一種標準（一釿），所以不需標明數目。

平首布銘文變化多端，各式各樣的地名、單位、記號紛紛出籠，在記號方面，國別色彩濃厚，易言之，記號字也是判斷國屬依據。通常記號字出現於錢背，而且全用數目表示。春秋趙卿尖足聳肩布面文曾記數目，光背；戰國趙尖足布普遍有數字背文，最小由一、二、三，一直到六十。如果這些數目均是記值，那麼，市面上同時流通值六十之布，或值一、二、三之布，區分過細，實行機率不大。何況，依目前已知研判，尖足布頂多只有一釿的大額。再者，茲氏半、邪山半、晉陽半等面文已表示半釿，而這些尖足布背面也有數目，比較有可能地是數字表示爐次或範次。同屬趙幣的圓足布，面文單純，背文一到六十五，其中，八九作八㐅，六八作亼，與一般數目寫法不同。《孫子算經》言：「一縱十橫，百立千僵。」是故，－｜＝｜即1121。除了布幣保留較多數字記錄外，楚金幣也是重要資料，楚國與中原計數相差不遠，但都有不合縱橫相間之例，如15通常寫作｜╳，上舉二例即89、68，省略十字。三孔布二二作₌⁼，屬錯位寫法。江蘇盱眙編號22金幣作－☰，張沛認爲這些現象表示了「一縱十橫」擺法未成定制。〔註4〕另外，圓足布、三孔布廿寫作廿，尖足布作‖；圓足布55、61、65的寫法通常不省｜（十），尖足布卻往往省略，同國鑄幣寫法涇渭分明，可見地域歧異性影響頗巨。

韓國大銳角布光背，魏國小銳角布背文或作一、十、上、下，記錄爐次或範次。橋足布不記數字，部分銘文風格特殊，例如安邑布通常採倒書，只有正書者才在錢背刻鑄安字。湯余惠以爲安爲安邑省稱，〔註5〕然而，如果安眞爲安邑之省，未免畫蛇添足。也許，安邑╳釿的背文和安臧布的安有相同意涵。橋足布中禾、言陽、垂、陝、分布、共、盧氏、高女、垣釿、梋釿均爲倒書，高半釿布比較特別，高字正書，半釿倒書。平肩、圓肩布均有倒書情況，倒書種類還不少，可見這並非偶然誤鑄，而是某些地區的習慣。梁夸釿五十當寽布背偶見陰文夸字，由於這種布幣建立在跨區交易的基礎上，背記夸字，可能受

〔註4〕見張沛：〈盱眙、阜陽出土金幣上的數碼符號試析〉，《中國錢幣》1993年2期（總41期），頁40。

〔註5〕湯餘惠：《戰國銘文選》（長春：吉林大學出版社，1993年9月），頁108。

楚國爯金的影響，爯有質量好、楚族徽含意，〔註6〕橋足布背文刻鑄夸，再度強調大布的意義。但為何要刻鑄陰文，以及夸字只見於梁夸釿五十當寽布，還有待更多資料的佐證。不過，可確知地是魏幣、韓幣並不流行銘記數目。

燕國小方足布背文右、左、右十、左一、左十，「右左」是三晉與燕國兵銘常見文字，三晉兵器有「左庫工師」、「右庫工師」，燕國兵器記「右工尹」，在貨幣中，未見三晉幣記上左右，燕易刀以左右組成的字組卻很多，布幣上的左右可能和兵器左右含意相當，至於一、十仍是表爐次或範次。

這些例子說明了先秦貨幣雖可劃分為五大體系，某些國家縱使歸為同一區，它們之間仍同中有異，自成特色。春秋空首布多為單字銘，最早的記號字以數目、方位表示，主要記於錢背。空首布上已出現單位釿，之所以造成「地名＋量詞」的奇怪語法，推測是當時幣值單純而省略的緣故。戰國以後刻鑄地名成為趨勢，記號字出現頻率減低，除了趙尖足布、圓足布、三孔布常記數目以外，其他布幣區國家則多不保留記號。魏國倒書寫法僅出現在某種橋足布，與燕幣附上「左右」增強區別度，都是該國與眾不同的銘記方式。

# 第二節　布幣的單位

度量衡的萌芽十分古老，早在人類由穴居遷出而建屋，甚至氏族酋長分配糧食時，〔註7〕測量工作便展開了。《大戴禮記・五帝德》傳說黃帝「設五量」，《世本・帝系》記載少昊「同度量，調律呂」，《史記・夏本紀》亦記載舜「身為度，稱以出」。雖然這些記載的眞實性目前無法驗證，但是，隨著農業、商業、手工業、建築業的發展，商周時期的度量衡制確定已經成形。

商業的進步與度量衡有絕對關係，交易必須建立在公平基礎上，最佳的辦法即是透過公定標準進行買賣。早期人們價值觀較不嚴密，私有財產範圍愈廣，錙銖必較的心態愈嚴重，以貨幣計價，衡制便記在貨幣上。以布幣而言，寽、釿、兩、銖都曾銘記於錢身，寽用在兌換方面，因之，通常使用的單位以釿、兩、銖為主。就典籍文獻、青銅器和度量衡器歸類，金屬稱量貨幣的單位可分成三組，一是寽，二是鎰、釿，三是鈞、斤、兩、銖。筆者討論的重點在於布幣單位，這個部分所費筆墨較多，其他單位由於同屬一組，

〔註6〕趙德馨：《楚國的貨幣》（武漢：湖北教育出版社，1996年9月），頁90～91。
〔註7〕參見丘光明：《中國古代度量衡》（台北：台灣商務印書館，1994年7月），頁4。

雖有提及，不盡詳述。

## 一、寽

寽並不是很普遍的布幣單位，它的存在印證了戰國區域性經濟的特質，銘記寽的布幣是「梁當寽」等四種布。

寽的起源很早，殷商甲骨文已經有寽字，黃德馨認為寽在甲骨文當中有兩個義項，一作動詞，一作量詞，寽與爰是同一個字。〔註 8〕青銅器關於寽的材料豐富，例如：

1. 《金村銅鈁》：「四寽廿三冢。」（圖集頁 183）
2. 《金村銅鼎》：「公左厶㠯重爯三寽七□。」（圖集頁 183）
3. 《禽簋》：「易金百寽。」（三代 6.50.1）
4. 《左師銅鈁》：「十九爯四寽廿九觓。」

這裡的寽為量詞，作重量單位用，而且，西周以後的寽通常指重量單位。

寽既然是單位，那麼一寽到底多重？這個問題從漢代困擾至今，兩漢學者試圖說出寽的重量，釐清寽與爰的關係，終究莫衷一是。蔡雲《癖談》對鋝與鍰有一番說明：

> 尚書呂刑其罰百鍰之鍰，即泉也。按夏侯歐陽說，墨罰疑赦，其罰百率。古以六兩為率，古尚書說鍰者，率也，一率十一銖二十五分銖之十三也，百鍰為三斤。又鄭注考工記冶氏云，許叔重說文解字云：鋝，鍰也。今東萊稱或以大半兩為鈞，十鈞為環，環重六兩大半兩，鍰鋝似同也。則三鋝為一斤四兩。又陸德明尚書音義：鍰，六兩也。鄭及爾雅同。說文云：鍰，鋝也。鋝十一銖二十五分銖之十三也。馬同。又云賈逵說：俗儒以鋝重六兩，周官劍重九鋝，俗儒近是。又晚出孔傳，六兩曰鍰。疏引馬融解考工三鋝云：鋝，量名，當與呂刑鍰同。俗儒云鋝六兩為一川，不知所出耳。合參眾說，率也，鋝也，鍰也，實一字也。……竊為六兩之說，既出俗儒，東萊之稱，尤非確證。〔註 9〕

由上可知，許慎、鄭玄認為鋝鍰同字，不過，戴震、郭沫若則提出反駁。〔註 10〕

---

〔註 8〕詳閱黃德馨：《楚爰金研究》（北京：光明日報出版社，1991 年 1 月），頁 40～41。

〔註 9〕蔡雲：《癖談》，收於《說錢》（上海：上海科技教育出版社，1993 年 10 月），頁 271。

〔註 10〕詳閱戴震《考工記圖》、郭沫若《兩周金文辭大系考釋》卷六。

由文字上判斷，寽爰甲骨文均作兩手持一物形，兩字金文寫法已不同，它們可能殊途同歸，爲一字分化，此問題尚有質疑空間，在此略而不究。寽的重量見解不一，至少有十一銖二十五分銖之十三、六兩、六兩大半兩等說法。〔註11〕郭沫若《兩周》卷六，解釋寽的金文作一手盛一物，以別手抓之。這樣說來寽似乎是小的重量單位。丘光明估算漢代一兩約 15.6g，《說文・金部》記載北方三鋝等於廿兩，一鋝僅 100g 左右，與青銅器所載差距過大。〔註12〕對於漢代學者指稱鋝之重量所採用的標準，目前不得而知，故必須參考地下文物紀錄，這些文物都是化石，最能反映當時情況。1931 年河南洛陽金村古墓，掘出六件銅鈁及一件銅鼎，這批古物爲東周器，按《圖集》所記銘文與重量分別是：

1. 銅鈁：四寽十一冢，重 4912g。
2. 銅鈁：四寽十三冢，重 5220g。
3. 銅鈁：四寽廿三冢，重 5103g。
4. 銅鈁：四寽廿三冢，重 4876.2g。
5. 銅鈁：五寽三冢，重 6350.4g。
6. 銅鈁：四寽廿三冢，重 5450g。
7. 銅鼎：三寽七冢，重 3247.5g。

林巳奈夫取 2、6 推算一寽大約 1230.3g。〔註13〕黃錫全以 5、6 算出一寽當有 1259g。〔註14〕易言之，一寽約 1200～1300g。

黃錫全《先秦貨幣通論》畫出「橋足布一覽表」，二釿的梁夸釿布通常重達 25.5～31g，同時的安邑二釿、禾二釿、山陽布也差不多 20～30g。一釿的梁夸釿布約重 12～13.5g，梁正幣布約有 10.5～15.8g。半釿的梁半幣布僅 7.5g。若以二釿計算，一寽重 1275～1550g；用一釿來算，一寽重 1200～1500g；〔註15〕就半釿而言，一寽達 1500g。配合金村銅器計算結果，一寽應有 1300g、1400g。當然，該結論有誤差範圍，加上考慮器物氧化、地域性、適用性〔註16〕等因素，

〔註11〕本小節曾發表於「第十三屆全國暨海峽兩岸中國文字學學術研討會」（銘傳大學，2001 年 3 月 14 日），題目是〈旆比堂□布幣考〉，特約討論人中央研究院林素清教授提出一寽亦可等於十二銖。

〔註12〕丘光明：〈試論戰國衡制〉，《考古》1982 年 5 期（總 182 期），頁 519。

〔註13〕林巳奈夫：〈戰國時代の重量單位〉，《史林》1968 年 51 卷 2 期。

〔註14〕黃錫全：《先秦貨幣通論》（北京：紫禁城出版社，2000 年 6 月），頁 77。

〔註15〕蔡運章實測 100 枚梁正幣百當寽布，平均重 13g 左右，一寽則重 1300g。蔡運章：〈“寽”的重量及相關問題〉，《中原文物》1982 年 3 期。

〔註16〕丘光明：〈中國最古老的重量單位“寽”〉（《考古與文物》1997 年 4 期，頁

寽的重量僅能估計大概。至於它後來增重或減輕，還得靠其他器物的出土了。

前面已提過梁當寽布著眼於促進商業而鑄造，至於魏國交易的對象，學界普遍認爲應是楚國。戰國中期後的楚國國強力盛，疆土日益擴張，大梁離楚國不遠，從梁有條大道直達楚境，交通便利，兩國存在頻繁的商業行爲應屬正常。魏國以釿布兌換楚國一寽的某物，蕭清提出此寽可能是一種大寽，或者指貴金屬黃金、白銀的單位；〔註 17〕邱德修以爲是兌換楚爰金。〔註 18〕常寽是青銅的重量單位，無論是賜金、賜銅貝，抑或青銅器重量，均以它爲衡量單位。楚國通用的貨幣有爯金、蟻鼻錢、銀質貨幣、銅錢牌，楚之黃金採鎰兩銖制，當寽布不可能兌換爯金。青銅既然可做成各種貨幣及工具，表示當時產量增多，價值相對較低，用等量青銅換貴金屬銀，顯然不盡合理，假若眞是交換銀幣，則楚國流通的寽將是很小的單位，這項猜測沒有任何證據支撐，因此，兌換銀幣的機率極微。比較有可能地是兌換蟻鼻錢，兩者皆爲青銅材質，等重兌換雙方都不吃虧。

## 二、鎰　釿

先秦鎰釿爲同組衡制，鎰又寫作益、溢，如《儀禮・喪服》:「朝一溢米，夕一溢米。」鄭注:「二十兩曰溢。」《戰國策・秦策一》:「黃金萬溢。」高誘注:「二十兩爲一溢。」《文選・吳都賦》:「金鎰磊砢。」劉淵林注:「金二十四兩爲鎰。」鎰的重量有二十兩和二十四兩之說。〔註 19〕鎰重見解雖有不

48～49）說:「寽這個單位表現出來量值上的歧異，給了我們重要的啓示，即研究先周時期度量衡時，不應忽視其客觀條件，在尚未建立比較完整的單位制，許多情況下還以君主的意志爲法度的時代，除了徵收賦稅、劃分土地等需要一個相對統一的量值外，其他情況皆會出現同一單位因在不同時期、不同地區、不同使用方法而量值差異很大的現象。……也不能要求西周青銅器上以“寽”計重所涉及的各種事物如賞賜、懲罰、貢賦、支付等所使用的一寽的量值都絕對一致。」簡言之，適用性是我們探討先秦度量衡制需要留意的情況。

〔註 17〕見蕭清:《中國古代貨幣史》（北京：人民出版社，1984 年 12 月），頁 57。

〔註 18〕閱邱德修:〈先秦梁當爰布與楚爰金考〉,《國立編譯館刊》20 卷 1 期，頁 108～110。

〔註 19〕按照先秦衡制，通常斤兩朱一組，鎰釿一組，不過，楚國實施鎰兩制，而且，一鎰相當一斤，鎰兩制與斤兩朱制異名同實。鄭玄、高誘、趙岐一致用兩注鎰，正表示漢代鎰、斤已經混和通用，斤兩爲普遍的衡制，所以才選用兩解釋鎰。

同，卻沒有釿的複雜。貨幣上的釿究竟是記重？還是指名稱？長期以來爭議紛陳。陳鐵卿認爲釿是幣名，即古錢字。〔註 20〕張絅伯說釿乃記重。〔註 21〕鄭家相支持由劑斷齊平意而來的幣名。〔註 22〕這項爭議至今仍未獲共識，除了參考《說文》對釿的解釋之外，著眼於器物銘文相當重要。

透過上海博物館（簡稱上博）平安君鼎銘文，汪慶正視一釿爲 35g，一鎰則是 348.75g，爲十進制。〔註 23〕同樣的鼎彝，丘光明則以用一釿 12.5g 計算，一鎰變成 377.125g，即秦楚的廿四兩。〔註 24〕李家浩提出三晉的一釿爲 35g，楚國則是 34g，各國釿制漸趨統一。〔註 25〕黃盛璋以武功信安君鼎、泌陽平安君鼎測算一鎰重 315.85g 和 297g，一釿重 25.95g 和 38.56g，依舊爲十進制。〔註 26〕黃錫全將兩件平安君鼎與一件信安君鼎分別計算，得到一鎰約十釿，一釿約二兩，一鎰 320.09g，一釿 29.66g。〔註 27〕如按《圖集》的標明，上博所藏平安君鼎腹刻「五益六釿半釿四分釿」，實測 1970g。1978 年河南泌陽平安君鼎的器形、銘文與上博的基本相同，鼎重 2250g，器銘「六益半釿」，重 1735g，蓋銘「一鎰七釿半釿四分釿」，重 515g，經計算一鎰約 286.69g，一釿約 29.46g。1979 年陝西武功信安君鼎，器刻「九益」，實測 2842.5g，蓋刻「二益六釿」，重 787.3g，經計算一鎰爲 315.833g，一釿爲 25.94g。依黃盛璋推斷，泌陽平安君鼎爲魏安釐王廿八年器，武功信安君鼎屬魏安釐王十二年器。〔註 28〕由於上博器銘文內容與泌陽極似，上博器是安釐王卅二年鑄造，兩物年代差距僅四年，照理說兩器鎰釿不會有太大變化，然而，計算結果卻有出入，應是器物長久深埋土壤所產生的誤差。

1999 年山西發現一枚類似橋足布的布權，重 26g，黃錫全釋讀爲「法律

〔註 20〕參見陳鐵卿：〈釿爲古錢字說〉、〈再說釿爲古錢字〉，《泉幣》民 31 年 15 期、民 32 年 18 期，頁 2、頁 3～4。

〔註 21〕參閱張絅伯：〈說釿〉、〈再說釿並答陳君鐵卿〉，《泉幣》民 32 年 16 期、民 32 年 18 期，頁 1、頁 8～9。

〔註 22〕見鄭家相：〈古布釿字之研究（中）〉，《泉幣》民 33 年 24 期，頁 9。

〔註 23〕汪慶正：〈十五年以來古代貨幣資料的發現和研究中的若干問題〉，《文物》1965 年 1 期，頁 32。

〔註 24〕同註 12，頁 522～523。

〔註 25〕閱李家浩：〈試論戰國時期楚國的貨幣〉，《考古》1973 年 3 期，頁 195。

〔註 26〕黃盛璋：〈新出信安君鼎、平安君鼎的國別年代與有關制度問題〉，《考古與文物》1982 年 2 期（總 10 期），頁 61。

〔註 27〕同註 14，頁 74～75。

〔註 28〕同註 26，頁 56～58。

衛權」（法定衛國權），或「法律範權」（法定歸範權）。〔註 29〕橋足布一釿重約 12.5～17.5g，二釿多有 20g、30g，此權爲二釿布。將布權鑄造成橋足布狀，可見它應該屬魏或衛，爲戰國早中期之產物。另外，西安出土「半釿止冢」圜錢、「百冢」圜錢，前者僅重 11.8g，後者重 16.4g。半釿重 11g 左右，二釿約 45g，比山西布權或橋足布還重。由這些標準衡器所得重量顯示，貨幣之釿應爲單位，且輕重不一，可能受時代或地域因素影響而有所差異。

貨幣銘文記釿的模式爲「地名＋釿」、「地名＋數目＋釿」，空首布出現「地名＋量詞」的現象，是因爲早期的布只有一種幣值（一釿），所以並沒有標上數目。尖足布有「地名＋半」省略釿的例子，晚期布幣常只標地名，可能是大小明顯，加上釿已爲熟悉單位，所以省略不記。〔註 30〕青銅器之釿爲重量單位，而貨幣之釿重量差距大，釿是否一直當作重量單位使用？抑或有其他用途？《說文・斤部》記載釿有劑斷意，古書所見之釿則有兩個義項，一爲工具斤，《莊子・在宥》：「于是乎釿鋸制焉，繩墨殺焉，椎鑿決焉。」陸德明《經典釋文・莊子音義》：「釿音斤，本亦作斤。」由音義來看，斤釿同源。二是重量單位，如上述鼎彝銘文。同時，斤也是古代的衡制之一，那麼斤釿是同一單位嗎？重量方面，學界認爲戰國的斤約 250g，與銅器上的釿差距甚烈；再由文例來看，釿通常與益一組，斤兩銖一同出現，表示，斤釿雖然皆有工具、重量單位義項，甚至斤釿可能是同類工具，然而，就單位而言，它們並不一致。早期布幣「╳╳釿」，大致均有 30g，後來便一直下降，戰國晚期時一釿甚至約 10g。

鄭家相反駁釿乃記重的原因之一：「蓋釿字可直接地名而曰某地釿，兩字銖字不可直接地名。」〔註 31〕對於量詞的使用，漢語習慣上是「數目＋量詞＋物」或者「物＋數字」，布幣曾出現「地名＋數字＋釿」，如果鄭氏之說屬實，貨幣之釿將有幣名、單位混用的乖悖現象。實際上，文獻所見先秦貨幣爲刀、布、龜、貝等等，布幣稱布而不稱釿，另外，假若釿是幣名，圜錢出現「釿」字就不合理，何以布幣稱釿，圜錢亦稱釿？一言以蔽之，貨幣的釿當非幣名，而只能是單位。

---

〔註 29〕黃錫全：〈新見布權試析〉，《先秦貨幣研究》（北京：中華書局，2001 年 6 月），頁 163。

〔註 30〕王毓銓：《中國古代貨幣的起源和發展》，北京：中國社會科學出版社，1990 年 2 月），頁 128。

〔註 31〕同註 22，頁 10。

對於貨幣減重的情形，《中國通史》第三卷提出一套解釋：

> 最初的金屬貨幣是依靠本身的價值來交換其他商品的，但後來主要是起著價值符號作用，他本身的價值越來越不重要。因此，早期的金屬鑄幣通常出現逐漸減重的過程。〔註 32〕

黃錫全也有一番說法：

> 如按春秋鑄幣一釿多在 30～35 克左右計，則一鎰爲二十兩。如按戰國鑄幣一釿多在 13 克左右計，則一鎰就是二十四兩。我們以爲，最初的釿重當以春秋時的鑄幣之重爲依據，因爲戰國布幣上的"釿"只是起價格標度的作用，並非都是"重如其文"。〔註 33〕

早期貨幣的釿應該是重量單位，雖然後期一直減重，但同時期的二釿、一釿、半釿始終維持著一定比例，前後期的釿重量差距拉大，李家浩推測是因爲當時衡制做過調整，或者後期貨幣變成面額大於實際重量的輕幣，〔註 34〕劉森指出釿有由重量單位轉換成價值單位的現象，就像是英國英鎊本爲重量單位，後來轉化爲貨幣單位。〔註 35〕此三見解均合邏輯，鑑於銖兩用在貨幣上與銅器上的重量相當，然而貨幣之釿與銅器之釿重量有別，釿轉變爲價值單位的意味頗濃。愈晚期局勢愈加混亂，統治者爲了增加收入，所以，大量製作不足額輕幣。同時代的斤兩銖相當穩定，釿制卻直趨下滑，其中，衡制的調整不無可能，目前文獻未有釿制改革記錄，尚待日後資料出土之明證。另外，貨幣出現「地名＋量詞」的銘記方式，僅能視爲特殊情況。

## 三、斤兩銖

斤兩銖是戰國普遍的衡制，出土實物眾多。最早有系統地說明衡制的是《漢書・律歷志》：

> 權者，銖、兩、斤、鈞、石也。二十四銖爲兩，十六兩爲斤，三十斤爲鈞，四鈞爲石。

---

〔註 32〕徐喜辰、斯維至、楊釗主編：《中國通史》第三卷上古時代（上海：上海人民出版社，1994 年 6 月），頁 664。

〔註 33〕同註 14，頁 74。

〔註 34〕輕、重幣對立點在重量，較實際重量沈者稱重幣，反之爲輕幣。李家浩之說見於〈戰國時代的"冢"字〉，《語言學論叢》（北京：商務印書館，1981 年）。

〔註 35〕詳閱劉森：〈先秦貨幣二題〉，《中原文物》1995 年 3 期（總 73 期），頁 95～96。

《小爾雅》亦云：

> 二十四銖曰兩，兩有半曰捷，倍捷曰舉，倍舉曰鋝，鋝謂之鍰，二鍰四兩謂之觔，觔十謂之衡，衡有半謂之秤，秤二謂之鈞，鈞四謂之石，石四謂之鼓。

兩書言一兩爲二十四銖，換言之，三孔布背文十二銖即半兩，大布與小布比值爲 2：1，和標明「㐅釿」的布幣一樣有固定幣值規律。文獻上僅記載斤兩銖換算比例，欲瞭解實際重量，還有賴器物測量。

三孔布是趙國貨幣，記重的趙器有 1979 年內蒙古伊盟准格爾旗發現的七件銀節約，丘光明〈試論戰國衡制〉列表如下：

表 17：趙國銀節約一覽表

| 序號 | 記重刻銘 | 實測重（g） | 每斤、兩、朱折合今重（g） |
|---|---|---|---|
| 1 | 二兩五朱 | 30.932g | 斤：224.110g，兩：14.007g，朱：0.5836g |
| 2 | 二兩十四朱 | 36.547g | 斤：226.355g，兩：14.147g，朱：0.5895g |
| 3 | 二兩十朱 | 32.795g | 斤：217.125g，兩：13.570g，朱：0.5654g |
| 4 | 二兩十二朱 | 35.555g | 斤：227.552g，兩：14.222g，朱：0.5926g |
| 5 | 二兩二十一朱 | 26.086g | 斤：145.174g（222.601g），兩：9.073g（13.913g），朱：0.3781g（0.5797g） |
| 6 | 二兩二朱 | 26.691g | 斤：204.987g，兩：12.812g，朱：0.5338g |
| 7 | （二）兩二朱 | 25.979g | 斤：199.518g，兩：12.470g，朱：0.5198g |

平均一斤重 217.46g，一兩爲 13.59g，一銖有 0.566g。〔註 36〕三孔布一兩通常有 13～14g，十二銖重 7～8g，一銖約 0.58g 或 0.67g，與銀節約相去不遠。

1997 年河北易縣辛莊頭戰國墓 M30，出土二十件金飾，背文如「四兩九朱」、「四兩十四朱半朱」、「四兩廿三朱半朱四分朱一」，折算一斤約 248.4g，一兩約 15.524g，一銖約 0.647g。

楚國權衡器數量豐富，依據《圖集》編號 155 及編號 158～163 爲研究斤兩的材料，155 號標示 1975 年，湖北江陵 410 墓出土四件環權，墓葬屬春秋中期楚國，第三、四環權呈 1：2，每斤合 224～227.2g。138 號標明 1954 年，湖南長沙左家公山 15 號墓出土九件環權，屬戰國墓，環權重一朱、二朱、三朱、六朱、十二朱、一兩、二兩、四兩、半斤，一斤合 250g。159 號則是 1954

〔註 36〕同註 12，頁 522。

年時，湖南長沙附近發現的十件「間益」〔註 37〕銅環權，比 154 號多出一斤環權，一銖重 0.69g，一兩爲 15.5g，一斤約 251.3g。其他的銅環權較爲零星，大抵一斤爲 250g 左右。必須注意地，楚國環權通常無銘文，所有的斤、兩、朱是方便說明而已，不管是典籍，抑或文物，未見楚國實行斤兩制，包山楚簡貸金簡中有「黃金十益一益四兩」文句，表示楚國使用鎰兩制，其他國家流行斤兩制，不過，根據實測結果，楚國一鎰相當別國一斤，所以，鎰兩與斤兩可能僅是名稱不同。

秦國圜錢實施兩銖制，早期銘文摹釋爲「一珠重一兩・十二」，意味此錢重一兩，因爲銘文的記載，學界便認爲秦圜錢是標準的記重錢。1964 年陝西西安阿房宮遺址挖掘到一件高奴禾石銅權，重 30750g，折算每斤重 256.3g。

比較諸國斤兩銖制，發現此制度十分穩定，一斤都在 250g 上下，一兩約 15.6g，一銖重 0.65g 左右。三孔布背文記「兩」、「十二朱」，與實際的銖兩重量吻合，由於出土稀少，重量變化不大，是否爲記重貨幣還有待研究。不過，由秦半兩、兩甾錢逐步減重的情況判斷，銖兩銘幣一開始應符合實際衡制，後來才逐漸脫離衡制，轉變成價值單位。這點和貨幣之釿的演變雷同。如果該假設無誤，趙國三孔布銘記兩和十二朱，在以釿爲單位的布幣區算是新鮮事，換言之，銖兩記於布幣屬於起步階段，它們是記重貨幣的機率較高。雖然三孔布有別於傳統布幣，同時代的三孔布與圓足布、尖足布重量相差不多，在交易進行中，很有可能是一兩三孔布等值於一釿布。

綜合上述，就青銅器而言，寽是普遍的重量單位，通用於諸國。根據金村銅器推算的寽重 1200～1300g，若依橋足布計算則爲 1200～1500g，由於磨損、侵蝕、鑄造不精等因素，一寽應在 1300～1400g 左右。鎰釿亦爲諸國通用重量單位，由青銅器計算的鎰釿重量不一，但通常一鎰在 300g 上下，一釿重約 25～30g，一鎰等於十釿。斤兩銖制比較穩定，一斤約 250g，一兩約 15.6g，一銖約 0.65g。三組單位換算關係爲：

1 寽＝4 鎰＝5 斤＝40 釿＝80 兩＝1920 銖

以貨幣的角度來看，布幣使用的單位以釿爲主，早期釿布符合衡制標準，長期流通以後，重量下降，到戰國晚期甚至僅約 10g，轉變爲價值單位的機率增加。梁當寽布是權宜性貨幣，方便與楚國交易而鑄，一寽大約 1300～1400g，

〔註 37〕「間益」舊釋鈞益，黃錫全認爲間益即中益，相當於半益。黃錫全：〈試說楚國黃金稱量單位“半益”〉（同註 29），頁 239。

用百釿的龐大數目換取楚國一寽的貨幣，這種楚幣以蟻鼻錢可能性較高。背記銖兩是趙國三孔布特色，三孔布屬戰國晚期貨幣，一兩達 13～14g，一銖約 0.6g 重，爲布幣的重量單位。

## 第三節　燕尾布考釋

杬比坣忻布，據初尙齡《吉金所見錄》所載，北宋李孝美在《歷代錢譜》中已有著錄，南宋洪遵《泉志》、鄭樵《通志》亦曾記載；李孝美、洪遵皆言「字不可識」，因而無名。〔註 38〕觀布形制，當歸屬平首平肩平襠方足布（附圖 36）。首一圓孔，錢面一直紋自圓孔貫穿於襠部，錢背亦同。大布錢面有四字，分佈於直紋兩側，錢背有兩字，亦置於直紋兩旁；小布錢面共兩字，錢背也有兩字，分佈如大布。大布通高 10～13cm，寬 3～.3.5cm；小布通高 8cm。與其他先秦布幣相較，該布形體大而狹長，是故，何琳儀在《戰國文字通論》中稱爲「燕尾足布」。乍看此類布，形制上近似王莽時貨布，細察其銘文與重量，應非新莽鑄幣，〔註 39〕而屬先秦楚國貨幣，鑄幣目的在於方便兩國（兩幣區）貿易之兌換。本節欲尋文字、地域、重量等相關線索，愼而推證杬比坣忻布之根本問題。

### 一、銘　文

杬比坣忻布的文字，主要釋讀關鍵在於大布錢面的四個字，大布背文及小布銘文爭議性較弱。大布銘文的特殊性有二：

（1）錢面四字在布銘文字中出現頻率不高，有些字（如：杬、比）甚至是首見。

（2）整體上，文字筆畫均勻，大小相當，排列對稱，書寫工整；個別上，部件比例分佈均勻，單字本身互相對稱。

大布錢面文字釋讀紛總，從南宋迄今的見解至少有廿種，前賢之說如鄭

〔註 38〕見趙德馨：《楚國的貨幣》（武漢：湖北教育出版社，1996 年 9 月），頁 247～248。

〔註 39〕新莽鑄幣，不見有類似銘文，「貨布」之「貨」，寫法也異於「十貨」。新莽的布錢，長度只有 3.5～5.5cm 左右，重量僅 12～15g，與燕尾布差距極遠。參見昭明、利清編著：《中國古代貨幣》（西安：西北大學出版社，1993 年 11 月），頁 149～150。

樵的「商貨莊布」，元好問「端布當千」，蔡雲「殊布當十化」，馬昂「旆比當十斤」，劉心源「旆比堂忻」。近人陳鐵卿釋爲「殊布之忻」，王獻唐「柣比當忻」，李家浩「旆比當釿」，汪慶正「扶戔當忻（釿）」，郭若愚「杜幣當釿」，曾錦炎釋首字爲「橈」，何琳儀以爲首字是「杬」，黃錫全曾釋爲「橈比堂忻」與「杬比堂忻」。

（一）釋　杬

首字的考釋，或釋商、扶、殊、市、旆、枎、橈、杬、杜、柣、端，眾說之中，以杬尤當。字形上，商、扶、端不似銘文。考爲「市」字，與《辭典》圖 251 摹本相似，然而，形符加「木」旁的字型比較常見，單寫聲符「市」字，極爲特殊，因此，仍以常例考慮。

枎字形體相近，釋讀卻不合理。《說文．木部》：「枎，枎疏四布也。」因「枎疏四布」義項而解成「四方流通的錢幣」，與貨幣文例不合。貨幣文字通常採用「地名」或「地名＋數字＋量詞」形式，四方流通爲抽象概念，不合貨幣記實情況。再對照小布首字多釋成「四」，四爲數詞，大小兩布銘文文例應相對，且在使用上存在兌換關係，而枎、四之間的對應不夠緊密。

橈之字形雖似，釋讀仍有困難。何琳儀說：「『橈』有高曲之意，與布之形制吻合。魏國銘文『梁夸』，有根據布幣形制命名。」〔註 40〕魏幣的釋讀是否眞以形制命名，未成公論，按貨銘文例，銘文甚少記形制，高曲之橈，背離文例。

杜之字形不像，郭若愚指出《璽彙》5362𣏂即「杜」字，杜幣即杜集之幣。然而，此說有兩個問題：其一，《璽彙》所收該字釋文闕如，〔註 41〕郭氏何以言此必爲杜？其二，出土的燕尾布實物裡，首字曾作從木從人者，杜字從土，爲何能和「人」旁替換？

王獻唐釋爲柣，認爲柣從𡿯，是「失」之變；柣、嶧、紀音近相通，紀是邾國之城，推論此布爲邾所造。〔註 42〕柣、嶧、紀的假借，缺少典籍例證，王氏推測，層層相通，有流於主觀之嫌。

殊有大義，釋讀可通，但是，翻檢古文字資料，未見朱字省略中間橫劃者，是故，殊的說法仍有疑義。

---

〔註 40〕何琳儀：《戰國文字通論》（北京：中華書局，1989 年 4 月），頁 141。
〔註 41〕見故宮博物院編：《古璽彙編》（北京：文物出版社，1981 年 12 月），頁 485。
〔註 42〕王獻唐：《中國古代貨幣通考》（山東：齊魯書社，1979 年 8 月），頁 351～355。

筆者曾於「第十二屆中國文字學全國學術研討會」釋燕尾布為「旆比堂釿」，經過一番考慮後，發現㫃字常作卜（前5.5.7），㫃（休盤），㫃（《說文》古文），與銘文不符，釋旆在文字上存有瑕疵，因此，筆者認為杬字較恰當。无古文作𣞤（帛29.7），既字作𣪘（陶彙3.942），㳄字寫作𨥗（包山270），所從之无與銘文相近。〔註43〕杬字部件位置不一，或省聲符，為古文字正常現象。何琳儀認為杬右半部件即「無」，從無得聲之字有大意，杬比指大布，正好與新莽布幣「大布黃千」對讀。〔註44〕然而，由形制與重量判斷，燕尾布並非新莽鑄幣。黃錫全進一步闡釋杬比即「母幣」之意，母幣就是重幣、大幣，〔註45〕換言之，燕尾布實踐了子母相權制度。子母相權見於《國語・周語》：

> 景王二十一年，將鑄大錢。單穆公曰：「不可。古者，天災降戾，于是乎量資幣，權輕重，以振救民。民患輕，則為作重幣以行之，于是乎有母權子而行，民皆得焉。若不堪重，則多作輕而行之，亦不廢重，于是乎有子全畝而行，小大利之。」

古代的子母相權是透過幣值來平衡物價，幣過輕則多鑄重幣，反之亦是，必須注意地，子母相權與現在「主幣輔幣」的概念不同。「杬」比堂忻為大幣，可與小布「四」字相應，即四枚小布換一大布。兩者正好是子幣、母幣的關係。

## （二）釋　比

次字釋讀以比、貨、戔、布最常見。貨、布字形與銘文不類。學者們認為次字釋「戔」，原因在於戈之寫法近於銘文，戔為錢聲母，都是錢、鎛布之意，〔註46〕「旆戔」即大錢。銘文寫法或許可說成字形省略，但是僅以燕尾布為例，便認為戔能省作戈，證據尚嫌不足。錢由戔得聲，然而戔有錢幣、鎛布的義項嗎？說兩字互為假借，又缺乏文獻例子。

比，古文作𠤎（陶彙9・106），𠤎𠤎𠤎（汗簡），另外，《古文四聲類・旨韻》擇錄𠤎，字下註記「古老子」。比字銘文通常朝左寫，方向不定是古文字特色之一。據此，大布次字可釋作比字，然而，「杬比」一詞，該作何詮解呢？比，上古的聲母為並母，韻母屬脂部；幣，上古聲母為並母，韻母屬月

---

〔註43〕關於无的字形，有些學者釋為堯，本論文暫從何琳儀的觀點，釋為无。

〔註44〕參見何琳儀：〈楚幣五考〉，收於《古幣叢考》（同註2），頁249～251。

〔註45〕詳閱黃錫全：〈楚幣新探〉，收於《先秦貨幣研究》（同註29），頁203～204。

〔註46〕參見馬世之、蔡萬進、李德保：〈「枎戔當忻」布幣的國別與年代問題〉，《江漢考古》1994年2期（總51期），頁71～73。

部，比與幣雙聲，兩者可能有假借關係。〔註 47〕幣，貨幣也，在此，比若當成幣，則杬比即爲大幣。而且，將次字釋爲比，對於《辭典》所收一枚省略偏旁的燕尾布，亦能作合理的推論。《辭典》摹本比省爲𠤎。比簡省爲匕的情形，不僅僅見於貨幣，典籍中亦曾出現，例如《說文・女部》:「朼，籀文妣省。」又《禮記・雜記上》:「枇以桑。」《經典釋文》云:「枇本亦作朼。」在古文字階段，字形的寫法繁簡不一，比、匕均從反人，是故，雙人比若簡省爲單人匕，是可以理解的。因之，次字可釋讀爲比，銘文杬比，意指大幣。

（三）釋　堂

第三字爭議性不大，各家多釋爲「當」字，僅有少數認爲可能是莊或銅字。無論釋成莊或銅，字形上皆不相近。

依面文筆畫，第三字宜隸定爲堂。古文字從土者，曾訛變爲從立，如坤作[古文字]（璽彙 1263），坡作[古文字]（璽彙 2161），均作[古文字]（璽彙 1129），堂作[古文字]（璽彙 5422）。楚金文堂作[古文字]（鄂君啓車節）。《說文》堂古文作坣，省略口，與銘文相同。是故，從立之堂即坣的訛變，也就是堂。堂借爲「當」之意，鄂君啓節文云:「屯十以堂一車=。」堂即當。

（四）釋　忻

第四字有十斤、十化、布、千、忻、忻諸解。審之字形，從十從斤，察其文字分佈之設計，此字應爲一字，而非兩字並列，十斤、十化之說，應非事實。布、千字形不像。

王獻唐釋成㪶，以爲十即[古文字]之變，脫胎於[古文字]，改寫成直筆，限於方位空間。此字實從人從斤，亦與釿通。〔註 48〕但是，忻爲何從「人」？似乎與貨幣本身關連不密。

學者們釋爲忻主要是楚銅貝也有忻字，〔註 49〕忻即釿，釿爲布幣常用單位，說明此布與他區布幣之兌換比率。從心之忻，釋讀雖通，字形卻有瑕疵。

〔註 47〕比、幣是否可以假借，李家浩先生舉出一例，即《方言》:「蚍蜉。」郭璞注:「蚍浮二音，亦呼蟞蜉。」然而，此例的盲點在於時代性問題，郭璞是晉朝人，以晉朝音來解釋西漢音韻現象，並不恰當，晉朝時比、幣音近，並不表示西漢時兩字曾經通假。因此，該例不足以說明比、幣假借。參見李家浩:〈戰國貨銘文字中的「㡀」和「比」〉，收於《中國語文》1980 年 5 期（總 158 期），頁 374～375。

〔註 48〕同註 42，頁 143。

〔註 49〕忻字蟻鼻錢多出於燕尾布流行區。參見註 2，頁 252～253。

構形方面，古文字所見心旁多作[illegible]，〔註 50〕十字則作[illegible]，〔註 51〕十字寫法較吻合銘文。且十是數詞，銘文作忻可能與貨幣性質有關，或受背文十貨影響而加之。燕尾布的忻，或作[illegible]，省略形符，表示斤才是重要構件，加十旁表示數量，加心旁無義可說，因之，該字即從十從斤的忻。斤、釿假借，文獻有例爲證，如《莊子・在宥》云：「於是乎釿鋸制焉。」《經典釋文》：「釿音斤，本亦作斤。」因此，忻或斤皆通釿。杬比坣忻，即一大幣相當一釿。

### （五）釋十貨

大布背文以「十貨」之說最流行，然亦有他解。例如秦寶瓚《遺篋錄》認爲背文中的[illegible]，即《說文》相籀文，銘文寫法疑是相之繁文；何琳儀《戰國文字通論》曾提出十倎看法；黃錫全舉出秦漢文字證明背文爲七倎，即一大布換七銅貝。楚銅貝[illegible]，鄭家相、趙德馨釋爲貝，〔註 52〕楚金文賹作[illegible]（大賹匜）。〔註 53〕[illegible]只是多衍一橫劃，仍不損基本構形。《辭典》圖 2 的貨作[illegible]，貝字省略一直劃，古文字繁簡不一，是爲常例。此字應釋成貨字爲佳。十貨，意謂一大布兌換十個貝。

### （六）釋　四

小布銘文雷同大布，唯一不同的是首字爲四。彭信威在《中國貨幣史》書中，以爲四是泗之省筆，泗爲地名，符合貨幣常見文例。然而，大小布文例互相對應，四若爲地名，則破壞兌換比率。郭若愚認爲小布首字是貝字，即貨之省體。楚系文字四作[illegible]（望二），[illegible]（包山 256）；《文編》貝作[illegible]，四、貝形體不類，銘文與四較接近。四比坣忻，表示四小布相當一大布。

## 二、國　別

根據前面的考證，確定大布面文爲「杬比坣忻」，背文「十貨」；小布面文「四比」，背文「坣忻」。至於它所屬國別，必須透過出土地域、貨幣銘文與形制來抽絲尋源。相關的出土記錄，文獻方面如《遺篋錄》提到桃源、宿遷、豐、沛等處。民國之後，江蘇省徐州、丹陽，安徽省渦陽、宿縣、固鎮、

〔註 50〕張守中撰集：《睡虎地秦簡文字編》（北京：文物出版社，1994 年 2 月），頁 165。
〔註 51〕張頷編纂：《古幣文編》（台北：中華書局，1986 年 5 月），頁 5。
〔註 52〕同註 6，頁 220。
〔註 53〕黃靜吟：《楚金文研究》（高雄：國立中山大學中國文學系博士論文，1997 年 6 月），頁 47。

壽縣、利辛、蒙城、阜陽，山東省臨沂，浙江省杭州，陝西省咸陽，河南省永城、新鄭等地均曾出土。大致而言，上述諸地多在淮泗、吳越一帶，偏於楚國東、北境。再加上文字風格為楚系所有，銘文所透露的訊息——「一大布換一釿布」，可知此幣是楚與布幣區基於商業需求（兌換）而鑄造。

關於中國貨幣形成原因，《文獻通考・錢幣考二》有段紀錄：

水心葉氏曰：「古者因物權之以錢，後世因錢權之以物，錢幣之所起，起於商賈通行，四方交至，遠近之制，物不可以自行，故以金錢行之。」

這段話不僅說明貨幣源起，亦能解決貨幣種類眾多問題。楚幣以銅貝和爯金為表率，在國土東部、北部鑄造燕尾布，當為「商賈通行」之因。春秋戰國雖是征戰頻仍，商業卻十分鼎盛，商業促成臨淄、安邑、郢、邯鄲、咸陽等大城興起。《史記・貨殖列傳》言：

朱公以為陶天下之中，諸侯四通，貨物所交易也，乃治產積居。……十九年之中，三致千金。

當際商業十分發達，許多商賈從事跨國貿易，貨幣種類與價值相對地重要。在楚國，不僅政府經商，貴族也熱中於此，〔註 54〕貿易氣氛相當濃厚，《韓非子・外儲說左上》：「楚人有賣其珠於鄭者。」《左傳・僖公二十三年》：「重耳對楚成王云：『羽毛齒革，則君地生焉，其波及晉國者，皆之餘也。』」李斯〈諫逐客書〉記楚國輸犀象之器於秦。楚與諸國商業往來密切，其中又以鄭、晉尤繁，而這些國家皆屬布幣流通區。1985 年 3 月，河南南召出土安陽布。戰國時，南召為楚國邊陲，安陽是魏城邑，楚地鑄造布幣，反映兩國之商業關係。1983 年 11 月，河南新鄭發現燕尾布陶範，新鄭是韓國首都，韓鑄燕尾布，方便與楚貿易。

幣銘字形趨向瘦長，筆畫勻稱，講究美觀，忻字寫法，極似忻字蟻鼻錢。字義方面，忻與釿通，釿是三晉布幣單位，三晉布之間存有固定比值，如二釿、一釿、半釿，大小燕尾布亦有兌換關係。以重量來說，大布（較重者）通常約有 35g，〔註 55〕一小布約 8g 左右，〔註 56〕兩者重量比約為 4：1，〔註 57〕

〔註 54〕鄂君啓節的紀錄，正說明楚國貴族貿易情況。

〔註 55〕《大系》頁 1048～1049，記四枚較重的燕尾布之重量如下：37g、35.5g、34.5g、31g，平均約有 35g。

〔註 56〕《大系》頁 1050～1051，記較重的連布分別為：17.7g、14.5g、14.5g，一枚約重 7.5g。

〔註 57〕精確的大小布比，必須有更多完整的資料才能算出，在此僅能說小布與大布四小布抵一大布。「坣忻」隱含燕尾布與三晉布的關連性。楚錢記他幣單位，似梁正幣亦註明「當寽」之意，均基於商業兌換爲考量。春秋空首布約重 34～35g，和燕尾布相當，可見大布可換一釿布。背文可能意味著第三種兌換方式，十貨即十貝，蟻鼻錢平均重 3.6g 左右，和大布之比約爲 1：10。〔註58〕錢背標示大布與銅貝兌換關係，是因爲燕尾布是區域性貨幣，流通於楚一隅，它扮演著兩區貨幣間的橋樑角色。單向紀錄對外比值尚嫌不足，還得附上國內兌換率，貨幣兌換功能才健全。選擇蟻鼻錢爲國內兌換對象，則是考慮銅貝的普遍性。〔註59〕綜合上述，大小燕尾布對內、對外的兌換規律爲：一大布＝一釿布＝十貝＝四小布。

參著燕尾布形制，體長有孔，造型特殊，鑄成鏟形，應和貿易對象有關。布幣主要流通於兩周三晉，燕尾布用於溝通楚地與布幣區，取其幣形，稍加改易，符合楚人追新逐奇的心理機制，〔註60〕這也說明了楚幣的多樣性。〔註61〕

總合前論，燕尾布應是楚的區域性貨幣，主要流通於東部與北部。形成背景是楚國與布幣通行區頻繁的商業貿易，然而，楚幣制度與貿易區不同，爲了方便彼此貨幣的兌換，因而鑄造燕尾布。大布面文註明對外兌換比値，背文則標示對內兌換比率。

## 三、年　代

《大系》共收大布十枚，連布五組。十枚大布中，登記重量者有八，依次是 37g、35.5g、34.5g、31g、28g、25.1g、17.6g、17g，連布重量資料齊全，分別爲 17.7g、14.5g、14.5g、8.9g、7.5g。重量的紀錄提供推測年代的線索，貨幣

---

的比值大約 1/4。

〔註58〕同註6，頁 252。

〔註59〕楚國通用貨幣以爰金、銅貝爲主。爰金是稱量貨幣，使用時再切割成數小片。銅貝是計量貨幣，使用時以數量支付。燕尾布選擇銅貝爲國內兑換貨幣，而不擇爰金之主要因素，應著眼於以枚爲計算單位的方便性及簡易性。

〔註60〕楚國吸收文化，常常是用夷夏兼融與追求創新方式。楚人重審美，例如鼎的常制是圓形者圓底，方形者平底、不束腰，楚升鼎卻爲圓形平底束腰，立耳外撇，器周有四隻或六隻攀附獸。再如楚文字，講究美飾，字形變化萬千，多有雕琢。參見張正明：《楚史》（武漢：湖北教育出版社，1995 年 7 月），頁 121～123。

〔註61〕楚國貨幣特色之一，即形制多樣。金幣有餅形、版形；銀幣有鏟形、餅形、版形；銅幣有貝形、鏟形、長方形；貝幣有空心、實心、有穿、無穿、有文、無文之別；金餅又有四、五種變化。同註6，頁 339～340。

的發展採取漸進式，原始貨幣無論在形狀，抑或重量上，極度接近取樣之物，如原始布由鏟形農具蛻變而來，特徵是形體大、重量沈。時序推移，人們發現大型貨幣攜帶不便，於是，貨幣趨向輕小化，這個改變，需要漫長時間漸臻完成。燕尾布的重量由 37g 降至 17g，說明它跨越的年代區間不會太短。它主要功能在於兌換其他布幣，從事貿易時，交易的貨幣必須重量相當，雙方才不會虧損。春秋晚期標明「釿」的空首布約重 34g，平首布中二釿布大致有 22～30g，一釿布重達 11～18g（以 15g 爲常見），半釿布在 7～8g 之間，〔註 62〕戰國末年小方足布半釿僅 5g。燕尾布出土地點在楚東、北部，戰國中期這些地區才納入楚境，所以，它的時代上限應該是此時。至於大布重量由 37g 降至 17g，一大布兌換一釿布，基於交易公平性，它所兌換的釿布重量應該相當，普遍來說，戰國中期的布幣在 30g 以下，燕尾布兌換對象爲何種布幣，目前無法斷言。

燕尾布對內兌換銅貝，有文銅貝重者有 7g，輕者少於 1g，重 7g 左右的銅貝是春秋中晚期楚莊王階段鑄幣，〔註 63〕一大布抵十貝，若以 37g 燕尾布計算，銅貝重量至少須達 3.6g 或 3.7g。春秋中期楚爲了形成能立國的獨特制度，在各方面進行一系列改革，鑄造有文銅貝，便是項目之一。〔註 64〕依現有的有文銅貝來看，春秋末期到戰國早中期重量約 3g，中晚期重 2～3g。〔註 65〕配合燕尾布出現年代，與之交換的銅貝應是戰國中期貝。

燕尾布年代下限，根據出土物的共存關係也能推知概況。在所有出土燕尾布及陶範的遺址中，地層關係、共存關係明確的只有陝西咸陽與河南新鄭兩處。〔註 66〕1962 年，咸陽長陵車站出土一枚燕尾布，同出者有魏布、齊刀、燕刀、楚蟻鼻錢、秦半兩。秦始皇所謂統一貨幣，其實是沿用舊制，統一名稱爲「半兩」，貨幣由王室專鑄。1983 年 11 月，新鄭出土燕尾布陶範 6 塊，與之共存有陶釜、淺盤細柄豆、圜底盆等，均是新韓故城內戰國晚期典型器物。〔註 67〕由考古學共存關係顯示，燕尾布通行時代下限可延伸至戰國末年。

綜合上述，中國貨幣的起源甚早，種類眾多，春秋戰國開始盛行金屬鑄

〔註 62〕參見馬海飛主編：《中國歷代貨幣大系・先秦貨幣》（上海：上海人民出版社，1988 年 4 月），頁 16～18。

〔註 63〕同註 6，頁 235～259。

〔註 64〕同註 6，頁 233。

〔註 65〕銅貝重量明細表見黃錫全：《先秦貨幣通論》（同註 13），頁 365。

〔註 66〕同註 46，頁 72。

〔註 67〕同註 46，頁 72。

幣後，各國紛紛發展出屬於自己風格的貨幣。東周時期，諸國之間經濟往來密切，貨幣做爲支付工具，長期交流下自然會互相影響。再者，各國皆有通用貨幣，古代幣值的兌換率不如今日發達，不同的幣制在貿易時，將產生兌換的困難。一般而言，楚國以銅貝和爯金爲主要貨幣，燕尾布的出土，揭露楚幣的多樣性，以及先秦解決兌換困難的辦法。研究商業層次問題之前，貨幣銘文的確定理當是首要工作。在因襲比較法、辭例推勘法的操作下，釋大布面文爲「枎比坣忻」，背文「十貨」，小布面文「四比」，背文「坣忻」。其次，根據貨幣銘文、形制、出土地域，推得燕尾布應爲楚幣。衡量其重量與出土共存關係，燕尾布通行年代斷限於戰國中期至末年。

燕尾布的出現，並非偶然之制。春秋戰國，商業興盛，楚人亦熱中貿易，商業行爲必透過貨幣爲支付工具，一旦進行跨國（或者說是跨幣區）貿易，支付功能的發揮，便遭受考驗。因此，克服兌換問題相對地重要。楚國與布幣區往來頻仍，於是，鑄造形制似布錢的大小燕尾布，對外兌換比率一大布抵一釿布，對內則是一大布值十個貝。一幣註明兩種兌換關係，方便兩區貿易。由燕尾布的形制特色，亦能窺知楚人追逐新奇、變化的心理，同中有異，不拘於時。總而言之，燕尾布的發現，意義甚大，它的價值，不僅僅局限於貨幣史本身，同時，也是研究先秦商業及楚國文化的重要資料。

## 第四節　銘文的形體演變

貨幣銘文屬於戰國文字範圍，戰國文字以變化萬千稱著，相同之字因書寫器物、範工刻鑄、國別地域而有多種寫法，這些因素阻礙了辨識工作的進行。宏觀地說，戰國文字是上承商周，下啓秦漢的過渡文字，所以，這段演變將有脈絡可循。大抵上，戰國文字與商周文字形體變化規律相似，只是因地域差別而變化加劇，〔註68〕根據筆者對布幣文字理解與分析，統整了簡化、繁化、異化、合文、倒書五種形體演變法則，只要掌握這些規則，縱使布幣文字詭譎難識，也能迎刃而解。

以下擬採表格羅列演變文例，徵引書目與第肆章所述相若，但另增《貨幣》、《文編》、《東亞》三書。字例仍以《大系》爲主，《大系》號碼爲編號，其餘爲卷數或頁碼。參照文字將註明貨幣形制，省稱爲平肩弧足空首布（平

〔註68〕何琳儀：《戰國文字通論》（同註40），頁184。

空）、尖足空首布（尖空）、斜肩弧足空首布（斜空）、平首尖足布（尖）、方足布（方）、圓足布（圓）、三孔布（三）、橋足布（橋）、銳角布（銳）、燕尾布（尾）、圜錢（圜）、刀幣（刀）。由於布幣銘文總數龐大，不擬遍舉，所列字例僅爲一隅，若規則下攝許多條例，另設備註格說明之。

## 一、簡化例

爲了記錄事物、溝通彼此，人類發明文字。中國最早的文字多爲摹寫客觀事物，如太陽寫成○或⊙，圓曲筆畫難以書寫，逐漸演變爲直筆的日。將繁瑣難寫字簡少筆畫是文字演變的普遍規則，陳原指出「簡化的結果則在某種程度提高了符號的清晰度，使學習和理解趨向更加容易和精確」，〔註 69〕誠屬確論。這些簡化方式初始隨意性較高，後來漸趨約定俗成，何琳儀《戰國文字通論》中的簡化形式很多，本論文僅針對單一研究主題，因之，銘文的簡化條例有三：

### （一）簡省筆畫

簡省筆畫，指省略正常文字一筆畫或多筆畫。減少單筆的情況影響整體結構有限，辨讀尚易；省略多筆則會影響表意功能，造成辨識困難。大幅度的省筆甚至擴及偏旁，偏旁可能是形符，或是構成形符、聲符的部件。布幣省筆例不勝枚舉，以下僅列出一部份爲例：

表 18：布幣銘文簡省筆畫表

| 字例 | 小篆 | 常見例 | 簡化例 |
| --- | --- | --- | --- |
| 南 | 南 | 平空・大系 148 | 平空・大系 42 |
| 晉 | 晉 | 尖・文編 155 | 尖・文編 155 |
| 高 | 高 | 方・文編 144 | 平空・文編 144 |
| 宅 | 宅 | 方・大系 2048 | 方・大系 2049 |
| 子 | 子 | 方・大系 1540 | 方・大系 1541 |
| 馬 | 馬 | 方・文編 127 | 方・文編 128 |
| 雍 | 雍 | 方・文編 243 | 方・文編 243 |
| 朱 | 朱 | 三・大系 2456 | 三・大系 2459 |
| 堂 | 堂 | 尾・大系 4178 | 尾・大系 4181 |

〔註 69〕參見陳原：《語言與語言學論叢》（台北：台灣商務印書館，2001 年 2 月），頁 116。。

### （二）簡省聲符

聲符爲形聲字標音部件，刪減聲符將支解形聲字，對釋讀的工作有很大阻礙。此現象在金文裡已出現，但殊爲罕見，何琳儀指出戰國時貨幣文字最常簡化聲符，〔註 70〕但根據本文的考察發現數量並不多。

表 19：布幣銘文簡省聲符表

| 字 例 | 小 篆 | 常 見 例 | 簡 化 例 |
|---|---|---|---|
| 臧 | | 平空・文編 180 | 平空・文編 180 |
| 郾 | | 方・文編 174 | 方・大系 1521 |
| 険 | | 尖・文編 171 | 尖・辭典 359 |
| 即 | | 尖・東亞 4.49 | 尖・辭典 454 |
| 霝 | | 方・文編 216 | 方・東亞 4.5 |
| 屈 | | 方・文編 133 | 方・辭典 91 |
| 杌 | | 尾・大系 4179 | 尾・大系 4181 |

### （三）簡省形符

形符爲會意字或形聲字的表意部件，簡省形符將使文字失去表意功能。有些布幣地名完整與簡省字形並出，對於後者釋讀較爲容易，但部分地名全用省形字，需要和其他文字對照才能明瞭，屬於這類的例子將於下節討論。簡省形符例子數量較省筆少很多，表列如下：

表 20：布幣銘文簡省形符表

| 字 例 | 小 篆 | 常 見 例 | 簡 化 例 |
|---|---|---|---|
| 武 | | 斜空・大系 608 | 斜空・大系 617 |
| 陽 | | 尖・文編 182 | 尖・大系 939 |
| 楡 | | 尖・東亞 3.5 | 尖・東亞 3.6 |
| 邪 | | 尖・大系 881 | 尖・大系 889 |
| 膚 | | 方・大系 1977 | 方・大系 1979 |
| 鄙 | | 方・文編 232 | 方・文編 232 |

〔註 70〕同註 39，頁 188。

| 忻 | | 㸒尾・大系 4178 | 㸒尾・大系 4181 |
|---|---|---|---|
| 貨 | 貨 | 貨尾・大系 4178 | 貨尾・大系 4181 |

## 二、繁化例

戰國文字異形現象嚴重與簡化的進行有很大關係，雖然文字是愈簡單愈符合書寫原則，然而，不可諱言地，簡化和繁化是文字演變常見的兩大規律，李榮在〈漢字演變的幾個趨勢〉簡言意賅地說出：

> 文字爲了便於書寫，要求形體省略，有簡化的趨勢。文字爲了便於理解，要求音義明確，有繁化的趨勢。〔註 71〕

同文又言：

> 語言是交際工具，文字記錄語言，也是一種交際工具。交際工具有收發雙方。發的一方要求簡單，收的一方要求明白。……兩種要求互相牽制，爲求得平衡，中庸之道就是簡明，簡單而不含混，明白而不囉唆，並且有適當的羨餘率。這本來是符號系統的共同要求，語言文字是最根本的符號系統，當然不能例外。〔註 72〕

王軍認爲繁化使文字記錄語言更加精確，或使日益工整的方塊漢字更加平衡美觀。〔註 73〕因此，繁化的定義可以是：對文字進行增加形體、部件、筆畫等工作，增繁目的可能是提高辨識度或基於美化，也可能是「無意義增繁」。〔註 74〕布幣繁化的類型有二：增加筆畫、重疊偏旁，兩者屬於無義繁化。

### （一）增加筆畫

布幣文字的加工通常在結體〔註 75〕中間多出點畫、橫畫、撇畫，或結體上、下端加入短橫，增加的筆畫以單筆居多，偶有複筆。相對於簡筆例，增筆例顯得稀疏零星。

---

〔註 71〕參閱李榮：〈漢字演變的幾個趨勢〉，《中國語文》1980 年 1 期（總 154 期），頁 11。

〔註 72〕同前註，頁 20。

〔註 73〕見王軍：〈楚系文字形體研究〉，《文字學論叢》第一輯（長春：吉林文史出版社，2001 年 8 月），頁 106。

〔註 74〕何琳儀將繁化歸納爲有義繁化與無義繁化，有義繁化會突出形符、聲符，無義繁化難以捉摸動機。同註 40，頁 194。

〔註 75〕結體指文字整個風貌，也就是由筆畫、部件所組成的文字最大單位，普遍又稱爲「形體」。參見黃靜吟：《楚金文研究》（同註 53），頁 145。

表 21：布幣銘文增加筆畫表

| 字例 | 小篆 | 常見例 | 繁化例 |
|---|---|---|---|
| 南 | | 平空・文編 141 | 三・大系 2462 |
| 京 | | 平空・大系 387 | 平空・大系 385 |
| 閔 | | 尖・文編 194 | 尖・文編 194 |
| 大 | | 尖・大系 862 | 尖・大系 874 |
| 石 | | 平空・文編 51 | 尖・文編 51 |
| 平 | | 尖・文編 51 | 尖・文編 51 |
| 子 | | 方・文編 19 | 方・文編 19 |
| 宅 | | 方・大系 2056 | 方・大系 2057 |

### （二）重疊偏旁

重疊偏旁意味將相同的形符或聲符疊加於文字，此番疊床架屋並無意義。此規則在布幣銘文僅有二例，其中，安多爲正常寫法，鄭字以重疊偏旁較爲常見。

表 22：布幣銘文重疊偏旁表

| 字例 | 小篆 | 常見例 | 繁化例 |
|---|---|---|---|
| 安 | | 斜空・文編 73 | 斜空・文編 73 |
| 鄭 | | 方・大系 1874 | 方・大系 1884 |

## 三、異化例

異化，《戰國文字通論》解釋爲「對文字的筆畫和偏旁有所變異」。異化的範圍比訛變廣泛，主要影響筆畫的組合、方向，或偏旁的種類。何琳儀歸納的異化條例多達十四條，適用於布幣者有六條，貨幣特有的「改變結構」與「共用筆畫」不在異化之列。何琳儀簡化條例中有「借用筆畫」，係指共用兩部件的相同筆畫，可是，布幣共用筆畫涵蓋範疇寬廣，不僅止於狹義的借用筆畫，還包括借用貨幣紋線、邊線、襠線，後者不能視爲簡化類，應歸入異化類較爲妥貼。

## （一）方位互作

方位互作即文字形體或偏旁位置的移動，此條例是先秦文字常見通則。布幣所見方位互作有五種變化，分別是正反互作、左右互作、上下互作、四周互作、正倒互作。正倒互作又細分爲全部倒書、或正或倒，或正或倒指銘文部件正倒參合；若以整體佈局來看，則指有的字正書，有的字又倒書，此情況並不常見。這些變化當中以正倒互作最特殊。尖足布、橋足布均有倒書，但以橋足布較爲普遍，因之，倒書現象有濃厚的地域色彩。

**表 23：布幣銘文方位互作表**

| 字例 | 小篆 | 常見例 | 異化例 | 備註 |
| --- | --- | --- | --- | --- |
| 侯 | 侯 | 平空・辭典 768 | 平空・東亞 2.107 | 正反互作 |
| 虒 | | 尖・文編 146 | 尖・文編 146 | 正反互作 |
| 宅 | 宅 | 方・文編 81 | 方・文編 82 | 正反互作 |
| 祈 | 祈 | 尖・文編 91 | 尖・辭典 146 | 左右互作 |
| 陽 | 陽 | 方・文編 187 | 方・文編 187 | 左右互作 |
| 险 | | 尖・文編 171 | 尖・文編 171 | 上下互作 |
| 伞 | | 尖・三晉 42 | 尖・三晉 42 | 四周互作 |
| 壽 | 壽 | 尖・文編 214 | 尖・文編 214 | 四周互作 |
| 郹 | | 方・文編 174 | 方・文編 174 | 四周互作 |
| 鄠 | | 方・文編 213 | 方・辭典 318 | 四周互作 |
| 都 | 都 | 方・文編 168 | 方・文編 168 | 四周互作 |
| 釿 | 釿 | 橋・辭典 200 | 橋・辭典 271 | 正倒互作或正或倒 |
| 陽匕 |  陽 匕 | 尖・大系 970 | 尖・大系 967 | 正倒互作全部倒書 |
| 安邑二釿 | 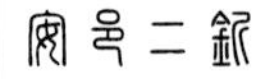 安 邑 二 釿 | 橋・大系 1276 | 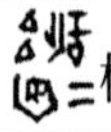 橋・大系 1257 | 正倒互作全部倒書 |
| 高半釿 |  高 半 釿 | 方・大系 1911 |  橋・大系 1434 | 正倒互作或正或倒 |

## （二）連接筆畫

連接筆畫是將原本分開的筆畫連在一起，通常發生在文字位置接近，或有對應之處。連接筆畫可以節省書寫時間，在戰國文字中十分常見，但在布幣文字僅有二例。

表 24：布幣銘文連接筆畫表

| 字 例 | 小 篆 | 常 見 例 | 異 化 例 |
|---|---|---|---|
| 坪 | [illegible] | [illegible]方・文編 115 | [illegible]方・文編 115 |
| 梁 | | [illegible]橋・文編 112 | [illegible]橋・辭典 218 |

## （三）分割筆畫

分割筆畫即將原本連續之筆分成兩筆。布幣銘文僅有一例。

表 25：布幣銘文分割筆畫表

| 字 例 | 小 篆 | 常 見 例 | 異 化 例 |
|---|---|---|---|
| 共 | [illegible] | [illegible]橋・大系 1438 | [illegible]平空・文編 69 |

## （四）貫穿筆畫

貫穿筆畫是將文字相交筆畫穿透，偶見的穿透筆畫應是筆誤或者刻鑄錯誤所引起，出現頻率很高的貫穿例可能是平衡筆畫等原因。

表 26：布幣銘文貫穿筆畫表

| 字 例 | 小 篆 | 常 見 例 | 異 化 例 |
|---|---|---|---|
| 险 | | [illegible]尖・文編 171 | [illegible]尖・文編 171 |
| 涅 | [illegible] | [illegible]方・文編 147 | [illegible]方・文編 147 |
| 垣 | [illegible] | [illegible]方・文編 128 | [illegible]方・文編 129 |
| 屈 | [illegible] | [illegible]方・文編 133 | [illegible]方・東亞 4.39 |
| 祈 | [illegible] | [illegible]方・文編 91 | [illegible]方・文編 91 |
| 平 | [illegible] | [illegible]方・文編 48 | [illegible]方・文編 51 |
| 地 | [illegible] | [illegible]方・文編 209 | [illegible]方・文編 209 |
| 奴 | [illegible] | [illegible]方・文編 84 | [illegible]方・新典 101 |
| 邑 | [illegible] | [illegible]方・文編 93 | [illegible]方・三晉 76 |

## （五）收縮筆畫

收縮筆畫指對文字原有筆畫予以收束，可能是將直筆收成圓點，或將橫筆、豎筆縮短，使之不突出。

表 27：布幣銘文收縮筆畫表

| 字 例 | 小 篆 | 常 見 例 | 異 化 例 |
|---|---|---|---|
| 南 | | 平空・文編 141 | 平空・東亞 2.119 |
| 朿 | | 平空・東亞 2.116 | 平空・辭典 748 |
| 鬲 | | 平空・文編 163 | 平空・新典 767 |
| 平 | | 方・文編 48 | 方・文編 49 |
| 地 | | 方・文編 209 | 方・文編 209 |
| 坪 | | 方・文編 115 | 方・文編 115 |
| 是 | | 方・文編 126 | 方・文編 126 |
| 成 | | 方・文編 78 | 方・文編 78 |
| 宅 | | 方・文編 81 | 方・文編 82 |
| 安 | | 橋・文編 73 | 斜空・文編 73 |

（六）斜筆變直筆

平直筆畫指把斜筆或曲筆拉直。造成此現象的原因是曲筆不易刻鑄，將筆畫變直可節省時間。

表 28：布幣銘文平直筆畫表

| 字 例 | 小 篆 | 常 見 例 | 異 化 例 |
|---|---|---|---|
| 高 | | 方・文編 144 | 方・辭典 207 |
| 川 | | 斜空・文編 15 | 斜空・文編 15 |
| 氏 | | 斜空・文編 42 | 斜空・辭典 818 |
| 安 | | 平空・文編 75 | 平空・文編 75 |
| 地 | | 方・文編 209 | 方・文編 209 |
| 尹 | | 方・文編 40 | 方・辭典 61 |
| 咎 | | 方・文編 63 | 方・文編 63 |
| 庛 | | 橋・東亞 4.59 | 橋・東亞 4.60 |

### （七）變▽Θ○等形為△○□等形

改變結構是將文字某一部件形狀改變，如更▽爲△，更Θ爲△、▽，更Θ爲○等等，或者將筆畫延伸至偏旁、彎曲與扭轉方向，後者變更法則較奇特，不易掌握。改變結構規則不見於《戰國文字通論》，屬貨幣銘文獨特的演變規律。

表 29：布幣銘文改變結構表

| 字例 | 小篆 | 常見例 | 異化例 |
|---|---|---|---|
| 向 | | 平空・辭典 649 | 平空・辭典 651 |
| 尚 | | 平空・大系 245 | 平空・大系 246 |
| 邪 | | 尖・文編 124 | 尖・文編 124 |
| 州 | | 尖・文編 70 | 尖・文編 71 |
| 都 | | 方・文編 168 | 方・文編 168 |
| 陽 | | 尖・文編 185 | 尖・文編 185 |
| 中 | | 方・文編 27 | 方・文編 27 |
| 莆 | | 方・文編 176 | 方・辭典 263 |
| 洀 | | 方・大系 2287 | 方・大系 2289 |
| 安 | | 平空・文編 75 | 平空・辭典 626 |
| 昌 | | 方・文編 108 | 方・東亞 4.13 |
| 郾 | | 方・東亞 4.34 | 方・東亞 4.34 |

### （八）共用筆畫

共用筆畫有兩種，第一是同字部件或兩字互相共用筆畫，第二是貨幣獨有的特色，即借用貨幣本身的線條構成筆畫，這些線條可能是肩線、中線、襠線或邊線。特別是後者在布幣中十分活躍，數量上遠比刀幣、圜錢豐富。

#### 1. 文字共用筆畫

表 30：布幣銘文共用筆畫表

| 字例 | 小篆 | 常見例 | 異化例 |
|---|---|---|---|
| 亲 | | 尖・辭典 458 | 尖・文編 142 |
| 城 | | 尖・文編 137 | 尖・辭典 308 |
| 是 | | 方・文編 126 | 方・辭典 135 |

| 都 | 𨜂 | 𨜂方・文編 166 | 𨜂方・文編 168 |
|---|---|---|---|
| 陽 | 陽 | 陽方・文編 182 | 陽方・大系 947 |
| 奴 | 奴 | 奴小篆 | 奴方・文編 84 |
| 堂 | 堂 | 堂尾・大系 4178 | 堂尾・辭典 251 |

2. 借用貨幣線條

（1）王氏，王上筆借用肩線（附圖 116）

（2）張安（長安），張所從長字右直筆借用邊線（附圖 117）

（3）平襄，平上、下橫劃借用肩線、襠線（附圖 118）

（4）雺（露），雨的中央直劃借用中線（附圖 119）

（5）於邓，邓所從疋借用中線、襠線（附圖 120）

## 四、合文現象

合文是古文字書寫的表現形式，屬於省略用法，通常在第二字下以「＝」符號爲標誌。曹錦炎〈甲骨文合文研究〉曾對合文提出解釋：

> 所謂「合文」，就是把兩個或兩個以上的字合寫在一起，構成一個整體，好像是一個字，實際上代表兩個或兩個以上的字，也就是說它讀兩個或兩個以上的音節（這在小篆以後極少見）。〔註 76〕

諸家之說大抵不逾曹氏定義。根據林雅婷《戰國合文研究》的統計，古文字合文內容有十餘種，貨幣合文只用於晉系刀布與燕刀上，通常出現在數詞、地名及貨幣鑄記，而且，只有一例標示＝符號，這點與金文、簡帛、璽印、玉石文字南轅北轍。〔註 77〕林氏繪製的表格中，晉系貨幣的數詞合文有廿、卅、四十、五十、六十，〔註 78〕和《文編》列舉數量有些差距，〔註 79〕按照學界認定的合文義界判斷，林氏統計比較正確。布幣合文形式有三，即位置借用、筆畫借用、偏旁借用，分列如下。

---

〔註 76〕曹錦炎：〈甲骨文合文研究〉，《古文字研究》第十九輯（北京：中華書局，1992 年 8 月），頁 445。

〔註 77〕參照林雅婷：《戰國合文研究》（高雄：中山大學中國文學系碩士論文，民國 87 年 6 月），頁 172～174。

〔註 78〕同前註，頁 54～55。

〔註 79〕《文編》所舉的布幣合文例，最小數目 11，最大數目 65，種類紛繁，但有些只是刻鑄位置接近（如 16、17、18、19、51），並不屬合文現象。詳閱張頷：《古幣文編》（同註 49），頁 247～257。

表 31：布幣銘文合文現象表

| 字例 | 小篆 | 合文例 | 備註 |
|---|---|---|---|
| 廿 | 廿 | 尖・文編 250，尖・文編 250，圓・大系 2381，圓・辭典 501，圓・大系 2386 | 位置借用 |
| 卅 | 卅 | 尖・文編 252，圓・大系 2393，圓・大系 2395 | 位置借用 |
| 四十 | 四十 | 尖・文編 255，圓・大系 2404 | 位置借用 |
| 五十 | 五十 | 尖・大系 1101 | 位置借用 |
| 六十 | 六十 | 尖・大系 862，尖・大系 1105，尖・東亞 3.34 | 位置借用 |
| 慮虒 | | 尖・辭典 436 | 偏旁借用 |
| 祁氏 | 祁氏 | 方・大系 1850 | 筆畫借用 |
| 北邧 | | 方・辭典 120 | 位置借用 |
| 榆即 | 榆即 | 尖・文編 259 | 位置借用 |
| 高女 | 高女 | 橋・大系 1432 | 位置借用 |
| 行昜 | 行昜 | 三・辭典 507 | 位置借用 |

根據上述各種演變規律，大體上，布幣以簡化、異化爲主，就簡化而言，通常是簡省次要筆畫，如馬字僅留頭部與鬃毛，雍字省略鳥頭，晉字省略重複的部件。繁化例常是在豎筆作文章，如在豎筆上加一短橫，或兩撇筆，也有在橫畫上在加一短橫，這些增筆都是無義的繁化，由於所增之筆不多，辨識上尚無困難。異化例中以改變結構最爲特殊，通常是將圓形筆畫改成三角形，亦有相反者；有時候覺得幣文似乎少了一兩筆，但事實上，是借用了貨幣線條。在合文部分，布幣通常直接將兩字合寫，不採合文符。

貨幣文字以奇詭精省著稱，取布幣爲例，它的形體變化大致合乎戰國文字演變規律，換言之，布幣文字不是那麼地無法捉摸，甚難理解，只是演變益烈，再加上特殊演變法則，導致後人釋讀的窒礙。由於布幣的發行量龐大，當遇到難以辨識之文，選擇相似布幣互相比較，亦爲輔助判斷的方式，實物佐證下，搭配銘文演變規則，破解布幣文字其實並非登天之難。

## 第五節　共時與歷時的比較

探討殷商與西周文字，問題癥結在時間斷限，研究春秋戰國文字，除了時間因素之外，還得考慮空間的影響。李學勤〈戰國題銘概述〉將東周金石資料依國家分爲六部分，因爲政軍關係，有些附屬國的文字和大國十分相似，所以，目前學界採用以地區分類，即秦系、晉系、楚系、齊系、燕系文字。每系之下再按書寫材料區分爲銅器、兵器、貨幣、璽印、陶器、簡牘諸文。共時比較屬於空間性研究，歷時比較則是時間性研究，無論是共時或歷時，都會得到共性與變異性的結論。由於布幣流通年代不長，儘管嘗試做出歷時比較，所得意義不大。換言之，因樣本的侷限性，本論文的歷時研究僅能與年代較早之文字相比，無法像聲韻學可以將上古音、中古音、近代音作一比對。

由布幣統整而成的演變規律，普遍適用於其他貨幣，雖然如此，地域、年代與材質差異對戰國文字影響深遠，如欲尋繹布幣與其他銘文異同，最快速的方法爲比較法，兩相對照後，共性和變異即可呈現。以下，擬排比布幣文字與其他幣文，進行第一層探討，接著，再將布幣文字與甲骨、銅器、璽印等文作對比，進行第二層深究，通過層層考察，印證古文字變化多端又殊途同歸之演變歷程。

## 一、各國貨幣銘文的比較

按照流通幣種的不同，先秦貨幣劃分爲五系，一塊塊布幣區、刀幣區底下，意味著是鑄造國家的差別。布幣區囊括了韓、趙、魏、周、中山、燕、楚；刀幣區涵蓋齊、燕、趙、中山、山戎諸族；圜錢區包攝周、魏、趙、燕、齊、秦；銅貝區遍及各國，有文銅貝爲楚幣；較有系統的金幣區以楚國爲主。易言之，有些國家通用多種貨幣，貨幣領域部分重疊。幣文共同特徵爲簡省、增繁、異化的規律相似，有些筆畫、部件（如上、下、王、工等等）寫法如出一轍，年代愈晚，筆畫愈隨意，刻鑄也草率。至於它們的歧異，則列舉字例參照：（趙韓魏周燕楚均有布幣，燕齊爲刀幣區，秦爲圜錢區）

表 32：各國貨幣銘文比較表

| | 趙 | 韓 | 魏 | 周 | 燕 | 齊 | 秦 | 楚 |
|---|---|---|---|---|---|---|---|---|
| 武 | 尖·文編 103 | 斜空·文編 103 | | 平空·文編 103 | | | | |
| 昌 | | | | | 方·文編 108 | 刀·文編 108 | | |
| 兩 | 圓·辭典 507 | | | | | | 圜·文編 119 | |

| 娘 | 方・文編 198 | | | | | 刀・文編 198 | | |
|---|---|---|---|---|---|---|---|---|
| 垣 | 方・文編 128 | | 圜・辭典 251 | | | | | |
| 涅 | 方・文編 147 | 銳・辭典 243 | | | | | | |
| 都 | 尖・文編 168 | | 方・文編 166 | | | | | |
| 陰 | 尖・文編 170 | | 橋・文編 170 | | 方・文編 170 | | | |
| 成 | 尖・文編 79 | | | 平空・東亞 2.99 | | | | |
| 冶 | | | | 平空・文編 98 | 方・文編 98 | 刀・辭典 1192 | | |
| 四 | 尖・文編 45 | | | | 刀・文編 45 | 圜・文編 45 | 圜・文編 45 | 尾・大系 |
| 安 | 尖・文編 73 | 斜肩・文編 73 | 橋・文編 73 | 平空・文編 75 | 方・文編 75 | 刀・文編 74 | | |
| 平 | 尖・文編 51 | 方・文編 50 | | | 方・東亞 4.14（坪） | | | |
| 易 | 尖・文編 135 | 方・文編 134 | | | 方・大系 2300 | 刀・辭典 1034 | | |

根據上表的呈現，諸國幣文殊性總結如下：

（一）武：趙字結體均勻多曲筆，止上部作╳狀。韓字所從之止字寫成土狀。周字方折，部件呈上下分佈。

（二）昌：燕字呈上下分佈，上部件多爲▽、○。齊字部件內外包含，此寫法是齊刀的特色。

（三）兩：趙字訛變爲從羊。秦字似隸書，從二人。

（四）娘：趙字立旁易直筆爲曲筆，長下部人形方折。齊字左從立，人字筆畫圓轉。

（五）垣：魏字偏旁或作尖狀筆畫，是特殊例。

（六）涅：趙字所從之日作尖筆，水字多作直筆。韓字所從之日作圓筆，水字或作弧曲筆畫。換言之，韓字的象形程度較高。

（七）都：趙國西「都」尖足布寫法普遍較中「都」方足布省略，西「都」所從之者上部作╳，邑之□常作○。魏字寫法完整，邑之□多作▽。趙魏相較，顯然趙字簡省劇烈，魏字中規中矩。

（八）陰：趙字左部件多省點飾，魏字亦同。燕字寫法完整，常加點飾。另外，趙燕的陰字應隸定成险，表示戰國時代陰的偏旁可從今，或從侌。

（九）成：趙字多省筆，方折。周字寫法完整。

（十）冶：周字所從□在下。燕字□在上。齊字□在下，寫作葫蘆狀。就整個字的結構看，冶字的寫法很多，夠成冶字的三個部件可以互換位置，不過，也僅於位置更迭，部件種類仍然不變。

（十一）四：趙、齊風格接近。燕字特殊。秦字類似隸書。楚之四筆畫不相連，兩撇彎曲變長。就歷史演變角度而言，趙、齊的寫法存古，燕、楚、秦的寫法可能與當地思維模式有關，採用▽、○符號，似與古老的空間概念有關。

（十二）安：趙字所從之女，手臂及身軀部分變直筆，筆畫延伸。魏安字似趙國寫法，但直筆截短。韓字筆畫方折。燕安字所從之女手臂部分作彎曲延伸狀，並加兩點。齊字上從厂，女下加一曲筆或折筆。周字寫法類似魏字，但周字之宀筆畫平直，並多一短橫，魏字之宀寫作尖狀。要之，趙國安字女旁較象形，燕、齊女旁則加上飾筆，韓、魏、周的女旁不太象形，以折筆代之。

（十三）平：趙字所從點畫有兩種寫法。平陽布一豎作直筆或折筆，或上加短橫。燕字通常加土，寫成坪。

（十四）昜：趙晉「陽」方足布多圓頭。三晉方足布作▽或△，或呈倒碗狀，昜下部作直筆，或方折，或小弧筆。齊字作▽或△，橫畫特長，下部彎曲弧度大。

空間因素造成戰國文字異形多變，綜觀齊國刀貨，由於齊國強盛，所鑄刀幣十分精美，文字秀麗細緻，筆畫彎曲程度大。秦國盛行的兩甾錢、半兩錢，充滿隸味。趙國布幣風格多樣，圓足布、三孔布文字圓潤頎長，尖足、方足布曲筆多，常見簡省。魏國橋足布筆畫較粗。韓、魏方足布筆畫多方折。燕國方足布文字扁圓。楚國燕尾布結體瘦長，講究對稱，筆畫纖細。

若以時間著眼，愈早期的幣文筆畫圓曲，以魏國爲例，橋足布的筆畫大體上較方足布、圓足布圓潤；周王室的空首布、平首布亦有此現象。

## 二、與其他古文字的比較

中國文字因書寫材料的差異，風格繽紛多彩，啓功認爲探討不同的字形，可由書寫風格和組織結構著手，〔註 80〕時代先後、書寫工具、器物種類都會影響筆勢風格，〔註 81〕如禮器之文端莊質樸，講究和諧；簡牘帛書多用毛筆書寫，文字扁平敧斜，撇劃居多；陶器文字採用刻法，草率粗糙，筆畫歪曲；璽印用以憑信，製作較精，文字方整；貨幣爲實用通貨，文字刻於範上，隨著鑄造過程的良窳，筆畫有時工整，有時散渙斷裂，整體而言，簡化字居多。

除了觀察筆勢之外，形體結構亦是不可忽略的要點。在列國幣文的比較下，同字異形現象十分普遍，表示地域因素影響字形甚劇。如果，排除地域一因，著眼於歷史上的變化，將布幣文字置放於商周甲骨文、金文、戰國簡牘、璽印、陶文的傳承軌跡，它仍然有獨樹一格的特色。基本上，承遞性導致古今文字有許多相同點，如一、元、天、帝的寫法，從商周到戰國的變化很小，雖然如此，仍有許多字的甲骨文和金文呈現天壤之別。延續前面的羅列方式，舉出一些字例說明古文字歷時的演變，透過足夠地對照，展現布幣文字承繼關係與獨特的演變構形。

表 33：布幣銘文與其他古文字比較表

| 字例 | 布　幣 | 小篆 | 殷　商 | 西　周 | 春　秋　戰　國 |
|---|---|---|---|---|---|
| 中 | 文編 27 | | 中鉦，陶彙 1.68 | 克鼎，兮仲簋 | 兆域圖，包山 2.71 |
| 長 | 東亞 4.34 | | 前 7.5.3，乙 8812 | 牆盤 | 長陵盉，屭羌鐘，中山王壺，璽彙 0716 |
| 平 | 文編 48 | | | | 屭羌鐘，陳侯午錞，平阿右戈，璽彙 3310 |
| 晉 | 文編 155 | | 拾 13.1 | 子軋編鐘 | 屭羌鐘，鄂君舟節，曾侯乙鐘，華倉戈範，璽彙 5371 |

〔註 80〕參見啓功：〈關於古代字體的一些問題〉，《文物》1962 年 6 期（總 140 期），頁 30。

〔註 81〕筆勢風格指書寫時因不同因素，使得同一字的筆畫或線條產生多種形態姿勢。影響因素如時間、刻鑄方式、器物種類等等。同註 53，頁 82。

| | | | | | |
|---|---|---|---|---|---|
| 馬 | 辭典 233 | | 京津 1686 | 克鐘 | 中山圓壺，包山 2.8，睡虎地效 60，陶彙 6.146，璽彙 0025 |
| 武 | 文編 104 | | 甲 3940，前 1.17.3 | 利簋 | 秦公鎛，中山方壺，睡虎地日乙 1140，包 2.169，璽彙 1809 |
| 南 | 文編 141 | | 鐵 240.1 | 盂鼎 | 吳王姬鼎，陶彙 3.139，睡虎地日甲 138，包山 2.231，璽彙 0168 |
| 成 | 文編 78 | | 續 6.13.7，前 1.4.3 | 牆盤 | 中山大鼎，兩詔權一，陶彙 6.25，郭店太 12，包山 91 |
| 陽 | 文編 182 | | 前 5.42.5 | 柳鼎 | 鄂君啓舟節，陶彙 6.24，侯馬盟書，咸陽亭權，睡虎地日乙 15，包山 62 |
| 陰 | 文編 170 | | | 永盂 | 羼羌鐘，睡虎地日甲 6，璽彙 0011、2391 |
| 百 | 文編 105 | | 甲 3017，京津 1088 | 史頌簋 | 中山圓壺，兆域圖，雲夢 6 號木牘，楚帛書甲 3.18，璽彙 4735 |
| 兩 | 辭典 507 | | | 函黃父簋 | 齊侯壺，曾侯乙 66，郭店語 4.20 |
| 壽 | 文編 214 | | | 沈子簋，善夫克鼎 | 欒書缶，壽春鼎，睡虎地日甲 107，睡虎地日乙 245，璽彙 4688 |
| 烏 | 文編 158，東亞 4.23 | | | 沈子簋，禹鼎 | 余義鐘，中山王壺，睡虎地語 1，郭店語 1.22，璽彙 2346 |
| 室 | 文編 141 | | 乙 4699.1 | 何尊 | 隴西戈，睡虎地日乙 31，包山 2.255，咸陽瓦，璽彙 0228、4561 |

比對表格中各式文字，布幣文字承繼與變異一目了然，各字變化歸結如下：

（一）中：幣文承續甲金文的發展，不過，甲金文以四條曲線表示飄動旗幟，楚簡之文筆畫增繁，幣文選取簡省寫法，旗幟僅用兩直線標示。

（二）長：像人有長髮之形，金文增加口、立、系部件，璽文多出衍筆，幣文不取增繁寫法，筆畫改成方折。

（三）平：金文、陶文增衍多筆，幣文與韓器𠫑羌鐘寫法一致，採簡單字形。

（四）晉：東周文字上承殷商、西周從二矢字形，幣文省略一矢，僅存之矢亦進行簡化，矢所插入之器省略一橫畫。

（五）馬：馬省略身體之形見於陶文、璽印、楚簡、布幣、金文（金文簡省例鮮少），幣文有時只畫出馬頭、馬鬃，連簡牘、璽印表示省略的短橫也不加，同樣的寫法亦見於陶文，但幣文的結構較規整，折筆多。

（六）武：各式文字一脈相承，幣文寫法更加隨意，甚至省略止字。

（七）南：各式文字相去不遠，布幣省筆字形與璽文相似。

（八）陽：甲金文阜字呈尖狀，或填實，楚簡增加土字義符，阜字多衍一畫，幣文改爲橫畫，日字寫法複雜多變。

（九）陰：金文從阜今聲，或從阜從酉今聲，或從酉今聲。璽文衍土或口，保留點畫，幣文多以從阜從金爲陰，金之點畫省略。

（十）百：幣文字形與中山文字類似，由甲金文判斷，百字有兩支變化，秦楚文字、璽文寫法類似今日的百，中山文字並存二形，在布幣當中僅留下全的字形。當然，布幣百字也可能是假借用法。

（十一）成：甲骨文從丨或從丁，金文訛變爲午，布幣採省略形體，收縮戈字筆畫，同時，也未訛變爲從午。

（十二）兩：幣文訛變爲從羊，齊文字承續西周寫法，仍然從二入。

（十三）壽：壽字承繼性強，變化不大，金文、璽印、簡牘並存增繁或簡省例，幣文採更精簡字體，以大幅度省略聲符筆畫最爲特殊。

（十四）烏：烏之金文有兩類字形，一支屬沈子簋、余義鐘象形度高的寫法，一支是禹鼎省略頭部的字體，春秋戰國烏字因地域不同，增繁簡省稍有歧異，幣文亦有兩脈寫法，《東亞》所收字例承襲禹鼎，趨向方折線條化；較普遍的烏字是保留頭部的形體。

（十五）室：各式文字大同小異，簡化繁化並存，幣文則採省略字形，矢之寫法類似晉字。

整體看來，布幣承續了殷商兩周文字，基本結構並未作大幅度地顛覆。布幣文字以方折筆畫居多，這是因應利刀刻鑄的變通方式。幣文不講究美觀，筆畫隨意性較高，普遍採取簡省寫法，應是著眼於布幣主要是交易媒介物，刻鑄銘文並非重點。文字精簡化後，如果鑄造過程有缺陷，銘文將產生斷裂或模糊的瑕疵，增添辨識困難度。

倘若撇開鑄造工藝因素，純粹以文字層面來說，東周文字基本上延續殷商寫法，在簡化、繁化及異化作用下，調整或更易某些部件的位置或筆畫，這些變動都是約定俗成，爲當時之人所接受，不過，時間因素改變構形幅度較小，眞正導致種種奇特結構是地域性的運作。周道衰微，諸侯相傾，政治軍事的分合對立，促使經濟、文化各方面都要獨樹一格，在這種潮流推動下，文字的調整幅度加大，但是，無論如何更易，仍獲得時人的認同，後人之所以深感困惑、直呼奇詭，主要原因是我們脫離當際久遠，對於一些演變規律不甚清楚，事實上，文字絕非出世之物，它靈活運用在記錄工作上，只要我們明瞭古文字變化法則，它們還是有生命的珍貴材料。

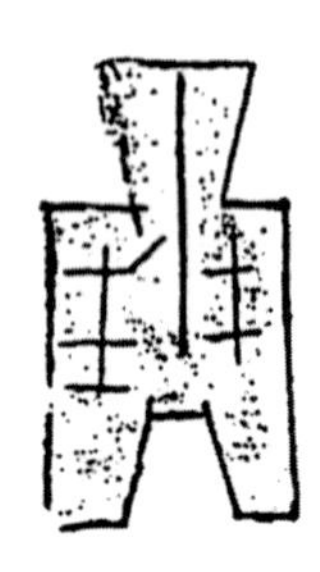

附圖 116　《三晉》124

附圖 117　《大系》1537

附圖 118　《大系》1108

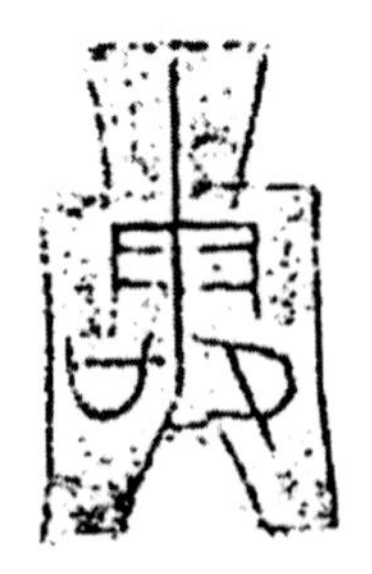

附圖 119　《大系》1926

附圖 120　《大系》1953

# 第陸章　結　論

在訊息萬變的廿一世紀裡，每天都有新資訊產生與流通，身處如此進步的時代，若要進行學術研究，只要多加留意周遭的事物或現象，尋找新穎的研究問題應非難事。雖然如此，筆者卻選擇一個距離現今非常遙遠的貨幣體系作爲學位論文的課題，乍看之下，或許是一種「貴古賤今」，然而，如同緒論所言，這是一本學術論文，面對珍貴的古文物，即便布幣的時代已經過去，但它畢竟是先秦經濟的一部份，後代經濟的源頭，其經濟意義與歷史價值不容抹殺。現在，筆者運用今日語言文字學知識與史學詮釋，結合考證工作的進行，重新認識先秦的布幣。這項任務就像拼圖，一塊塊拼湊文明發展的軌跡：布幣是無言的寶藏，透過新知識、新方法的的輸入，它所保存的訊息即將解密，古代和現代接軌，在網路時代聽公元前的文物說話，任何一絲的所得，都將振奮人心。

回想前面各個章節，談起源，敘分類，論規律，勾勒流通區域，分析文字變化，筆者都盡量提供所知資料與判斷，雖然，每節的結尾處均有總合論述，但也僅限於該節內容統整。在論文的末章，擬對布幣作一番全面性地整合介紹，提綱挈領地敘述，方便讀者在最簡短的時間內，掌握完整清晰的布幣知識。限於學力和見識的疏寡，本論文的探討自有闕漏，對於不足之處，與布幣研究尙可發揮的課題，亦將於文末一併說明。

## 第一節　先秦布幣綜論

綜觀世界諸國，幾乎每個國家都發行自己的貨幣，今日的貨幣有政府機構的背書，國家勢力的保證，及公定的單位和幣值，人民可以用它買賣東西，估量價值，儲蓄金錢，償還債務，這便是貨幣銀行學所謂貨幣的功能。通常，在國內的交易都會以本國幣爲交換媒介，踏出國門，便得將本國幣兌換成外國幣，才能在國外使用。換句話說，貨幣依賴交易活動而生，沒有頻繁的交易行爲，就不可能產生貨幣媒介。在這點上，世界貨幣與中國貨幣都吻合此說。

先秦，是自然經濟興盛，貨幣經濟起步的時代，當時的貨幣很多，目前所知最早的貨幣爲天然貝殼，在殷商墓葬當中，發現爲數不少的海貝用來殉葬，或做爲裝飾品，因此，殷商之貝不是嚴格的貨幣。透過西周的甲骨金文、典籍紀錄和考古文物等資料，當時除了海貝以外，還流行銅貝，根據筆者的考察，西周海貝已形成四大功能，是當時流通的貨幣，至於佐證銅貝爲貨幣的訊息仍不足，暫且保留判斷。考古人員曾經在山西新降橫橋鄉，春秋中期地層中掘出 2 枚微聳肩弧足空首布，空首布並非最古老的布幣，所以，筆者推斷原始布可能濫觴於春秋早期，整個布幣體系大盛於戰國時期。

論其形制，原始布的形狀類似鏟子與耒具，兩樣工具都是黃河中游一帶的人民耕作時不可或缺的幫手，也是他們的財產表徵，因此，人們要交換物品時，便以値錢的、重要的農具爲媒介，由於農具體積大、重量沈，增加交易困難度，經過長時間的經驗積累，試著製作形似的小小耒形幣與鏟形幣。初始的布幣雖然改良自農具，然而，還是不免笨重的缺點，因此，原始布再進步到空首布階段。空首布承續兩支早期布幣，根據考古出土的布幣推測，尖足空首布屬春秋晉卿趙氏的鑄幣，平肩弧足布爲周、晉、衛、宋等國貨幣，斜肩弧足布應是晉卿韓氏之幣。時移戰國，兩支布幣互相影響的情況顯而易見。基本上，戰國爲平首布善場時代，它改良空首布的缺點，形體更加輕小，而且，隨著諸侯國各自發展的趨向，種類愈多。

以戰國初期爲例，趙布繼承脈絡清晰，就這點而言，它具有強烈的保守性，春秋鑄尖足空首布，戰國則鑄尖足平首布，形制相距不遠。韓國與魏國的幣形較趙國開放，兩國都對前人的布幣作了一些調整，例如春秋韓氏鑄斜肩空首布，戰國時便改成銳角布，肩部由傾斜改平直，首部多鑄兩個小尖角，除此之外，春秋斜肩空首布還繼續鑄行；春秋魏氏可能與周王室一樣，均鑄造平肩弧足空首布，戰國時便改成橋足布，肩部或斜或平，襠部弧度加大，記上「╳釿」。因此，戰國早期韓魏布幣較趙國具有開創性。

戰國中晚期時，除了原本的三晉布幣區，燕楚二國亦加入鑄造行列，而且，諸侯征戰漸趨激烈，商業往來愈加密切，韓趙魏都發行共同形制的方足布。以趙國而言，部分城邑變通地鑄造新款圓足布、三孔布、方足布，原來尖足布鑄地受到圓足布、方足布影響，某些地區的尖足布肩部有平緩趨勢，足部也不那麼尖銳。由布幣形制之演變，也可看出戰國早期魏國的確強盛，橋足布品質佳，共有 5 式幣形，這是鑄銳角布的韓國，及尖足布的趙國所不及地。後來，趙國的勢力增強，就三國都有的方足布而言，趙布種類最多，韓魏相對較少，便可知其盛衰。比較特殊的是，燕、趙、中山國形成刀布混合流通區，燕與中山爲刀幣鑄造區，趙屬布幣流通區，三國比鄰而居，彼此商業往來頻繁，刀布皆爲青銅鑄幣，剛開始是兩幣重量相當即可兌換，後來，演變成燕、中山鑄布幣，趙鑄刀幣，互用對方貨幣交易，刀布並行流通，方便兩區交易，也成爲商業繁榮的一股推力。魏楚兩國爲了方便交易，各自鑄造特殊貨幣，尤其以燕尾布設計最爲周到，對內對外的兌換比率一併附上。

再看鑄造工藝的問題，貴重的鐘鼎彝器，不論在金屬成分比例，抑或鑄造過程當中，均有嚴格的規定；貨幣便大不相同，它只是實用物品，不需講究精細華麗，參與鑄造的工匠只要按形狀製模，刻鑄簡單紋飾與文字即可，由於範模使用一次即損毀，所以，沒有標準化可言，最多做到大小接近，重量相當而已。通常，早期貨幣鑄工粗糙，含銅量高；晚期技術進步，多摻雜其他金屬成分。若以同款布幣來看，早期布幣品質佳，文字規整；晚期日趨減重，銘文草率，錯範、流銅、毛刺、斷裂、模糊現象嚴重。

關於布幣的流通地域，早期貨幣國別色彩鮮明，例如尖足布系列全是趙國貨幣，橋足布爲魏國貨幣。到了後期，諸國紛紛採用方足布形制，因此，再也無法從外觀上作精準、直接地判斷，只能進一步細審銘文所記地名，對照古地圖，甚至得透過音韻假借關係找出國別。有時後，同一地名分別見於不同布幣，例如茲氏曾出現在尖足布、類方足布、類圓足布，武安見於斜肩弧足布、尖足布、類方足布，在此，必須注意兩點：一、該地具有相當規模的鑄幣事業，交通位置重要，是座繁榮的城邑。二、雖然不同的布幣出現相同地名，但該地可能同名異區，譬若斜肩弧足布的武安應爲韓地，尖足布、類方足布的武安應爲趙城。

另外，布幣地名的迷思還有是否爲鑄地問題，由於貨幣的流通性，是故，出土地不一定是鑄地；在某地挖掘出範模，此範未必鑄造當地的貨幣。易言之，仿鑄現象在古代十分普遍，仿鑄並非今日所謂的盜版，它可能是基於增加財政收入，或者方便與該國進行交易而鑄。前面曾言貨幣是商業的產物，正常狀況下，應該不停地流動，因之，貨幣不會只出現在鑄地或該國境，考古挖掘出外地（外國）貨幣的報告比比皆是，即爲最佳證據。流通性其實是交通發達的反映。布幣地名爲數眾多，意味當時鑄幣事業非常興盛，配合典籍記載，這些地點往往就是礦產區，或者鄰近礦區。換言之，貨幣的流通和交通密不可分，貨幣的鑄造取決於充足的材料；鑄地位居交通要塞，加上國勢強盛，跨區交易熱絡，一國之幣便行遍天下。

使用單位部分，目前可知的布幣單位爲釿、銖、兩三種，其中，以釿爲最普遍的單位。尖足空首布曾見銘記「黃釿」；橋足布則是「地名＋數詞＋釿」（偶有省略數詞者）；類尖足布有時記「半」字；燕尾布有「坣忻」；銳角布和方足布通常不寫單位。橋足布的單位顯示魏國採用「二釿」、「一釿」、「半釿」三等制；韓、魏銳角布與趙國尖足布、圓足布採用「一釿」、「半釿」二等制；方足布亦是二等制，但以半釿居多。銖兩僅見於三孔布，亦爲二等制。釿、銖、兩三種單位原先是重量單位，根據布幣逐漸減重的事實判斷，常用的釿有過渡爲價值單位的可能。至於梁當寽布「寽」，則是兌換楚國蟻鼻錢的重量單位。

文字方面，早期貨幣素面光背，後來，加上紋飾、簡單記號，再演變成記地或單位。幣文的演變規律多達十餘種，歸納起來，不外乎簡化、繁化、異化、合文，雖然各種作用同時進行著，但要強調的是，當布幣與其他文字相較之下，簡化和異化的力量甚爲強大，過度的精簡或變異，固然造成幣文難辨，除此之外，先天缺陷（書寫面積）與人爲因素（刻鑄草率）的限制也是重要原因。布幣文字爲戰國文字一支，戰國文字前有所承，幣文亦當有承繼與變異，根據第伍章的討論發現，幣文演變規律大都屬古文字共性，只有異化中的正倒夾雜、共用筆畫、改變結構較爲特殊，例如考釋幣文時，常見一字缺了筆畫，事實上，只要將邊線、襠線、肩線或紋線視爲結體一部份，便可得到完整的文字。又有時覺得幣文與某字相仿，但所從部件形狀有異，這可能是爲便利刻鑄而改變結構，如曲筆改成折筆，圓形改成三角形。

## 第二節　布幣研究的展望

走筆至此，已是論文尾聲，回顧第貳章到第伍章所有的章節，提出許多應該追究的問題，在疏淺的學力之下，針對所見資料進行一番介紹與說明，這當中有學界已成之共識，學者考證文字的結論，也有筆者分析後的判斷，林林總總，只期能對貨幣研究盡一丁點心力。儘管論文探討了不少課題，還是得指出有些細節尚須進一步深論。以下僅舉出幾點爲例：

（一）名稱問題：文獻中常見刀布之稱，奇怪的是除了「分布」自銘爲布以外（也有人認爲分布兩字是地名），其它的布幣一律不記「╳布」，數量眾多的刀幣，銘文卻直接記上「╳刀」，這是銘記習慣的問題，還是布幣另有他稱，從貨幣本身及經典資料無法得知，若眞是另有常用名稱，則可補典籍不足。

（二）演變脈絡：根據第貳章的討論，布幣起源於鏟子和耒器，鏟形一支演變脈絡較爲完整，例如接續鏟子的布幣是原始布，原始布下有空首大布，可是，耒形一支的演變卻有跳脫，目前比較可能承續耒器的是微聳肩尖足空首布，然而，空首布已是大幅縮小的布幣，以它銜接眞正的農具，似乎還有段距離，對於耒形一支的脈絡，尚待更多布幣的出土。

（三）文字的釋讀：部分文字尚未隸定，如《辭典》329 爲燕邑布嗎？390 寫成耴？或是耶？已隸定的文字，卻不知何義，如橋足布背後的「安」、「夸」代表什麼？有些特殊演變規律，形成因素不明，例如橋足布爲何有倒書現象？另外，空首布的單字銘文疑點甚多，到底代表地名，還是必須連綴讀之，方能顯示其中意涵？由於易辨之字多已釋讀，剩下的常是圖版不清、形體怪異的字，再加上幣文普遍有假借現象，即使隸定完成，卻找不出相對地望，這些都有待克服。

（四）地望與國別：如上所言，很多幣文曾被隸定，但不知所指何處，例如燕國的視平、宜平，趙國之部，都只是初步解決文字的問題而已。也有許多國別備受爭議，如三晉的安陽、平陽布爲數甚多，如何判斷國別呢？辛城位處趙境，形制卻像燕布，究竟是燕幣還是趙幣？

（五）年代斷限：翻閱第肆章的布幣一覽表，不難發現許多年代欄是空白的，絕大部分的原因是缺乏文獻，或即使有所紀錄，也不知確切年代。由此可知，光憑書面資料的紀錄，無法達成個別布幣年代的判斷，將來要獲得更多的年代斷限，有賴於考古工作的努力。

（六）布幣類型：此問題以趙國布幣最爲明顯。戰國時代，趙曾經鑄造尖足布、類方足布、類圓足布、圓足布、三孔布、方足布，這些布幣在中晚期後一同流行，同一國家卻鑄造不同形制的布幣，地域性分明，有的城邑只鑄一種布幣，有的卻鑄了多種布幣。而且，三孔布背後的單位自成一格，不用其他布幣的釿制。這些現象是否意味戰國不僅學術奔騰，連地方也有充分的自主權，足以決定鑄造何種布幣，採用何種單位？

（七）金屬成分：布幣屬青銅鑄幣，青銅器是多種金屬混合煉製，因此，金屬比例多寡亦是布幣研究的方向。本論文對此問題著墨不多，僅在第參章末節談論到布幣的鑄造工藝，採取的方法又是蜻蜓點水般介紹，並未提供讀者詳盡的成分變化，這樣的說明顯然不夠充足。金屬成分分析需要儀器與化學知識的配合，具備了這些條件，鑄造工藝應是布幣研究可以耕耘之園地。

# 主要參考與引用文獻

## 一、古代典籍


1. （漢）班固撰，（唐）顏師古注：《漢書》，北京，中華書局，1982年，2版。
2. （宋）陳彭年等重修，林尹校訂：《新校正切宋本廣韻》，台北，黎明文化，1976年。
3. （元）王禎：《農書》《百部叢書集成》景印聚珍版叢書，台北，藝文印書館，1965年。
4. （明）徐光啓纂輯：《農政全書》，台北，新文豐，1975年。
5. （明）董說：《七國考》，《百部叢書集成》景印《守山閣叢書》，台北，藝文印書館，1965年。
6. （明）董說著，繆文遠訂補：《七國考訂補》，上海，上海古籍出版社，1987年。
7. （清）王先謙：《鮮虞中山國事表疆域圖說》，台北，廣文書局，1978年。
8. （清）王錫棨：《泉貨彙考》，上海，上海古籍出版社，1992年11月。
9. （清）朱楓輯：《吉金待問錄》，上海，上海古籍出版社，1992年6月。
10. （清）李佐賢：《古泉匯》，上海，上海古籍出版社，1992年9月。
11. （清）倪模：《古今錢略》，上海，上海古籍出版社，1992年8月。
12. （清）馬國翰：《紅藕花軒泉品》，上海，上海古籍出版社，1992年8月。
13. （清）高士奇《春秋地名考略》，《四庫全書珍本》，台北，台灣商務印書館，日期不詳。
14. （清）張琦：《戰國策釋地》，《百部叢書集成》景印《史學叢書》，台北，藝文印書館，1966年。

15. （清）楊守敬編、李寶台手拓：《古泉藪》，上海，上海古籍出版社，1992年。
16. （清）顧棟高輯，吳樹平、李解民點校：《春秋大事表》，北京，中華書局，1993年。


## 二、現代專書


1. 丁福保：《古錢大辭典》，北京，中華書局，1982年。
2. 丁福保：《歷代古錢圖說》，上海，上海書店影印，1986年。
3. 千家駒、郭彥岡合著：《中國貨幣發展簡史和表解》，北京，人民出版社，1982年。
4. 中國地圖出版社編制：《中華人民共和國分省地圖集》，上海，中國地圖出版社，1988，3版。
5. 天津歷史博物館編：《中國歷代貨幣》（第一卷）（先秦部分），天津，天津楊柳青畫社出版，1990年。
6. 日・青山定雄：《中國歷代地名要覽》，台北，樂天書局，1984年。
7. 王正旭、劉紹明編著：《南洋歷史貨幣》，北京，科學出版社，1998年。
8. 王名元：《先秦貨幣史》，廣東，國立中山大學出版組，1947年。
9. 王凌雲、相瑞花編著：《錢幣》，瀋陽，遼寧教育出版社，1997，2版。
10. 王愼行：《古文字與殷商文明》，西安，陝西人民教育出版社，1992年。
11. 王毓銓：《我國古代貨幣的起源和發展》，北京，中國社會科學出版社，1990年。
12. 王獻唐：《中國古代貨幣通考》，濟南，齊魯書社，1979年。
13. 丘光明：《中國古代度量衡》，台北，台灣商務印書館，1994年。
14. 史仲文、胡曉林主編：《百卷本中國全史》，北京，人民出版社，1994年。
15. 史念海：《中國史地論稿》，台北，弘文館出版社，1986年。
16. 史松霖主編：《錢幣學綱要》，上海，上海古籍出版社，1995年。
17. 白壽彝總主編：《中國通史》，上海，上海人民出版社，1994年。
18. 石毓符：《中國貨幣金融史略》，天津，天津人民出版社，1984年。
19. 石璋如等：《中國歷史地理》，台北，中國文化大學出版部，1983，新版。
20. 任德庚：《中國地理》，台北，東大圖書，1993年，修訂四版。
21. 朱卓鵬、馬傳德等編著：《錢幣漫話》，上海，上海教育出版社，1989年。
22. 朱活：《古錢新典》（上）、（下），西安，三秦出版社，1991年。
23. 朱華：《三晉貨幣》，太原，山西人民出版社，1994年。

24. 何琳儀：《古幣叢考》，台北，文史哲出版社，1996年。
25. 何琳儀：《戰國文字通論》，北京，中華書局，1989年。
26. 吳振強等編：《遼東泉拓集》，瀋陽，遼瀋出版社，1992年。
27. 吳榮曾：《先秦兩漢史研究》，北京，中華書局，1995年。
28. 宋杰：《中國貨幣發展史》，北京，首都師範大學，1999年。
29. 李如森：《中國古代鑄幣》，長春，吉林大學出版社1998年。
30. 李亞農：《李亞農史論集》，上海，上海人民出版社，1962年。
31. 李孟存、李尚師：《晉國史》，太原，山西古籍出版社，1999年。
32. 李根蟠：《中國農業史》，台北，文津出版社，1997年。
33. 李祖德、劉精誠：《中國貨幣史》，台北，文津出版社，1995年。
34. 李榮謙：《貨幣銀行學》，台北，智勝文化，1995年，4版。
35. 李學勤：《東周與秦代文明》（增訂本），北京，文物出版社，1991，12版。
36. 沈中華：《貨幣銀行學》（增訂版），台北，新陸書局，1999年，再版。
37. 沈長雲、魏建震、白國紅等著：《趙國史稿》，北京，中華書局，2000年。
38. 周光斗：《中國貨幣史大綱》，台北，宏翰文化，日期不詳。
39. 周自強主編：《中國經濟通史・先秦經濟卷》，北京，經濟日報出版社，2000年。
40. 竺家寧：《聲韻學》，台北，五南圖書，1992年，2版。
41. 邱隆、丘光明、顧茂森、劉東瑞、巫鴻編：《中國古代度量衡圖集》，北京，文物出版社，1984年。
42. 恆生銀行：《中國歷代貨幣小史》，香港，香港恆生銀行出版，1980年。
43. 昭明、利清：《中國古代貨幣》，西安，西北大學出版社，1993年。
44. 孫仲匯、施新彪、周祥等編：《簡明錢幣辭典》，上海，上海古籍出版社，1991年。
45. 孫仲匯、胡薇編著：《古錢幣圖解》，上海，上海書店，1989年。
46. 徐中舒：《徐中舒歷史論文選輯》，北京，中華書局，1998年。
47. 徐高祉主編：《中國古代史》，上海，華東師範大學出版社，1992年。
48. 桑行之等編：《説錢》，上海，上海科技教育出版社，1993年。
49. 馬海飛：《中國歷代貨幣大系・先秦貨幣》，上海，上海人民出版社，1988。
50. 馬學良、瞿靄堂主編：《普通語言學》，北京，中央民族大學出版社，1976年。
51. 高名凱：《語言論》，北京，商務印書館，1995年。

52. 高漢銘編著：《簡明古錢辭典》，江蘇，江蘇古籍出版社，1990 年。
53. 張弛：《中國刀幣匯考》，石家莊，河北人民出版社，1997 年。
54. 張頷：《古幣文編》，北京，中華書局，1986 年。
55. 張頷：《張頷學術文集》，北京，中華書局，1995 年。
56. 郭彥崗：《中國歷代貨幣》，台北，台灣商務印書館，1994 年。
57. 郭若愚：《先秦鑄幣文字考釋和辨僞》，上海，上海書店出版社，2001 年。
58. 郭榮生：《周代山西古錢》，山西，山西文獻出版社，1979 年。
59. 陳旭：《夏商文化論集》，北京，科學出版社，2000 年。
60. 陳原：《語言與語言學論叢》，台北，台灣商務印書館，2001 年。
61. 陳煒湛、唐鈺銘編著：《古文字學綱要》，廣東，中山大學出版社，1988 年。
62. 陸寶千：《中國史地綜論》，台北，廣文書局，1962 年。
63. 喬衛平總監纂：《中華文明史》，石家莊，河北教育出版社，1992 年。
64. 彭信威：《中國貨幣史》，上海，上海人民出版社，1965 年，12 版。
65. 復旦大學歷史地理研究所，《中國歷史地名辭典》編委會：《中國歷史地名辭典》，南昌，江西教育出版社，1988 年。
66. 程發軔：《戰國策地名考釋》，台北，國立編譯館，2000 年。
67. 童書業：《春秋史》，濟南，山東大學出版社，1987，重版。
68. 華世編輯部：《中國歷史大事年表》，台北，華世出版社，1986 年。
69. 華光普：《中國古錢圖錄》，長沙，湖南出版社，1993 年。
70. 閔宗殿：《中國古代農耕史略》，河北，科學技術出版社，1992 年。
71. 馮寶志：《三晉文化》，瀋陽，遼寧教育出版社，1991 年。
72. 黃俊傑編譯：《史學方法論叢》，台北，台灣學生書局，1984 年，增訂 3 版。
73. 黃建森：《貨幣銀行學》，台北，華泰書局，1992 年。
74. 黃萬里：《中國貨幣史》，台北，河洛出版社，1979 年。
75. 黃德馨編著：《楚國史話》，武昌，華中工學院出版社，1983 年。
76. 黃錫全：《先秦貨幣研究》，北京，中華出版社，2001 年。
77. 黃錫全：《先秦貨幣通論》，北京，紫禁城出版社，2001 年。
78. 楊寬：《古史新探》，北京，中華書局，1965 年。
79. 楊寬：《戰國史》1997 年增訂版，台北，台灣商務印書館，1997 年。
80. 鄒衡：《夏商周考古學論文集》，北京，文物出版社，1980 年。
81. 趙世超：《周代國野關係研究》，台北，文津出版社，1993 年。

82. 趙德馨：《楚國的貨幣》，武漢，湖北教育出版社，1996 年。
83. 蔡養吾：《中國古錢講話》，台北，淑馨出版社，1999 年。
84. 蕭清：《中國古代貨幣史》，北京，人民出版社，1984 年。
85. 蕭清：《中國古代貨幣思想史》，台北，台灣商務印書館，1992，台初版。
86. 戴葆庭輯，戴志強、沈鳴鏑整理：《戴葆庭集拓中外錢幣珍品》，北京，中華書局，1990 年。
87. 謝澄平：《中國文化史新編》，台北，青城出版社，1985 年。
88. 雙雙：《簡明古錢幣手冊》，北京，書目文獻出版社，1993 年。
89. 譚其驤主編：《中國歷史地圖集》，上海，地圖出版社，1982 年。
90. 蘇曄、文奇、孫競：《古錢答問》，北京，北京燕山出版社，1998 年。
91. 蘇曄、李梅：《古錢揭秘》，上海，上海書店出版社，1994 年。
92. 蘇曄、李菊：《古幣縱橫》，北京，中國金融出版社，1992 年。

## 三、單篇論文

1. 丁福保：〈歷代錢譜〉，《泉幣》1940～1943 年，1 期～18 期。
2. 孔德銘、張曉芹：〈安陽市博物館藏殷墟青銅生產工具選介及淺析〉，《中原文物》1995 年 4 期。
3. 王水根：〈江西青銅農具研究〉，《農業考古》1996 年 3 期。
4. 王名元：〈殷周貨幣考〉，《國立中山大學文史學研究所月刊》1935 年 3 期。
5. 王閏：〈中國歷代貨幣變遷述略〉，《故宮文物月刊》1984 年 9 期。
6. 丘光明：〈中國最古老的重量單位“寽”〉，《考古與文物》1997 年 4 期。
7. 丘光明：〈試論戰國衡制〉，《考古》1982 年 5 期。
8. 白秦川：〈聳肩尖足空首布起源於耒說〉，《中國錢幣》1989 年 1 期。
9. 石永士：〈就燕下都出土的布幣范試談「安陽」布的幾個問題〉，《中國錢幣》1989 年 1 期。
10. 成增耀：〈韓城出土“梁半釿”布及背殘陶範〉，《考古與文物》1994 年 5 期。
11. 朱活：〈值得研究的我國古代錢幣〉，《文物參考資料》1956 年。
12. 朱活：〈試論我國古代貨幣的起源〉，《文物參考資料》1956 年。
13. 朱活：〈關於我國古代貝幣的若干問題〉，《文物》1959 年 6 期。
14. 朱華、李有成：〈簡析山西省出土的圓足布〉，《中國錢幣》1990 年 3 期。
15. 朱華：〈山西運城出土戰國布幣淺析〉，《中國錢幣》1985 年 2 期。

16. 朱華：〈試談方足平陽布〉，《中國錢幣》1989 年 2 期。
17. 朱華：〈山西稷山縣出土空首布〉，《中國錢幣》1997 年 2 期。
18. 何琳儀：〈戰國文字形體析疑〉，《于省吾教授百年誕辰紀念文集》，長春，吉林大學，1996 年。
19. 吳良寶：〈試論幾種平首布幣的形制關係〉，《江漢考古》1998 年 2 期。
20. 吳振武：〈說梁重釿布〉，《中國錢幣》1991 年 2 期。
21. 吳振武：〈古文字中的借筆字〉，《古文字研究》第 20 輯，北京，中華書局，2000 年。
22. 吳連城：〈山西省芮城縣出土戰國的貨幣〉，《文物參考資料》1956 年。
23. 吳詩池：〈綜述山東出土的農業生產工具〉，《農業考古》1990 年 1 期。
24. 吳榮曾：〈戰國布幣地名考釋三則〉，《中國錢幣》1992 年 2 期。
25. 李紅、岳梅：〈洛陽小庄村發現東周空首布〉，《文物》1998 年 12 期。
26. 李家浩：〈試論戰國時期楚國的貨幣〉，《考古》1973 年 11 期。
27. 李家浩：〈戰國貨幣文字中的“㒳”和“比”〉，《中國語文》1980 年 5 期。
28. 李家浩：〈戰國㓨布考〉，《古文字研究》第 3 輯，北京，中華書局，1980 年。
29. 李崇州：〈試探《考工記》中“耒”的形制〉，《農業考古》1995 年 3 期。
30. 李裕民：〈戰國文字研究〉（一），《文物季刊》1997 年 2 期。
31. 李裕民：〈戰國文字研究〉（二），《文物季刊》1997 年 3 期。
32. 李學勤：〈戰國題銘概述〉（上、中、下），《文物》1959 年 7～9 期。
33. 汪慶正：〈十五年以來古代貨幣資料的發現和研究中的若干問題〉，《文物》1965 年 1 期。
34. 周忠：〈山西侯馬發現春秋晚期空首布〉，《中國錢幣》1994 年 2 期。
35. 周昕：〈古農具圖譜正誤〉，《農業考古》1993 年 1 期。
36. 林巳奈夫：〈戰國時代の重量單位〉，《史林》1968 年 2 期。
37. 河南省文物研究所：〈河南新鄭發現“枎戔當忻”陶範〉，《中國錢幣》1991 年 2 期。
38. 邱德修：〈先秦梁當爰布與楚爰金考〉，《國立編譯館館刊》1991 年 1 期。
39. 非斯：〈金文中所窺見的西周貨幣制度〉，《食貨》1936 年 7 期。
40. 施又文：〈「抱布貿絲」到底是拿什麼來買絲——試解〈衛風．氓〉：「抱布貿絲」〉，《國立編譯館館刊》1997 年 1 期。
41. 洛陽博物館：〈洛陽附近出土的三批空首布〉，《考古》1974 年 1 期。
42. 胡振祺：〈三晉貨幣〉，《中國錢幣》1983 年創刊號。

43. 胡振祺：〈再談三晉貨幣〉，《中國錢幣》1984 年 1 期。
44. 范毓周：〈江南地區的史前農業〉，《中國農史》1995 年 2 期。
45. 唐友波：〈山西稷山新出空首布與“金涅”新探〉，《中國錢幣》2000 年 2 期。
46. 徐秉琨：〈說“陽安”布〉，《中國錢幣》1985 年 1 期。
47. 晏昌貴、徐承泰〈“柷比堂忻”布時代及國別之再探討〉，《江漢考古》1998 年 1 期。
48. 馬世之、蔡萬進、李德保：〈“抶戔當忻”布幣的國別與年代問題〉，《江漢考古》1994 年 2 期。
49. 高西省：〈試論扶風出土的商周青銅生產工具及相關的問題〉，《農業考古》1992 年 1 期。
50. 高婉瑜：〈旆比堂忻布幣考〉，第十二屆中國文字學全國學術研討會（銘傳大學），2001 年。
51. 高婉瑜：〈試論布幣的單位〉，第十三屆中國文字學全國學術研討會（花蓮師院），2002 年。
52. 高婉瑜：〈布幣銘文行款初探〉，第五屆中區文字學座談會（逢甲大學），2002 年。
53. 高婉瑜：〈原始布幣的象徵〉，《大陸雜志》2002 年 5 期。
54. 高婉瑜：〈試探中國貨幣的起源〉，《研究與動態》2002 年 7 期。
55. 高婉瑜：〈布幣流通的歷史解釋〉，《中國錢幣》2003 年 2 期。
56. 高貴雲：〈首都博物館藏三孔布〉，《中國錢幣》1994 年 2 期。
57. 高開貴：〈略論戰國時期文字的繁化與簡化〉，《江漢考古》1988 年 4 期。
58. 張弛：〈論先秦刀布幣並行流通現象的產生與發展〉，《中國錢幣》1997 年 4 期。
59. 張沛：〈盱眙、阜陽出土金幣上的數碼符號試析〉，《中國錢幣》1993 年 2 期。
60. 張季量：〈分布方足布考釋〉，《泉幣》1940 年 3 期。
61. 張絅伯：〈貨幣釋名〉，《泉幣》1940 年 1 期。
62. 張絅伯：〈說釿〉，《泉幣》1943 年 16 期。
63. 張絅伯：〈再說釿並答陳君鐵卿〉，《泉幣》1943 年 18 期。
64. 張絅伯：〈再論泉錢辨名〉，《泉幣》1944 年 22 期。
65. 張照：〈平頂山市大河磚廠出骨的方足布初探〉，《中原文物》1995 年 3 期。
66. 張頷：〈魏布庚布考釋〉，《中國錢幣》1985 年 4 期（亦收於《古文字學論集初編》)。
67. 曹錦炎、吳振武:〈關於《爰釿兩考》一文的商榷〉,《社會科學戰線》1980年4期。
68. 曹錦炎:〈關於先秦貨幣銘文的若干問題——讀《中國歷代貨幣大系・先秦貨幣》札記〉,《中國錢幣》1992年2期。
69. 郭若愚:〈談談先秦錢幣的幾個問題〉,《中國錢幣》1991年2期。
70. 郭若愚:〈三孔布幣面文字再考釋及其鑄造年代之探究〉,《中國錢幣》1994年2期。
71. 陳宏炎:〈河南汝州出土的空首布〉,《中國錢幣》1996年2期。
72. 陳應祺:〈中山國靈壽城址出土貨幣概述〉,《中國錢幣》1990年2期。
73. 陳應祺:〈中山國靈壽城址出土貨幣研究〉,《中國錢幣》1995年2期。
74. 陳鐵卿:〈釿爲古錢字說〉,《泉幣》1942年15期。
75. 陳鐵卿:〈論傳形〉,《泉幣》1943年20期。
76. 陳鐵卿:〈「泉」後於「錢」說〉,《泉幣》1943年21期。
77. 陳鐵卿:〈談"安陽布"的鑄地〉,《文物參考資料》1956年2期。
78. 陸忠發:〈再釋幾個有關農具農作物的甲骨文字〉,《農業考古》1999年3期。
79. 傅淑敏:〈祁縣下王庄出土的戰國布幣〉,《文物》1972年4期。
80. 彭明瀚:〈略論江西新干的青銅農具〉,《農業考古》1996年1期。
81. 智龕:〈"蒙陽"布〉,《中國錢幣》1990年3期。
82. 曾墉:〈安陽布的鑄地〉,《考古》1962年9期。
83. 曾墉:〈若干戰國布錢地名之辨釋〉,《考古》1980年1期。
84. 湯余惠:〈戰國時代魏繁陽的鑄幣〉,《史學集刊》1986年4期。
85. 程紀中:〈異書小方足布〉,《中國錢幣》1995年2期。
86. 項春松:〈內蒙古赤峰地區發現的戰國錢幣〉,《考古》1984年2期。
87. 黃成:〈中國古代貨幣與中國文化〉,《浙江學刊》1991年4期。
88. 黃亨俊:〈中國古錢概論——先秦篇〉,《錢幣天地》1980年5期。
89. 黃亨俊:〈中國古錢概論——先秦篇(二)〉,《錢幣天地》1981年1期。
90. 黃亨俊:〈中國古錢概論——先秦篇(三)〉,《錢幣天地》1981年2期。
91. 黃亨俊:〈中國古錢概論——先秦篇(四)〉,《錢幣天地》1981年6期。
92. 黃思賢:〈引述古錢合金考〉,《錢幣天地》1979年5期。
93. 黃思賢:〈空首布——我見與疑問〉,《泉壇》1984年1期。
94. 黃展岳:〈貝幣探源〉,《先秦兩漢考古與文化》1999年。

95. 黃盛璋：〈新出信安君鼎、平安君鼎的國別年代與有關制度問題〉，《考古與文物》1982 年 2 期。
96. 黃盛璋：〈新發現的“乇氏”三孔幣與相關問題發覆〉，《中國錢幣》1993 年 4 期。
97. 黃曉東：〈談談類書中的錢幣史料〉，《中國錢幣》1990 年 2 期。
98. 楊科：〈也說三孔布的國別和時代〉，《中國錢幣》1988 年 1 期。
99. 楊肇清：〈河南舞陽賈湖遺址生產工具的初步研究〉，《農業考古》1998 年 1 期。
100. 萬獻初、金德平：〈從《說文》貝部字談先秦時期的貝幣〉，《中國錢幣》1997 年 2 期。
101. 葉世昌：〈中國古代貨幣起源之一說〉，《中國錢幣》1995 年 4 期。
102. 裘錫圭：〈戰國文字中的“市”〉，《考古學報》1980 年 3 期（亦收於《古文字論集》）。
103. 裘錫圭：〈戰國貨幣考（十二篇）〉，《北京大學學報》（哲社版）1978 年 2 期（亦收於《古文字論集》）。
104. 賈谷文：〈商品貨幣與殷商奴隸制〉，《考古》1976 年 1 期。
105. 趙安杰、張懷銀：〈河南宜陽花庄村出土一批空首布〉，《文物》1986 年 10 期。
106. 趙滿芳：〈山西黎城發現小方足布〉，《中國錢幣》1996 年 2 期。
107. 趙德馨、周秀鸞：〈關於布幣的三個問題——讀雲夢出土秦簡《金布律》扎記〉，《社會科學戰線》1980 年 4 期。
108. 劉亞中：〈“耒”的演變與“犁”的產生〉，《中國農史》1997 年 1 期。
109. 劉宗漢：〈“梡比堂忻”布新考〉，《中國錢幣》1993 年 2 期。
110. 劉森：〈關於三孔布的幾個問題〉，《中國錢幣》1990 年 3 期。
111. 劉森：〈子母相權論的幾個問題〉，《中國錢幣》1995 年 2 期。
112. 劉森：〈先秦貨幣二題〉，《中原文物》1995 年 3 期。
113. 劉森：〈中國錢幣學論〉，《中國錢幣》1997 年 4 期。
114. 蔡全法、馬俊才：〈新鄭鄭韓故城出土的戰國錢範、有關遺跡及反映的鑄錢工藝〉，《中國錢幣》1995 年 2 期。
115. 蔡全法、馬俊才：〈戰國時代韓國錢範及其鑄幣技術研究〉，《中原文物》1998 年 2 期。
116. 蔡運章、張書良：〈洛陽發現的空首布錢範及相關問題〉，《中原文物》1998 年 3 期。
117. 鄭家相：〈上古貨幣推究〉，《泉幣》1940～1944 年，1 期～22 期。

118. 鄭家相：〈燕布之新發現〉，《泉幣》1944 年 23 期。
119. 鄭家相：〈古布釿字的研究〉（上、中、下），《泉幣》1944 年，23 期～26 期。
120. 鄭家相：〈研究刀布之我見〉，《泉幣》1945 年 29 期。
121. 鄭家相：〈古代的貝化〉，《文物》1959 年 3 期。
122. 鄭家相：〈歷代銅質貨幣冶鑄法簡說〉，《文物》1959 年 4 期。
123. 鄭剛：〈戰國文字中的同源詞與同源字〉，《中國文字》新二十期，台北，藝文印書館，1995 年。
124. 駢宇騫：〈布幣與蟻鼻錢〉，《歷史教學》1982 年 2 期。
125. 駢宇騫：〈關於初中歷史課本插圖中的「布幣」和「蟻鼻錢」〉，《歷史教學》1982 年 2 期。
126. 戴志強：〈安陽殷墟出土貝化初探〉，《文物》1981 年 3 期。
127. 謝世平：〈戰國小銅貝芻議〉，《中國錢幣》1990 年 3 期。
128. 羅西章：〈從周原出土文物試論西周貨幣〉，《中國錢幣》1985 年 2 期。
129. 羅西章：〈從周原考古論西周農業〉，《農業考古》1995 年 1 期。
130. 羅伯昭：〈錢泉平議〉，《泉幣》1943 年 21 期。
131. 羅伯昭：〈古文錢字考證〉，《泉幣》1944 年 22 期。
132. 羅沐園：〈山陽大布〉，《泉幣》1943 年 20 期。
133. 羅沐園：〈說兩〉，《泉幣》1944 年 26 期。
134. 羅會同：〈貝用作古代貨幣的歷史演變〉，《華南師範大學》（社科版）1993 年 3 期。
135. 羅運章、韓維亞：〈《春秋代布考》商榷〉，《中國錢幣》1985 年 2 期。
136. 羅運環：〈楚錢三考〉，《江漢考古》1995 年 3 期。

# 圖書期刊省稱表

| 圖書、期刊名 | 編　著　者 | 省　　稱 |
| --- | --- | --- |
| 殷墟卜辭 | 明義士 | 明 |
| 戰後京津新獲甲骨集 | 胡厚宣 | 京津 |
| 三代吉金文存 | 羅振玉 | 三代 |
| 殷墟書契前編 | 羅振玉 | 前 |
| 殷墟書契後編 | 羅振玉 | 後 |
| 殷墟書契續編 | 羅振玉 | 續 |
| 殷契粹編 | 郭沫若 | 粹 |
| 甲骨文合集 | 郭沫若 | 合集 |
| 兩周金文辭大系圖錄考釋 | 郭沫若 | 兩周 |
| 鐵雲藏龜拾遺 | 葉玉森 | 拾 |
| 小屯・殷墟文字甲編 | 董作賓 | 甲 |
| 小屯・殷墟文字乙編 | 董作賓 | 乙 |
| 中國歷代貨幣大系・先秦編 | 馬海飛 | 大系 |
| 古錢大辭典 | 丁福保 | 辭典 |
| 三晉貨幣 | 朱華 | 三晉 |
| 古錢新典 | 朱活 | 新典 |
| 中國民間貨幣藏珍 |  | 藏珍 |
| 中國錢幣大辭典・先秦編 | 中國錢幣大辭典編纂委員會 | 先秦編 |
| 中國古代貨幣發展史 | 王毓銓 | 發展史 |
| 蚌埠藏泉選集 | 陳啓明 | 蚌埠 |
| 東亞錢志 | 奧平昌洪 | 東亞 |

| 中國山西歷代貨幣 | | 山西 |
|---|---|---|
| 中國錢幣百科辭典 | 邱文明 | 百科 |
| 中國歷代貨幣（第一卷） | 吳滌心 | 貨幣 |
| 古幣文編 | 張頷 | 文編 |
| 古璽彙編 | 故宮博物院 | 璽彙 |
| 睡虎地秦簡文字編 | 陳振裕、劉信芳 | 睡虎地 |
| 包山楚簡文字編 | 張守中 | 包山 |
| 郭店楚簡文字編 | 張守中 | 郭店 |
| 古陶文彙編 | 高明 | 陶彙 |
| 中國古代度量衡圖集 | 丘光明 | 圖集 |
| 中國歷史地圖集 | 譚其驤 | 地圖集 |
| 中國錢幣 | | 錢幣 |
| 內蒙古金融研究 | | 內蒙古 |
| 陝西金融錢幣研究 | | 陝西 |

# 後　記

語言文字學是門奇妙有趣的學科，傳統的文字、聲韻、訓詁（小學），讓許多人覺得枯燥乏味。但是筆者所看到的語言文字學是多采多姿的，它很古老，卻很新鮮；它是學術，也是生活。在分支眾多的學科中，筆者選擇了「記錄語言的文字」，引領我進入語言學的世界。文字記錄語言，讓先民的經驗、人類的文明流傳下去。然而，如佛家所言，一切有爲法都是無常，語言會改變，文字也會變。特別是戰國文字，變化尤爲劇烈。古文字不如今文字規矩方整，隨著器物種類、刻鑄方式、時代轉換、地域有別等因素，筆畫的隨意性很高，同一個字的部件忽而在左，忽而在右，或上或下，甚至省略不寫，抑或增加筆畫、減少筆畫、改變筆畫，有的文字看起來彷彿一隻小鳥，有的像小蚊子、小蟲子，千變萬化，無奇不有。這本小書是在碩士論文的基礎上略微修改後的成果，此書只是在前人堆積的金字塔上再疊上一個磚頭，期許踏著這塊磚，可以讓後人看得更清楚，眼界更開闊，筆者能做出這塊磚絕非個人的功勞，因爲這是多少先賢努力下的知識傳承，我只是凝聚眾人的力量才獲得一點點成就。

筆者能夠完成這本論文，首先要感謝大學時代帶領我認識聲韻的李三榮教授，鼓勵我上進的汪志勇教授、陳貞吟教授、雷僑雲教授。研究所階段，感謝竺家寧教授開啓了研究視野，謝大寧教授帶來全新的哲學刺激，多位先生教導我如何做紮實的學術研究。謝謝廖幼華教授惠賜「歷史地理」方面的資料。最後半年的寫作過程中，感謝胡景瀚教授慷慨提供場所及電腦設備，協助我如期完成論文。

2002 年 5 月 17 日口試，許學仁教授在方方面面提出鞭辟入裡的指正，鄭阿財教授提點註解的問題，短短兩小時，獲益不可勝數。更重要地是指導教授黃靜吟先生，無論是課業上，或是生活上，恩師總是不斷關懷與呵護，不怕麻煩地一次次修改拙文，潤飾筆墨，開拓觀點。學生心事重重時，恩師更是關心至極，耐心傾聽，設法爲我解圍。在文字學學術研討會上，恩師坐在來賓席聽學生的報告，擔憂學生緊張。林林總總，豈是寥寥數語可以道盡！

三年的碩士班生涯遇到許多的挫折，幸好有玉玲、美慧學姐的幫忙，以及怡嘉、雅婷、秀敏、玉青、敏芳、蕙菁、怡品等同學適時地伸出援手，支持我度過難關。更要感謝有緣的學友——優秀又特別的沐政——多年的照顧之情，始終未曾忘懷。我們互相扶持，一起面對困難，解決問題，擁抱更美好的夢想，同時也要感謝伯父與伯母的照料，視我如子，讓負笈在外的我感到溫暖。

壓軸的感恩獻給老菩薩、妹妹與可愛的雄雄，對家人的感謝早已超出有限的語言與文字。《詩・小雅・蓼莪》:「父兮生我，母兮鞠我，拊我、畜我、長我、育我、顧我、復我，出入腹我。欲報之德，昊天罔極。」人生有許多波折，從小到大遇到無數困難，小時候有父母親幫忙解決，長大了，世代交替，這些責任理應換成我來扛，回報老菩薩的養育之恩。即便有再大的難關與障礙，因爲有慈悲的佛陀與菩薩，有摯愛的爸爸、媽媽、妹妹與雄雄，有眾多的善知識，一切都會雨過天晴，逢凶化吉。如同胡適對母親的感激，我想對家人說:「如果眞有任何成就，都要歸功於你們。沒有你們持續地打氣與鼓勵，就不會有茁壯的我了。」

本文完成於 2002 年 4 月，6 月定稿，2009 年 10 月因緣際會，承蒙花木蘭文化出版社厚愛，允諾出版，校對往返之間，感謝高小娟小姐悉心排除書稿的種種問題。感謝　恩師黃靜吟先生、董琨教授不棄，惠賜宏序。敝人才疏學淺，戰戰兢兢，仍難免掛一漏萬，文中缺失爲筆者之責，尚祈方家不吝賜正。

人生在世，有情惠我多，我饋眾生少。姑且以此書做爲回報，再次感謝無盡善知識，感謝佛陀與菩薩。

高婉瑜　合十<br>初稿於中正大學研 A1235<br>定稿於彰化師範大學實驗室<br>2009/10/7 修訂，2009/12/28 脱稿於淡江大學 L633